Kay
Hoffman

Charisma-
Training für
Frauen

Die inneren
Stärken zeigen

Dem Andenken meiner Mutter gewidmet

Die Deutsche Bibliothek – CIP-Einheitsaufnahme
Hoffman, Kay:
Charisma-Training für Frauen: die inneren Stärken zeigen / Kay
Hoffman. – 2. Aufl. – Kreuzlingen; München: Hugendubel, 1999
(Sphinx)
ISBN 3-89631-307-X

2. Auflage 1999
© Heinrich Hugendubel Verlag, Kreuzlingen/München 1999
Alle Rechte vorbehalten

Lektorat: Claudia Göbel
Umschlaggestaltung: Zembsch' Werkstatt, München, unter
Verwendung eines Motivs von The Stock Market, Düsseldorf
Produktion: Tillmann Roeder, München
Satz: Design-Typo-Print, Ismaning
Druck und Bindung: Franz Spiegel Buch, Ulm
Printed in Germany

ISBN 3-89631-307-X

Inhalt

2. Übungen zur charismatischen Erweiterung des Selbst

3. Der heilsame Umgang mit Urbildern

4. Rituale innerhalb des Charisma-Trainings

Die Autorin

Verzeichnis der Übungen und Rituale

Vorwort

Wenn man mich vor nicht allzu langer Zeit gefragt hätte, ob ich mein Geschlecht tauschen und lieber ein Mann werden wollte, hätte ich ohne Zögern ja gesagt. Solange ich mich erinnern kann, wollte ich nie ein Mädchen oder eine Frau sein. Da ich aber ein Mädchen war und eine Frau geworden bin, existierte mein Körper, der Beweis meines Geschlechts, in meinem Bewußtsein nicht, es sei denn als Objekt, als eine Art »Anhang«. Wenn ich »Ich« sagte, so meinte ich ein männliches Ich. Dies fing schon an, als ich als Kind Geschichten zu schreiben begann. Da gab es ein Räuber-Ich, ein Helden-Ich, ein Jäger- und Detektiv-Ich, ein Abenteurer-Ich, später auch ein reisendes und von seinen Reisen berichtendes Ich, und schließlich gab es auch ein nachdenkliches Ich, das über seine Erfahrungen reflektierte. Diese Ich-Formen hatten eines gemeinsam, sie waren männlich. Erfahrungen, die ich mit meinem eigenen Körper machte, negierte ich einfach. Sie hatten keine Bedeutung – wer wollte schon wissen, wie ich meine erste Blutung erlebte? In meiner Phantasie zog ich weiter aus, um als tapferer Krieger für mein Vaterland zu bluten.

Als ich mich in meiner Jugend dann mit dem Existentialismus beschäftigte, war mein Bewußtsein das eines Überlebenden, und dieser Überlebende war natürlich männlich. Er hatte allen möglichen Schrecken getrotzt, aber er hatte nie ein Kind empfangen oder geboren. Das männliche Ich dachte nach über die menschliche Existenz, über die *conditio humana*, während der weibliche Körper beim Frauenarzt abgefertigt wurde. Er wurde entsprechend präpariert und gemäß seinen Funktionen benutzt. Ich machte mir zum Beispiel nie Gedanken darüber, ob die Pille gut für diesen mir fremden Körper war oder nicht. Nur wenn die Depressionen mein Bewußtsein erreichten, fing ich an, mich zu sorgen, denn irgend etwas war aus dem Gleichgewicht geraten. Meine Seele war in Gefahr. Ich begab mich in Therapie und analysierte meine Träume.

In meinen Träumen kamen wieder kühne Männer als Ich-Figuren vor. Sie waren umgeben von schweigenden Wüsten, bodenlosen Abgründen, einem schwarzen aufgewühlten Meer und viel Morast. Ich wäre nie auf die Idee gekommen, daß dies mit mir zu tun haben könnte, geschweige denn, daß dieses Meer und diese kahle Erde auch eine Gestalt meines Ichs sein könnten. Ich ließ die Gestalten sprechen, und sie beklagten sich über die erfahrene Lieblosigkeit, die Vernachlässigung bis hin zur Verwahrlosung, die sie erleiden mußten. Mir wurde das ganze Ausmaß des Leides bewußt, nur daß es mein eigenes war, blieb mir lange verborgen. Und immer wieder kamen diese lästigen Gefühle der Sinnlosigkeit, getarnt als Erinnerungen an stundenlanges Nachsitzen in stickigen Schulräumen, während draußen der Hochsommer ein dunkles, sattes Grün in die Kastanien vor dem Fenster trieb. Ich hörte das Summen, spürte den Dunst: Sommer. Und ich war eingesperrt in meinen ungewollten Körper.

Als ich Descartes las, konnte ich seine Trennung zwischen Bewußtsein (*res cogitans*, das denkende Ding) und Körper (*res extensa*, das Ding mit Ausdehnung) gut verstehen. Dabei war er doch ein Mann und hatte den »richtigen« Körper zum Denken. Ich stellte mir nämlich den männlichen Körper als unbelastet weil »unbefleckbar« vor. Nichts konnte einem männlichen Körper etwas anhaben, nichts konnte in ihn eindringen, er war dicht und verschlossen und deshalb sicher.

Diese beunruhigende Offenheit des weiblichen Körpers suchte mich in meinen Träumen heim. Von dort aus beeinflußte sie mein Denken, mein Lebensgefühl, meine Weise, mich lebendig zu fühlen. Ich vermied es zu träumen, die Augen zu schließen, denn wenn ich das tat, war ich sofort wieder in Kontakt damit. Wenn ich hingegen die Augen offenhielt, so sah ich von einem Punkt aus in die Weite der Welt hinein, ohne mich selbst ausdehnen zu müssen. Dieser Punkt war mein männliches Bewußtsein – ein punktuelles Bewußtsein ohne Ausdehnung. Es erkannte Objekte außerhalb durch Vergleich und Unterscheidung, es beurteilte und kam zu seinen Auswertungen.

Die deutsche Sprache verhalf mir zudem zu einer männlichen Identität, denn im Deutschen ist ein Mensch männlich. Wer von »man« spricht, meint alle. Das Weibliche ist die Ausnahme. Sie muß besonders bezeichnet und hervorgehoben werden, und das empfinde ich noch heute als peinlich. Der weibliche Körper in seiner ganzen Ausdehnung liegt nackt als Einzelfall vor dem betrachtenden Auge der Allgemeinheit, die, wie könnte es anders sein, männlich ist. Das »Man« als Jedermann guckt in vollem Bewußtsein seiner Alleinherrschaft herab auf den jeweiligen Frauenkörper, der sich durch Symptome zu erkennen gibt. Nicht daß es auch hier Verallgemeinerungen gäbe, aber sie sind pathologischer Natur. Sie künden von Regeln, die periodisch ablaufen, von Anomalien, die die Regeln unterbrechen. So normal nämlich wie ein männlicher Körper wird ein weiblicher Körper nie werden, schon aus dem Grund, weil das männliche Denken und das männliche Sprechen die Normen festsetzen, nach denen Normalität gemessen wird. Es geht so weit, daß jede Ausdehnung peinlich wird.

Mein weibliches Selbst machte durch Angst auf sich aufmerksam. Wenn ich in der Pubertät an mir herabsah, oder mein Spiegelbild mir entgegentrat, was sich nicht immer vermeiden ließ, dachte sich mein männliches Ich in bezug auf die von ihm beobachtete Ausdehnung und Schwellung des angegliederten Körpers: »Wird das immer so weitergehen mit der Ausdehnung? Und wohin soll das führen?« Eines wußte mein Unbewußtes sicher: Nie wollte ich werden wie meine Mutter. Mein Bewußtsein hatte jedoch diese Möglichkeit gar nicht in Betracht gezogen. Mein Leben verlief ganz anders als das meiner Mutter. Als sie starb, stand ich unter dem Eindruck, sie hätte ein trauriges Leben gelebt, ein Leben, das sie nicht verdient hatte. Ich hatte immer gedacht, meine Mutter sei zutiefst unglücklich gewesen. Nun aber wurde ich in meinen Träumen eines Besseren belehrt. Meine Mutter erschien mir strahlend und erfüllt. Sie war selig. Sie sprach sogar zu mir und versicherte mir, sie sei glücklich, und es wäre ein glückliches Leben gewesen, das hinter ihr lag.

Ich konnte es nicht fassen. Meine Weltanschauung begann zu wanken. Als erstes spürte ich es in meinem Körper, der sich seiner weiblichen Offenheit erinnerte und mich ermahnte, meinen Geist zu öffnen. Nun trete ich schon in die zweite

Lebenshälfte ein und komme jetzt erst zu mir selbst. Offensichtlich hat das mütterliche Beispiel ein Exempel gesetzt, das mich an meiner eigenen Entwicklung von Weiblichkeit – was auch immer das heißen mag – hinderte. Erst mit dem Tod erlosch die Autorität ihres Vorbilds und machte mich frei von Vorurteilen. Bis jetzt hatte mich die Verallgemeinerung ihres konkreten Beispiels daran gehindert, selbst konkret zu werden. Jetzt fing ich an zu entdecken, was es heißt, eine Frau zu sein. Meine Wahrnehmung ist auf die Gegenwart mit all ihren Möglichkeiten und Chancen bezogen, sie ist unverstellt, erlöst. Endlich habe ich eine weibliche Ich-Figur gefunden. Nun werden die Lebensgeschichten, die ich mit selbst erzähle, »echt« sein, weil ich sie selbst durchlebt und nicht nur ausgedacht habe.

Endlich kann ich mich auch damit versöhnen, nicht immer alles machen zu müssen, sondern einfach nur dasein zu dürfen. Auch muß ich nicht immer denken, ich kann auch leben. Ich muß niemandem etwas beweisen. Es reicht, wenn ich da bin und so bin, wie ich eben bin. Das gibt mir eine Gelassenheit, die ich vor dem Tod meiner Mutter nicht kannte. Ich war getrieben. Jetzt hat sich in mir das Selbstbild meiner Weiblichkeit erlöst.

Ich habe das Charisma-Training für Frauen unter dem Eindruck dieser Erlösung entwickelt. Plötzlich war mir klar, daß diese Art von Training genau die Form sein sollte, in der ich mit Menschen, mit Frauen arbeiten wollte. Mein Anliegen dabei ist es, Frauen beizustehen, ihren ganz eigenen, authentischen und für sie stimmigen Selbstausdruck zu finden. Da immer mehr Frauen auch in führenden Positionen tätig sind, entwickelte sich dabei eine Schule des weiblichen Führungsstils. Dieser muß sich allerdings nicht auf das weibliche Geschlecht beschränken.

Kay Hoffman

12

Einführung

Das Konzept des Charisma-Trainings

Charisma ist jene starke Ausstrahlung eines Menschen, der sein eigener Mythos wird und andere Menschen auf ihrer tiefsten, ihnen unbewußt bleibenden Ebene der Erwartungen, Hoffnungen und Ängste anspricht. Charisma wird auch als Steigerung von Charme, Flair und Glamour verstanden und ist verwandt mit Aura und Nimbus. Die Wirkung von Charisma ist dem Willen und der Vernunft nicht zugänglich. Es ist ein irrationales Phänomen, das die Schattenseite der aufgeklärten modernen Gesellschaft repräsentiert. Charisma kann in diesem Sinn nicht hergestellt werden, es ergibt sich von selbst und ist da – oder nicht.

Charisma ist aber nicht nur eine Eigenschaft, sondern auch ein besonderer Zustand, in den sich Menschen bewußt begeben können, um in ihrem sozialen Umfeld etwas zu bewirken. Charisma ist das Ergebnis eines Prozesses, an dem mehrere Faktoren beteiligt sind. Training – trainieren heißt nichts anderes, als sich Schritt für Schritt in eine vorgegebene Richtung zu bewegen – ist insofern möglich, als Schritt für Schritt dieser Prozeß der Persönlichkeitsentwicklung durchgeführt werden kann, wobei diese Entwicklung sich immer auf die Auswirkungen im Miteinander einer Familie, eines Teams, eines Betriebs oder einer Gesellschaft bezieht. Frauen – nicht nur in Führungspositionen – lernen, das zu sagen, was sie zu sagen haben. Sie lernen, ihre inneren Stärken nach außen zu bringen und sich auszudrücken. Sie lernen dabei die Kunst,

- Zustände der Unvoreingenommenheit und Offenheit herbeizuführen, in denen nicht der Eigenwille zum Ausdruck kommt, sondern die Gesamtheit der Eindrücke aufgenommen wird, ohne sich selbst davon voreilig und impulsiv im eigenen Urteil beeindrucken zu lassen;

13

- neue Wege zu gehen und Verbindungen herzustellen, wo vorher keine waren;
- das Risiko einzugehen, sich einzulassen und hinzugeben, ohne genau zu wissen, wohin dies führt, und ohne sich dabei selbst zu verlieren;
- Prozesse auszuhalten, die zwar ihre eigene Kontinuität haben, sich jedoch nicht wie gewohnt zwischen chronologischem Anfang und Ende vollziehen, sondern jenseits der kausalen und linearen Zeitvorstellung ihre Kreise ziehen;
- Kommunikation auch auf der Ebene des Unbewußten anzuregen, zu begleiten und zu einem allgemein verbindlichen Ausdruck zu bringen.

Charisma als ästhetisches Phänomen und ethisches Problem

Charisma wird von vielen verworfen, weil es ein irrationales Phänomen ist und somit weder kontrollierbar ist noch sich den Regeln einer konventionellen Moral unterwirft.

Statt jedoch die Fronten zwischen einem vernünftigen, aber wenig anregenden Rationalismus und einem elektrisierenden Irrationalismus zu verschärfen, steht es an, Brücken zu schlagen und Experimente zu wagen. Für mich ist das Charisma-Training nur ein Experiment, aber als solches sehr machtvoll, und sehr zukunftsträchtig, denn wir könnten im Rahmen des Experimentes am eigenen Leib erleben, daß wir ein Grundrecht auf Charisma haben, sobald wir uns dafür entscheiden. Ob wir uns dafür entscheiden, ist wiederum Teil des Experimentes. Diese Frage gehört somit zum Training selbst. Aber wie auch immer die Antwort aussieht – wir werden sensibler, offener, bewußter und verantwortungsvoller sein in bezug auf etwas, das bislang als unkontrollierbar galt, nämlich unsere eigene Ausstrahlung und die der anderen. Gleichzeitig klärt sich auch der Bezug, den wir zu unserer zwischenmenschlichen Umwelt und der Gesellschaft, der Kultur, in der wir leben, haben. Welche Bedeutung messen wir uns selbst in diesem Bezugssystem zu, und welche Mitteilung haben wir zu machen, an der auch andere

14

gern teilnehmen wollen? Welches Signal, welche Information, welche Botschaft geht von uns aus, die andere zu begeistern vermag?

Charisma leitet sich vom altgriechischen Wort *charis*, die Anmut, ab. Die Chariten sind jene Töchter des Zeus, die in der Gestalt von jungen Frauen überirdische Schönheit verkörpern: Aglaia, der Glanz, Euphrosyne, die Freude, und Thalia, die Blüte. In dieser Symbolik geht es also um positive Zustände, um Idealzustände, deren Auswirkungen sich durch besondere ästhetische Merkmale zu erkennen geben. Hier stellt sich die Frage, welchen Wert wir der Ästhetik geben und ob wir uns dafür entscheiden, Einfluß auf unsere Erscheinung nehmen zu wollen.

Charisma wurde ursprünglich jedoch nur im Zusammenhang mit dem Wirken des Heiligen Geistes in den frühchristlichen Gemeinden erwähnt. Diese Wurzel verweist auf spirituelle Erfahrungen, die zur Ekstase führen.

Charisma ist letztlich ein spirituelles Phänomen, das den Übergang vom Alltag zum Außerordentlichen markiert. Es geht um jenen Glanz, der von innen nach außen tritt, wenn das Leben aus dem Kern des Wesens heraus, durch die Schalen der durchlebten Konditionierungen hindurch pulsieren kann. Charisma kennt keine Kompromisse, Charisma spricht für sich, wo Sprachlosigkeit herrscht. Gesellschaftlich gesehen wirkt es sich dort aus, wo Schwachstellen in der alten, gewohnten Ordnung diese brüchig werden lassen.

Obwohl Charisma das Ergebnis eines spirituellen Erlebens ist, läßt es sich insofern trainieren, als Schritt für Schritt das spirituelle Erleben aufgebaut wird. Dabei werden bestimmte Zustände erkannt, bewußt erzeugt, vertieft, so daß sich neue Wege des Zugangs zum spirituellen Erleben auftun, als Leitlinien richtungweisend werden und eine neue Orientierung schaffen, wobei die entsprechenden Prozesse kompetent ausgelöst, durchgeführt und auch wieder beendet werden. Das Training bewegt sich im Spannungsfeld achtsamer Selbsterkundung zwischen den Polen des unmittelbaren Erlebens in der Energie-Arbeit und der Verwendung von Poesie als Möglichkeit, Sprachlosigkeit zu überwinden. In kleinen Schritten angeleiteter Meditationen und einfachster Rituale, die sich in den Alltag integrieren lassen, führt das Training durch folgende Bereiche:

- das Entdecken der eigenen Kraft
- den Umgang mit der eigenen Angst
- die Ausweitung des inneren Lichts
- das Nutzen der persönlichen Widerstände
- die Klärung von Beziehungen
- das Durchdringen des Gewöhnlichen
- das Zulassen des Wunderbaren

Das Charisma-Training beinhaltet:

- Experimente mit Körperhaltung, Körpersprache, Bewegungsformen, Gestik, Mimik
- Experimente mit Emotionen, Stimmungen, Gefühlszuständen, Energien, Archetypen
- Experimente mit mentalen Einstellungen, Glaubenssätzen, Identifikationen, Integrität.

Der Schwerpunkt liegt auf der spielerischen Leichtigkeit, mit der wir Experimente angehen können, wenn wir keinerlei Ergebnisse erwarten oder keine Leistungen von uns als Ergebnis erwartet werden.

Warum ein Charisma-Training für Frauen?

Warum nun ausgerechnet ein Charisma-Training für Frauen?

- um Frauen Möglichkeiten zu eröffnen, Führungspositionen verantwortungsvoll und überzeugend einzunehmen;
- um Frauen, die oft charismatischen Führern ausgeliefert sind (bzw. sich ihnen ausliefern), in ihrem Selbstbewußtsein aufzubauen und ihre Kritikfähigkeit zu stärken, ohne daß sie auf das Erleben von Ekstase verzichten zu müssen.

Mit dem Charisma-training beziehe ich mich auf den Sinn für Schönheit, der durch die philosophische Disziplin der Ästhetik gefördert wird. In den Texten von Gregory Bateson fand ich einen Bezug zu meinem Ansatz, nämlich vor allem dort, wo er seine Überzeugung äußert, »daß wir Teile einer

16

lebendigen Welt sind. Die meisten von uns haben diesen Sinn für die Einheit der Biosphäre und der Menschheit verloren, der uns alle mit dem sicheren Gefühl für Schönheit ausstatten und verbinden würde. Die meisten von uns glauben nicht, daß das größere Ganze, abgesehen vom Auf und Ab unserer begrenzten Erfahrung, grundsätzlich schön ist ... Ich halte an der Voraussetzung fest, daß unser Verlust des Sinnes für ästhetische Einheit ganz einfach ein erkenntnistheoretischer Fehler war.«

Ich knüpfe an Bateson an, indem ich aufzeigen werde, daß nicht nur ein einziger und männlicher Gott Botschaften aussenden kann, die von meist männlichen Predigern, Führern und Verführern als unanzweifelbare Heilslehre auf eine Weise überbracht werden, daß gerade ihre Ausschließlichkeit, die Enge und Härte eines auf einen einzige Gott ausgerichteten Glaubens einen apokalyptisch flackernden Schein verbreitet und durch ihre Endlösungen besticht. Vielmehr hat auch das systemische Denken seine eigene »weiblich« ausgerichtete Ästhetik, die zur charismatischen Ausstrahlung derjenigen Menschen beiträgt, die diesen Sinn überzeugend vermitteln können.

»Weiblich« soll hier als Metapher gebraucht werden für die Fähigkeit, Verbindung zu schaffen. Wir könnten auch von Eros sprechen, im Gegensatz zu Logos. »Männlich« soll eine Art des Denkens beschreiben, das vorwiegend aus der Trennung entstanden ist.

Ich möchte dies mit einem Zeichen in Form eines Halbmondes veranschaulichen: Der Halbmond zeigt die Offenheit einer Schale, die das Zeichen für »männlich« mit seinem geschlossenen Kreis und dem von dort ausgehenden Pfeil nicht hat. »Männlich« wurde z.B. in viktorianischen Anstandsfibeln für gutes Benehmen heiratsfähiger Töchter als »zielgerichtet und kampftüchtig« übersetzt. Der Mann geht aus in die Welt, um sich in ihr zu bewähren. Sein Leben ist Kampf. Das Leben der Frau ist bestimmt durch ihre Aufgabe, das Heim als schützenden Hort der Geborgenheit und der Harmonie zu gestalten, in das der Mann abends nach getaner Arbeit (= Kampf) zurückkehrt. Das Zeichen für »weiblich« verankert die Frau an dem vermeintlichen Ort ihrer Bestimmung, im Heim. Hier schlägt sie Wurzeln und kann sich verwirklichen. Die Natur will es so, denn wer könnte besser die nötige Fürsorge für die Aufzucht des Nachwuchses garantieren? Aber statt mich (vergeblich) gegen die bildhafte Macht dieser Symbole zu wehren, werde ich sie benutzen, um darzustellen, wie das systemische Denken genau jenes Denken der Verbindung ist, das uns alle wieder in Kontakt bringen kann mit einem größeren Ganzen.

Ein Beispiel aus den östlichen Kampfkünsten veranschaulicht, wie ein »Denken der Verbindung« sich auch praktisch auswirken kann. In der japanischen Zen-Kunst des Bogenschießens wird dem Schüler beigebracht, »mit dem Ziel zu verschmelzen«. Die westliche Tradition der Subjekt-Objekt-Spaltung, in der wir alle aufgewachsen und erzogen worden sind, erlebt die Anordnung »Schütze – gespannter Bogen – Pfeil, der auf das Ziel zufliegt – Zielscheibe« als eine Anordnung von verschiedenen Dingen, die – wie von einem »Keil« – voneinander getrennt sind und auch getrennt voneinander bezeichnet werden. Nun kommt es darauf an, das Denken solcherart zu verändern, daß das Ziel ebenso wie der Pfeil und der Bogen Teile des Schützen werden, oder besser noch, alle Komponenten einschließlich des Subjekts zu Teilen eines übergeordneten Systems werden. Gehe ich also vom Symbol der offenen Schale aus, so werde ich die Offenheit nutzen, um das System zu umrahmen und mich als Subjekt zusammen mit allen anderen Objekten in das System hineinzubegeben.

Von Bogenschützen, denen diese Bewußtseinserweiterung gelungen ist, wird das Erlebnis oft so beschrieben: »Das Ziel kommt auf einen zu«, »es trifft einen im Bauch«, »das Ziel gibt sich zu erkennen bzw. fühlt sich erkannt«. Dies hört sich so an, als wäre das Ziel ein Ding mit eigenem Willen und Gefühl, das in Verbindung tritt mit dem Schützen. Übrigens kommt dies auch der Vorstellung archaischer Jäger entgegen, nach denen das gejagte Tier »einwilligen« muß, getötet zu werden, um vom Jäger erlegt werden zu können. Eine Verschmelzung von Jäger und Beute, von Opfer und Täter hat vielleicht hier ihren Ursprung. Beide Beteiligten sind Teil eines Systems, eines Spiels mit verschiedenen Rollen.

18

In der gleichen Weise lassen sich auch die innige Verbindung von »Geist« und »Natur« veranschaulichen – es sind Begriffe, die zwei verschiedene Seiten derselben Medaille beschreiben, d.h. die übergeordnete Einheit der »Schöpfung« systemisch (als System) erfassen.

Das »weibliche Denken« ist ein Denken in Bezügen. Es stellt Verbindung her, es bemüht sich darum, überall das »Muster, das verbindet« (Bateson) zu erkennen. Mehr als nur um die Erkenntnis des Verbindungsmusters geht es auch um eine Praxis des Verknüpfens und Vernetzens, die wichtige Teile der Denk-Arbeit als Informationsverarbeitung sind. Charisma ist jener Glanz, der sich als Ausstrahlung einer Person ergibt, die sich nicht von der Welt abtrennt (um sie zu kontrollieren, zu beherrschen, sie auszubeuten und von ihr möglichst viel möglichst oft zu profitieren), sondern Verbindung hat mit allem, was »Welt« ist – auch mit denjenigen Teilen ihrer Persönlichkeit, die normalerweise abgespalten werden müssen, um den Normen einer normalen Identität zu entsprechen.

Dieses Selbst, das sich nicht von der Welt abtrennen muß, um bestehen zu können, sondern vielfältige Verbindungen aufnehmen und als Verbundenheit zu bewahren weiß, ist sehr viel belastbarer als ein Selbst, das durch eine Flut von Informationen überfordert ist und dessen Aufnahmebereitschaft und Wahrnehmungshorizont dementsprechend eng sein wird. Es ist an der Zeit, diesem Konzept des Selbst mehr Bedeutung zu geben und ihm dort, wo es schon vorhanden ist, endlich die Achtung, die ihm gebührt, entgegenzubringen.

Dieses Selbst wurde bislang als weibliches Selbst erachtet und nur zu oft als solches verachtet, da es die übergeordnete Einheit und Harmonie anstrebt und weniger auf (logischen) Diskussionen oder aggressiven Auseinandersetzungen beharrt. Es geht darum, die Selbstverachtung aufzuheben und den Selbstverrat (durch Ablehnung dieses Sehnens nach Harmonie und Einheit) rückgängig zu machen. Ein solches neues Selbstbewußtsein wird auf andere Menschen unwiderstehlich wirken, weil die Botschaft der Ausstrahlung etwas ist, was alle Menschen angeht und im Innersten berührt.

Das Denken wird als männliche Kulturleistung eingeschätzt – Frauen wird die Rolle der Ausführenden zugeschrieben. Männer kümmern sich um die Theorie, Frauen um die Praxis. Zwangsläufig bezieht sich das Denken immer schon auf etwas, das zuvor gedacht wurde. Aber muß deswegen das Denken als unweiblich und nicht der Frau gemäß den Männern überlassen werden? Ich meine hier nicht die praktische Verarbeitung von Ideen, sondern ein Denken, das kreativ ist und sich selbst zum Ursprung hat.

Das Denken bedient sich der Gedanken, die in Form von Worten und Begriffen gebrauchsfertig zur Verfügung stehen, das Denken geschieht nicht als Naturereignis im luftleeren Raum, sozusagen als Urknall in einem kosmischen Vakuum. Denken ist ein Vorgang, der sich innerhalb eines sozialen, kulturell geprägten, politisch konkret werdenden, oft auch religiösen oder zumindest spirituellen Kontextes vollzieht. Denken setzt einen Dialog mit anderen Menschen voraus, es geschieht nicht als Monolog. Die anderen Gedanken beeinflussen meine eigenen, so wie auch meine eigenen Gedanken wiederum in Verbindung stehen mit solchen, die eben von anderen geboren werden.

Für Frauen ist es meiner Meinung heute jedoch wichtig, sich nicht mit der Rolle der inspirierenden Muse zu begnügen, sondern die Gedanken als eigene Produkte zu kennzeichnen, denn – leider – richtet sich nach dieser Markierung der Autorschaft die hierarchische Rangordnung, die zwischen »eigenständig« und »nachfolgend« unterscheidet, wobei dem individuellen eigenständigen Ausdruck ein höherer Wert zugemessen wird als der Nachfolge. Das CharismaTraining ermutigt Frauen, nicht nur nachzufolgen, sondern sich zu ihrer Autorschaft zu bekennen. Das Bekenntnis soll jedoch nicht nur ein privates sein, sondern öffentlich gemacht werden. So können Frauen in der Öffentlichkeit auftreten: Als Autorinnen ihres eigenen Denkens können sie vor einer kritischen, skeptischen, aber auch wohl emotional wie geistig ausgehungerten und erwartungsvollen Öffentlichkeit zu sich selbst als Frauen stehen.

20

Die zwölf Prinzipien des Trainings

1. Innere »Schätze« (Ressourcen) stehen zur Verfügung, wenn die inneren »Orte« aufgesucht werden, an die sie gebunden sind. Ressourcen sind kein Eigentum, sie können nicht besessen werden. Sie sind Informationen, die sich in das persönliche Weltbild integrieren und damit im persönlichen Lebenszusammenhang nutzen lassen.
2. Die Bindung von Informationen an bestimmte »Orte« (*topics, topoi*) und die Möglichkeit, sie in dieser Verbindung abzurufen, setzen eine Verräumlichung des inneren Erlebens voraus. So entsteht eine innere Landschaft. Die Kenntnis der Landschaftsverhältnisse (Topologie) ermöglicht wiederum den Prozeß einer »Erörterung«, der sich sowohl unbewußt als auch bewußt vollzieht.
3. Es geht nicht darum, die Wahrheit von »Urbildern« (Archetypen) beweisen zu wollen, sondern ihre Energie zu aktivieren und sie als Mittel zum Zweck zu gebrauchen. Urbilder, Vorbilder, Leitbilder und Wunschbilder sind nur so brauchbar wie das Ziel, zu dessen Erreichung sie als Mittel eingesetzt werden.
4. Manche Ressourcen (hilfreiche Informationen, Eigenschaften und Fähigkeiten) sind in bestimmten Zusammenhängen (kontextabhängig) besser geeignet als andere, um in einen ressourcevollen Zustand zu versetzen, in dem man Zugang zu diesen »inneren Schätzen« hat. Was wann wem wie nutzt, ist durch die Person, die Aufgabe und den Zusammenhang bestimmt. Es gibt keine allgemein verbindliche Gültigkeit oder Wahrheit von Ressourcen, sie sind wie Geld, das in einer entsprechenden Währung geprägt wird, und müssen sich bewähren. Auch dann sind sie nicht als »bare Münze« zu nehmen. Es geht nicht darum, eine einzige, wahre und ewige Lösung zu finden, sondern ein ganzes Set von Lösungsalternativen zu entwickeln, also mindestens drei Lösungen zur Verfügung zu stellen, so daß sowohl der Bewußtseinshorizont als auch das Handlungsrepertoire erweitert wird.

5. Verhalten wird gelernt. Verhalten läßt sich durch Umlernen verändern. Schätze des Wissens, des Könnens und des Wollens sind als Ressourcen übertragbar, insofern alle Informationen und alle Verhaltensweisen ebenso wie Fähigkeiten, »gelernt« sind und das Gelernte sich auch außerhalb des Kontextes, in dem es gelernt wurde, anwenden läßt.

6. Ein Mythos tradiert das einmal Gelernte und überträgt es als Leitbild auf viele verschiedene Kontexte. Beispiel: der Helden-Mythos erzählt von einem Helden, der in einem bestimmten Kontext ein einmaliges Helden-Verhalten entwickelte. Dieses Verhalten des Helden wird als »heldenhaft« bezeichnet und somit als Adjektiv zu einer Eigenschaft. Das Verhalten wird verallgemeinert. Der Mythos an sich beruht also auf einer Verallgemeinerung und dient als Orientierung für konkretes Verhalten. Mythen wirken aufgrund ihrer Verallgemeinerung. Sie können aber auch im Zusammenhang ihrer Entstehung verstanden werden und verlieren dann die Kraft der Allgemeinverbindlichkeit. Mythen lassen sich entmystifizieren und entmythifizieren (dekonstruieren), sie können aber auch neu und anders erzählt werden, so daß ihre Aussagekraft erhalten bleibt, der Inhalt jedoch sich dem jeweiligen Kontext in optimaler Weise anpaßt.

7. Alle Erfahrung ist (nur) als Abbild repräsentiert – »alles Vergängliche ist nur ein Gleichnis« (Goethe). Wir reagieren auf Repräsentationen der Wirklichkeit, nicht auf die Wirklichkeit selbst, die wir nie (oder vielleicht nur in Ausnahmezuständen des Bewußtseins, in denen die normale Selektion der Wahrnehmung aufgehoben ist) unmittelbar erleben. Die Repräsentationen sind wie Bilder, Zeichen, Gefühle oder Texte, die sich uns eingeprägt haben. Sie werden mit dem Kontext ihrer Entstehung assoziiert, können aber auch davon abgekoppelt werden. Das Lebensgefühl ist davon abhängig, wie das Leben als Gefühl repräsentiert ist. Es ist möglich, das Leben neu zu »texten«, ihm eine neue »Geschichte« zu geben.

8. Texte sind wie Symbole. Sie stehen für etwas, sie sind nicht die Sache selbst. Der Eintritt in die Welt der Spra-

che ist der Eintritt in eine Welt der Symbole. Symbole funktionieren wie Chiffren – sie sind Verschlüsselungen, die sich von dem entschlüsseln lassen, der den Schlüssel zu ihrer Bedeutung hat. Sprache selbst ist schon eine Übersetzung – die unmittelbare persönliche Erfahrung wird in allgemeinverständliche Worte übertragen und in Begriffen verallgemeinert. Basis aller symbolischen Systeme ist ihre Allgemeinverständlichkeit (zumindest innerhalb des Systems, in dem sie benutzt werden). Symbolisch denken zu können heißt, abstrahieren (also von der Ursprungserfahrung abkoppeln) zu können.

9. Die Fähigkeit des abstrakten Denkens kann gelernt werden. Sie ist eine wichtige Ressource, wenn es darum geht, aus den gewohnten Bahnen auszusteigen und Neues zu erproben. Sie verhilft zu einem Abstand von uns selbst und von den Zusammenhängen, in denen wir gerade gefangen sind. Sie erlöst von Befangenheit durch einmal gebildete und sich wiederholende Gewohnheiten. Unter systemischem Denken soll eine besondere Form des abstrakten Denkens verstanden werden: Dieses Denken abstrahiert von dem vereinzelten Erleben und schafft ein Verständnis für die komplexen Einflüsse von Wechselwirkungen und Beziehungsverhältnissen, Faktoren, die bei dem Erleben maßgeblich beteiligt sind. In einem System ist alles mit allem verbunden und wirkt aufeinander ein. Kreisläufe werden zu Regelkreisen, die durch Rückwirkung (Rückmeldung, Feedback) entstehen.

10. Die Persönlichkeit (ähnlich wie die Familie, das Team, die Gesellschaft) ist ein System. Im Bewußtsein sind alle Informationen enthalten, die unabhängig von der zeitlichen Anordnung ihres kontextgebundenen Ursprungs gleichzeitig verfügbar sind, und alle diese Informationen wirken aufeinander ein. Dazu kommt auch der Einfluß jener Informationen, die als Prägungen und Konditionierungen unbewußt geblieben bzw. durch Verdrängung geworden sind. Das Unbewußte wird als ein Ort vorgestellt, in dem Informationen gelagert oder gespeichert sind, die im Augenblick nicht zugänglich, das heißt, nicht bewußt sind. Trance ist ein Zugang zum Unbe-

wußten. Durch Trance können einerseits im Unbewußten gespeicherte Informationen abgerufen und »hochgeholt«, andererseits Suggestionen »installiert« werden, so daß diese ressourcevollen Informationen »aus der Tiefe« wirken. Das Selbst wird als eine Instanz vorgestellt, in der sich Informationen verdichten und in die Persönlichkeit integriert werden können.

11. Der Macht der Gewohnheiten steht die menschliche Befähigung zur Ekstase entgegen. Das ekstatische Erleben enthebt den Menschen dem Gewohnten und setzt jedesmal einen Präzedenzfall einmaligen und unmittelbaren Erlebens. Über Ekstase läßt sich schwer sprechen, es geht darum, sie zu erleben. Charisma ist die Ausstrahlung einer Persönlichkeit, die durch Ekstase »informiert« oder besser, inspiriert ist. Diese Inspirationen sind Informationen, die auch auf andere Menschen eine inspirierende Wirkung haben. Charismatische Menschen inspirieren andere Menschen dazu, die Grenzen des Gewohnten zu überschreiten und über sich selbst hinauszuwachsen. Charismatische Gemeinden feiern gemeinsam die Ekstase, in der sich eine inspirierende Instanz (Gott, Heiliger Geist, Großer Geist) »melden« kann.

12. Ein solches radikales (an den Wurzeln ansetzendes und von dort her die Transformation der ganzen Person bewirkendes) Ritual setzt voraus, daß es den Menschen aus dem gewohnten Tun herausführt und ihn auf einmalige, unmittelbare Weise etwas tun läßt, das eine besondere Auswirkung auf sein gesamtes Leben haben wird. Radikale Rituale lassen sich nicht kontrollieren und manipulieren – ihre Wirkung besteht darin, daß etwas geschieht, was nicht »gemacht« ist. Das Zulassen, Seinlassen oder Geschehenlassen beruht auf einer innerlichen Entscheidung und Bereitschaft dafür. Über Rituale und ihre Wirkung kann nicht verfügt werden – um ihre volle Kraft zu entfalten, bedarf es des rituellen Handelns. Dieses schafft den Präzedenzfall für die Einmaligkeit und Unmittelbarkeit jeden Augenblicks, wenn wir uns entschließen, unser Leben selbst zu leben und nicht leben zu lassen.

Einführende Meditation

Ich beginne das Charisma-Training mit einer Meditation, die Sie in fünf Schritten in einen veränderten Bewußtseinszustand bringt, so daß Sie gelassen, entspannt und auf einer tieferen, spirituellen Ebene das angehen können, was der Alltag an Aufgaben und Herausforderungen mit sich bringt. Die Schritte sind:

- Nicht wissen müssen
- Warten können, wählen können
- Sich erweitern dürfen
- Sich mitteilen und ausdrücken wollen
- Immer wieder neu beginnen

Nicht wissen müssen: Stellen Sie sich vor, Sie befinden sich in einem Raum von Nachtblau, tiefes Blau ist um Sie herum. Mit einem tiefen Ausatmen lehnen Sie sich innerlich zurück und wissen, daß Sie eigentlich nichts wissen. Sie werden sich dessen jetzt bewußt. Sie geben sich die Erlaubnis dazu, nichts wissen zu müssen. Von Ihnen als Frau wird vielleicht besonders stark Experten- und Fachwissen erwartet. Sie müssen sich beweisen, Ihr Wissen ist Macht. Aber im Grunde ist diese Demonstration von Macht ein Armutszeugnis, denn sie beweist, daß Sie sich unter Druck fühlen und diesen Druck auch noch akzeptieren. Lassen Sie sich also nicht unter Druck setzen, befreien Sie sich davon, befreien Sie sich jetzt von dem Ehrgeiz, alles wissen zu müssen und zu zeigen, was Sie alles wissen. Erlauben Sie sich jene Entspannung und Gelassenheit, die es Ihnen ermöglicht, mehr auf die Menschen, mit denen Sie zu tun haben, einzugehen, statt auf deren ängstliche Ichs und deren Machtstreben zu reagieren.

Warten können, wählen können: Das eine bedingt das andere. Wenn Sie nicht warten können, können Sie auch nicht wählen, denn Sie haben nur eine Wahl: das Nächste und das Naheliegende. Wenn Sie warten können, können Sie auch abwarten, was sonst noch zur Auswahl steht. Sie gewinnen einen Vorsprung, der Ihnen zum Vorteil gereicht. Nehmen Sie sich mit ein paar Atemzügen die Zeit und die Freiheit, um nach innen zu gehen und dort Ihren eigenen Freiraum zu finden. Dieser Freiraum wird zum Spielraum, den Sie haben, indem Sie sich ihn nehmen. Vielleicht möchten Sie sich hin- und herdrehen, sich ein wenig wenden, ein wenig schwanken, pendeln wie beim Pendeln – Sie selbst werden zum Orakel und wissen plötzlich: Ja – oder nein, oder sowohl als auch, oder keines von beiden. Stellen Sie sich vor, Sie befinden sich in einem strahlend grünen Raum, der Ihnen den Eindruck von Vegetation, Wachstum, Stoffwechsel und organischem Austausch vermittelt. Stellen Sie sich vor, daß die Weisheit Ihres Organismus dabei hilft, auf den richtigen Zeitpunkt warten und dann das Richtige wählen zu können.

Sich erweitern dürfen: Stellen Sie sich vor, Sie baden in Gold. Dieser goldene Raum um Sie herum umhüllt und schützt Sie. Gleichzeitig aber bemerken Sie, wie das Gold eine Tendenz zur Ausweitung hat. Es ist eine sanfte Wärme, die davon ausgeht und über die Grenzen ausstrahlt. Sie merken, wie Ihr Atem tiefer wird, ruhiger und weiter. Sie atmen über die Grenzen Ihres Körpers hinaus, Sie sind durch Ihren Atem mit dem Kosmos verbunden, alles in Ihnen und um Sie herum atmet. Ihr Brustkorb fühlt sich befreit von der Enge, in der Sie ihn gehalten haben, Ihr Herz wird weit und befreit sich von den Ängsten und Sorgen, die Ihnen auf dem Herzen lagen, die Seele kann wieder fliegen und durchquert den Horizont – nicht einen, sondern viele. Sie empfinden Schwerelosigkeit, und es könnte ewig so bleiben, wenn nicht in Ihnen etwas drängen würde, etwas, das Kontakt herstellen möchte und Veränderung herbeisehnt. Es ist, als ob Sie sich in einem goldenen Kokon befänden, und Sie wissen, daß sich in diesem Kokon alle Nahrung befindet, die Sie brauchen, um ausreifen können. Sie wissen aber auch, daß es eines Tages soweit sein wird und Sie heraustreten, sich zeigen werden.

Sich mitteilen und ausdrücken wollen: Sie empfinden dieses Bedürfnis immer stärker. Mit dem Bedürfnis nach Ausdruck wächst in Ihnen die Fähigkeit dazu. Sie kommen aus dem goldenen Raum, der zu einem sanften Rosa wechselt, nun in den roten Raum. Es ist ein klares, starkes Rot. Rot wie das Blut, das in Ihnen fließt, rauscht und pulsiert. Es drängt Sie. Sie möchten aktiv werden. Sie möchten nach vorn kommen, sich in den Vordergrund stellen, eingreifen, mitmischen, gestalten, formen, bestimmen. Das Rot zwingt Sie geradezu in die Aktivität. Es ist wie bei einer Geburt, die eingeleitet wird. Es ist soweit. Sie kommen zur Welt. Sie zeigen sich.

Immer wieder neu beginnen: Nun sind Sie ganz da. Aber das heißt nicht, daß es so bleibt, wie es jetzt ist. Wenn Sie so bleiben wollen, wie Sie jetzt sind, und sich auch weiterhin so fühlen wollen wie jetzt, müssen Sie immer wieder neu ansetzen. Reinigen Sie sich deshalb in einem leuchtend violetten Licht, das Sie durchdringt und alle alten Reste mit sich wegträgt. Alle Schlacken, aller Ballast, alle Voreingenommenheit und alle Bedenken sind wie weggefegt. Alles, was Ihnen zu nahe kam, tritt nun wieder in den Vordergrund. Sie tragen nur sich selbst gegenüber Verantwortung. Indem Sie auf die Antwort, die in Ihrem Inneren wartet, lauschen, gewinnen Sie Abstand von sich selbst. Alles, was Sie zugelassen haben, alles, worauf Sie sich eingelassen haben, können Sie nun auch wieder loslassen. Sie können sich selbst sein lassen.

1. Charisma als Ausdruck des größeren Selbst

Bei einem Training hilft es, sich ein Konzept des Vorhabens zu machen, um methodisch vorgehen zu können. Dabei sind Theorien Mittel zur Veranschaulichung (das Wort Theorie leitet sich vom altgriechischen Wort »anschauen« ab, der Theoretiker ist also eine Art Zuschauer wie im Theater). Modelle machen diese Anschauungen greifbar. Sie geben Orientierung für die Sinne, machen das Konzept konkret und bringen es in Raum und Zeit.

Charisma ist Ausdruck, ist Selbstausdruck. Aber das Selbst, um das es hier geht, ist nicht das gewöhnliche, kleine Selbst, sondern ein größeres. Was ist dieses größere Selbst?

Augustinus beschreibt ein solches Selbst als einen Punkt im Inneren des Menschen, an dem der Kontakt mit Gott möglich ist. Augustinus rät in seinem »De Trinitate«: »Geh nicht nach außen; kehr' in dich selbst zurück; im inneren Menschen wohnt die Wahrheit.« Es entsteht ein hierarchisch gestaffeltes Modell, das zwischen Innen und Außen unterscheidet und diese Unterscheidung mit »näher bei Gott« und »ferner von Gott« in Verbindung bringt. Dies entspricht der gängigen Vorstellung eines Lebens »an der Oberfläche« und einem »oberflächlichen Menschen«, im Gegensatz zur Tiefe, in der ein Mensch sein Innerstes, sein Wesen und sein wahres Selbst erfährt und ihn zu einem »tiefen« Menschen« macht.

Übertragen auf das Schalen-Modell einer Zwiebel wäre der Kern das »wahre Selbst«, während die Schalen als Verkleidungen des Kerns eine geringere Bedeutung hätten als der Kern selbst. Dabei veranschaulicht der Vergleich mit einer Zwiebel, die aus Schalen besteht, daß alles daran eine Zwiebel ist und ausmacht, jedoch die Schalen, je nachdem ob sie mehr außen oder mehr innen angeordnet sind, verschieden bewertet werden. Gott aber wohnt »in interiore homine«, im Inneren oder Innersten des Menschen. Der Komparativ oder Superlativ zeigt die hierarchische Wertord-

29

nung an. Gott berührt und erhellt den Menschen in seinem Innersten und läßt ihn von dort her erstrahlen. Anders als bei Platon ist das Licht Gottes nicht nur »da draußen« zu sehen, indem es die Seinsordnung erhellt, sondern erscheint auch als inneres Licht – es ist das »Licht, das alle Menschen erleuchtet, die in diese Welt kommen« (Johannes, 1,9). Die ursprünglichste Form des Selbstausdrucks ist also jenes Strahlen, das von einem Menschen ausgeht, der von Gott ergriffen und erleuchtet wurde. Durch die Verknüpfung der Lichtsymbolik sowohl Platons wie auch des Johannes-Evangeliums ist es Augustinus gelungen, eine wirksame Metapher zu schaffen, die trotz Psychoanalyse und Verhaltensforschung bis heute das Innenleben des Menschen erklärt. Die Erklärung überzeugt, weil die bildhafte Vorstellung ihre Wirkung sofort entfaltet – es handelt sich um ein mächtiges Zeichen, dessen Anwendung (als Visualisation) auch körperlich zu spüren ist. Modelle der »black box« (aus der Verhaltenspsychologie) oder des triebdynamischen Modells (aus der Psychoanalyse) wirken sich niemals so inspirierend aus.

Die erste Art von Selbstausdruck als Ausdruck des Selbst ist demnach das Licht, das aus dem Innersten eines Menschen strahlt. Durch Visualisationen können wir erleben, wie das »innere Licht« wirkt. Licht und Wärme haben die Tendenz, sich auszubreiten. Das Licht, das im Herzen aufgeht, macht das Herz groß und weit. Die Licht will sich verströmen, will sich »verschenken«, es strahlt in die »Dichte des Körpers« hinein und erhellt die Materialität, das an die Materie gebundene Dasein, es bringt ein Leuchten in die Dunkelheit, die oft mit Tod, Verwirrung, Vereinzelung, Kälte und Lieblosigkeit assoziiert wird. Dunkelheit ist das, was vom Licht nicht berührt und verwandelt wurde, was nicht in Verbindung getreten ist und unverbunden, beziehungslos und fremd geblieben ist. Licht in die Mitte des Menschen, in das Selbst hineinzubringen bedeutet, sich auf die Quelle des Lichts zu besinnen und sich von ihr nähren zu lassen. Die Quelle – sie kann Gott genannt werden oder auch Kraft, Leben, Liebe. Es gibt viele Worte, die etwas bezeichnen, das außerhalb unserer selbst liegt und doch erst in Verbindung mit dem Selbst erlebt werden kann.

Die Mystiker haben ihre eigene Sprache, um dieses Phänomen zu umschreiben. Meister Eckehardt spricht von dem »Seelenfünkchen« im Herzen des Menschen, das durch Gott entzündet werden muß, so daß es ausstrahlen kann. In der Visualisation, die die mystische Erfahrung des »Entzündetseins durch Gott« nachvollziehen möchte, kommt ein neues Element hinzu: die Verbindung zu Gott, der den Menschen im Herzen berührt, ergreift, meint, anspricht, segnet, erwählt.

Charisma heißt senden und empfangen zugleich

Dieses Modell kann auch als einfaches Sender-Empfänger-System abgebildet werden. Gott ist darin der Sender, und der Mensch, der sich auf sein Innerstes zurückzieht, um still zu werden und die Stimme Gottes zu hören, der Empfänger. Das Wort »Charisma« ist eine Schöpfung des Apostels Paulus. Es bedeutet soviel wie Gnadengabe, eine Gabe, die von Gott verliehen wird. In den urchristlichen Gemeinden werden ausgehend von der Verleihung des Charisma streng gestaffelte Machtverhältnisse geschaffen: An der Spitze der Hierarchie steht ein Auserwählter, der als charismatischer Führer den Weg weist. Je dunkler die Zeiten, desto mehr bedarf es des Lichts. Je mehr der Weg durch Hindernisse führt, desto mehr bedarf es eines starken Führers. Charismatische Führung und Endzeiterwartung im Alten Testament ebenso wie im Urchristentum bedingen einander. Vom charismatischen Führer wird erwartet, daß er einen Weg weist aus der Not – seine Weisungen sind eine Wende in der Not, also notwendig. Die Hoffnung auf einen starken Führer wächst mit der Not, gleichzeitig die Eindeutigkeit und Ausschließlichkeit, mit der dieser Führer anerkannt wird. Zweifel und Kritik sind Freiheiten, die nur in guten Zeiten gedeihen. Charisma als ein Phänomen sozialer Interaktion, wie Max Weber es bezeichnet, zeigt sich meist dort, wo Notwendigkeit (heute als Handlungsbedarf bezeichnet) herrscht.

Doch der Mystiker Meister Eckehardt macht uns mit einem geradezu ungeheuren Gedanken vertraut: Nicht nur der Mensch ist von Gott abhängig, d.h. hier der Empfänger vom Sender, dessen Botschaft er empfangen will, mehr noch, auf dessen Botschaft er angewiesen ist, will er sich im Innersten als Selbst erleben. Bei Meister Eckehardt ist auch der Sender vom Empfänger abhängig, insofern als der Empfänger darüber entscheidet, ob die Botschaft von ihm angenommen wird und dadurch erst zu einer Botschaft wird. Gott kann ohne den Menschen nicht sein, so wie der Mensch nicht ohne Gott. Nur durch die Verbindung von Gott und Mensch wird das, was zwischen beiden geschieht, zu einer Beziehung, und nur innerhalb einer Beziehung ist eine Botschaft möglich. Dieser mystische Gedanke trägt eine Sprengkraft in sich, die nicht zu unterschätzen ist. Nicht von ungefähr waren Mystiker seit jeher den Herrschenden ein Dorn im Auge.

Das Medium der Vermittlung beeinflußt, mehr noch, bedingt den Charakter der Botschaft, McLuhan geht soweit zu postulieren, das Medium sei die Botschaft. Sicher ist die Botschaft davon abhängig, wie sie aufgenommen bzw. wie ihr Inhalt zurück übersetzt wird, und zwar auf eine Weise, die für den Empfänger Sinn macht. Eine Nachricht ohne Sinn ist keine Nachricht, geschweige denn eine Botschaft. Wird der Sender nicht oder falsch verstanden, so liegt es an ihm, ein entsprechendes Medium zu finden, das den von ihm gesendeten Inhalt angemessen überträgt.

Sprache hat sich als ein für Mißverständnisse sehr anfälliges und deshalb unzuverlässiges Medium herausgestellt, weshalb gerade in militärischen Aktionen, bei denen es auf präzise Übermittlung technischer, konkreter Fakten ankommt, Chiffren und Zeichen verwendet werden. Besonders anfällig und damit unzuverlässig ist die Umgangssprache – hier ist das Verständnis fast ausschließlich von der Beziehung der beiden an der Kommunikation Beteiligten abhängig. Die Beziehung wird zum Medium der Übermittlung. In einer Beziehung aber sind beide Beteiligten voneinander abhängig. Kontakt ist keine einseitige Angelegenheit, erst recht nicht ein Kontakt zwischen Menschen, die ihn nicht als etwas Abstraktes, Symbolisches, sondern als etwas Körperliches, Sinnliches erfahren. Eine »Beziehung« ist hier nicht etwas vom Erleben abgelöstes, also etwas Abstraktes und Absolutes, sondern etwas, das sich ständig neu konkretisiert und sich auf die vorherigen Erfahrungen ebenso wie auf die in Zukunft erwarteten oder eingeplanten bezieht. Eine Beziehung schließt also die Selbstbezüglichkeit – Reflexion über die eigene Befindlichkeit und die Auswirkungen, die das Geschehen darauf hat – der Beteiligten mit ein und wird dadurch sehr viel komplexer und unüberschaubarer. Das systemische Modell sieht deswegen nicht eine einzige Richtung vor, in welche Nachrichten fließen – von der Ursache oder Sendung zur Wirkung des Empfangenwerdens. Es berücksichtigt vielmehr den Prozeß zwischen den Beteiligten, der sowohl in die eine wie auch in die andere Richtung aktiv ist: vom Empfänger, der zum Sender wird, zurück zum Sender, der zum Empfänger wird.

Es macht einen Unterschied, ob ich mir meinen »Selbstausdruck« in der einen oder der anderen Form vorstelle. In der ersten, kausal-linearen Form geht es darum, daß ich mich ausdrücke – ich bringe einen Inhalt, etwa einen Gedanken oder eine Idee zum Ausdruck. Ob dieser Ausdruck für andere wichtig, nützlich, bereichernd oder inspirierend ist, kümmert mich wenig, denn für mich ist die Hauptsache, daß ich mich ausgedrückt habe. Diese Art von Selbstausdruck gehört zum Programm einer Art rücksichtsloser Selbstverwirklichung, wie sie manchen Aussteigern der *human potential-* oder *human growth*-Bewegung vorgeworfen wurde. Auch Künstler neigen bisweilen dazu, den gesellschaftlichen und marktwirtschaftlichen Effekt ihrer Werke aus den Augen zu verlieren, wobei dies manchmal als besonders »authentisch« gilt und somit den Anschein einer Tugend erweckt. Selbst Götter benehmen sich mitunter recht despotisch. Sie befehlen von oben, und diejenigen, die die Botschaft unreflektiert aufnehmen, um sie in die Tat umzusetzen, gelten als gehorsame Diener, die durch ihren Dienst mit dem Sendungsbewußtsein der Auserwählten belohnt werden.

Ein ökologischer Ansatz im Verständnis von Charisma

Begreife ich aber Selbstausdruck als einen Ausdruck meines Selbst, das nur dadurch zum Selbst geworden ist, indem es Verbindung hat zu der Quelle seiner Kraft, geschieht durch diese Bezugnahme eine erste Reflexion, die sich systemisch auswirkt. Der Selbstausdruck vollzieht sich nicht in einer einzigen Richtung, sondern kennt die Richtung vom Innen zum Außen und vom Außen zum Innen, und darüber hinaus jene, die von der Quelle zum Selbst führt. Gehe ich nun noch einen Schritt weiter und nehme an, die Quelle, die mich speist, ist die Quelle, die auch alle anderen lebendig macht, so wird mein Ausdruck, der aus dem Selbst kommt, die Menschen in ihrem Innersten ansprechen und nähren, weil er sie an ihr Selbst erinnert. Diese Selbsterinnerung wiederum wird eine nährende, inspirierende Wirkung haben und ich werde mich danach ausrichten können. Ich orientiere mich daran, ob etwas »von selbst« – von der Quelle – kommt oder ob ich etwas selbst machen muß, weil nichts von selbst kommt. Sobald ich die Quelle – die ich Gott, das Absolute, den Geist nennen kann – in das System mit einbeziehe, richte ich mich weniger danach aus, was ich machen will, sondern nach dem, was ansteht, von selbst entsteht, auf mich zukommt als Herausforderung oder Anspruch, als Auftrag.

In einer Ökologie des Charismas gilt es, die Auswirkungen zu bedenken, die meine Sendung auf die hat, denen ich sie mitteile, so daß sie Teil meiner Sendung und meines Sendungsbewußtseins werden. Je weiter ich mein Bewußtsein ausdehne, je weiter ich den Wirkungskreis meines Ausdrucks ziehe, desto größer werden die Ausstrahlung und der Einfluß, den ich auf Menschen habe. Dabei tue ich im Grunde nichts weiter, als fließen zu lassen, was von selbst kommt. Tatsächlich berichten Menschen immer wieder von einem Erleben eines Tuns, bei dem sie ganz bei sich selbst sind und doch ganz in dem Tun aufgehen. Die Qualität wird als Fließen beschrieben und deshalb als *Flow*-Erlebnis bezeichnet.

Ich kann zwischen einem personalen und einem transpersonalen Selbstausdruck unterscheiden. Der personale Selbstausdruck trägt den Stempel meiner Persönlichkeit und wird durch meine persönlichen Anstrengungen erschaffen. Er bildet meine Vorlieben und Abneigungen ab, meine ganz eigenen Charaktermerkmale, die durch meine persönliche Geschichte bedingt sind, meine privaten Konditionierungen, die mir als Eigenheiten lieb und vertraut geworden sind und mit denen ich mich identifiziere, um eine möglichst unverwechselbare Eigenart zu besitzen. Alles ist darin enthalten und findet eine von mir geschaffene Wirklichkeit. Insofern ist dieser Ausdruck tatsächlich eine Form der Selbstverwirklichung.

Der transpersonale Selbstausdruck hingegen gibt Zeugnis von meiner Fähigkeit, meine Person durchlässig zu machen, so daß etwas anderes, die Quelle meiner Kraft und der Ursprung meines Selbst, hindurchscheinen kann. Diese Fähigkeit, von mir selbst, meinem »äußeren« Selbst abzusehen und es als Oberfläche transparent zu machen, so daß das »Tiefere« sich offenbaren kann, ist eine andere Art von Selbstbezogenheit: Das »oberflächliche« Selbst bezieht sich auf das zentrale, »tiefe« und »eigentliche« Selbst. Ich benutze die Anführungszeichen, um zu markieren, daß die Unterscheidung zwischen zwei Arten des Selbst für manche Menschen nicht nachzuvollziehen ist, wenn »Gott« als Quelle und Ursprung angenommen wird. Der religiöse Bezug ist vielen Menschen suspekt geworden oder verlorengegangen. Es hilft jedoch, sich folgendes Gedankenmodell zu vergegenwärtigen. Wenn »Gott« durch »Geist« ersetzt wird, ist die Beziehung zwischen der Quelle und dem menschlichen Selbst an ihrer Auswirkung, nämlich der Begeisterung, zu messen. Ich gehe nun noch weiter und ersetze »Geist« durch »Natur« oder, mehr noch, durch »Mutter Natur«: *natura naturans* – die Natur, die in sich selbst fruchtbar ist, sich selbst gebiert. Wenn ich nun noch den Ort der Quelle von »oben« nach »unten« unter die Erde verlege, ändert sich der Bezug: Die christliche Hierarchie, die das »Oben« über das »Unten« stellt, den Geist über die Materie, das Bewußtsein über das Gehirn und den Körper, den Mann, der befruchtet, über die Frau, die gebiert, wird so entkräftet, aber der Bezug von einer »äußeren« Kraftquelle zu dem »Inneren« des Menschen bleibt derselbe. Das Denken wird sich verändern, es wird ortsgebundener und für den Kontext sensibler, weniger abstrakt und allgemein sein – Eigenschaften, die dem »weiblichen Denken« zugeordnet werden. Die »Stimme der Natur« oder »die Stimme der Erde« (in faschistischer Ideologie oft auch »Stimme des Blutes« genannt) wird als Botschaft eher mit dem ganzen Körper empfangen und gefühlt. Die Botschaft ist weniger ein sprachlich formulierter Satz, der auf Gesetzestafeln geschrieben erscheint, sondern mehr ein Gefühl der kraftvollen Aufladung als *mana*. In einem Neuheidentum, das die spirituelle Frauenbewegung aufgreift und für die moderne Hexenbewegung beansprucht, ist die Gefahr gegeben, in eine prärationale und potentiell faschistoide Mystifizierung zu verfallen und die kostbaren Errungenschaften des abendländischen Denkens auszugrenzen, nur weil sie durch ein männliches (christliches) Denken hervorgebracht wurden.

Das Charisma des Patriarchats und neue Formen von Charisma

Das Gedanken-Modell, das mir geholfen hat, meine Politikverdrossenheit zu überwinden und einen Platz in der Gesellschaft zu finden, ist ein anderes. Obwohl ich zwar im christlichen Glauben erzogen worden bin, mich jedoch früh davon abgewandt habe, weil mir ein »naiver« Glaube an Gott nichts geben konnte, ist mir die christliche Mystik als inspirierendes Vorbild erhalten geblieben. Ich habe mich auch mit islamischer und buddhistischer Mystik befaßt und mich dafür entschieden, das mystische Gebot des Nichtwissens und Nichtbeweisen- und Nichterklärenmüssens in meinem Leben zu beachten.

In meinen Visualisationstechniken gehe ich davon aus, daß es etwas gibt, das mich inspiriert und lebendig sein läßt – lebendiger, als wenn ich mich nicht auf dieses Etwas bezöge. Der Bezug selbst läßt mich leben, was mehr ist als überleben. Ich stelle mir dieses Etwas verschieden vor: Meist ist es eine Lichtquelle, die von oben als »Sonne« auf mich scheint und die ich »im Herzen« spüren kann, manchmal, an »heiligen« kraftvollen Orten oder angesichts »heiliger« Schriften als »Geist«, der in der Erde wohnt oder durch die Schriften zu mir spricht. Allerdings beachte ich dabei immer den Kontext. Wenn ich an einem besonderen Ort bin, so interessiere ich mich dafür, in welchem Kontext sich die »Heiligkeit« des Ortes manifestiert hat und wie die gesellschaftlichen Bedingungen dafür waren, daß »Heiligkeit« als gesellschaftlich anerkanntes Phänomen seine Wirkung entfalten konnte. Die Quelle der Heilung und der Begeisterung wird dann für mich zu einem gemeinsamen Nenner, der Bezug darauf eine Möglichkeit, mit den Menschen, die die Erfahrung von Heilung und Begeisterung mit mir teilen, in Kontakt zu kommen.

In diesem Modell wird das System erweitert und die Gemeinschaft der »Gläubigen« mit einbezogen. Sie reflektieren und verstärken das Phänomen, durch das der »Geist«, die »Kraft«, das »Heil« sich ausdrücken. Das System wird zu einem Kräftefeld, innerhalb dessen bestimmte Ereignisse eine bestimmte Bedeutung haben oder neu erhalten. Ich kann das System nutzen, sei es zur »Wahrsagung«, zur »Heilung« oder zum »Schutz«. In diesem Feld kann aber auch das Wunder einer radikalen Neuorientierung geschehen. Dabei herrschen ökologische Gesetze des Ausgleichs und der Angemessenheit. Das Modell leitet sich ab von dem Wissen, das die Kulturanthropologin Felicitas Goodman vermittelt. Der Schamane steht hierbei im Mittelpunkt des Geschehens, ist jedoch nur Vermittler zwischen der Welt der Geister und der Welt der Menschen, deren Leben gemeinschaftlich geregelt ist. Noch gibt es keinen Individualismus.

Ich möchte allerdings dieses Modell nicht auf den Schamanismus und neuschamanistische Praktiken beschränkt wissen. Es dient vor allem dazu, den Faktor »Gemeinschaft« als »Gemeingut« und »Gemeinwillen« einzubringen. Die Geister oder der Geist erhalten die Bedeutung einer Quelle jener Botschaften, die alle etwas angehen. Dabei möchte ich nicht auf das abstrakte Denken, das durch den Monotheismus entwickelt wurde, verzichten. In der Tradition des christlichen Abendlands wird zunächst »Gott« als gemeinsamer Nenner gedacht. Später wird »Gott« durch »Vernunft« ersetzt oder durch »Geist«, »Natur«, »das Absolute« als Unvergängliches und Ewiges im Verhältnis zu allem, was sich durch Unbeständigkeit und Vergänglichkeit relativiert. Mehr und mehr wird der Zugang zu diesem »höchsten Gut« der eines abstrakten Denkens und weniger der eines Fühlens und Erfahrens. Durch die eigene Erfahrung in Kontakt sein mit dem, was über die eigene Erfahrung hinausgeht – das ist es, was fehlt. Wie ich später zeigen werde, ist es genau die »weibliche« Form eines integralen Bewußtseins, das Abstraktion und Konkretisierung, Denken, Fühlen und kongruentes Handeln miteinander verbindet.

Charisma als Selbstausdruck

Männer befruchten, Frauen gebären. Aber während Männer durchaus das Gebären als Metapher für ihre produktiven, kreativen Prozesse benutzen und diese Metaphern in die Umgangssprache eingegangen sind, habe ich selten Frauen erlebt, die sich erlaubten, die männliche Seite der (Re-)Produktionsprozesse für sich in Anspruch zu nehmen. Das hieße nämlich, sich nicht nur befruchten zu lassen, sondern selbst aktiv fruchtbar und als solches zur Autorin und zur Autorität selbst zu werden.

Das Gebären gilt immer noch als »natürlicher« Selbstausdruck der Frauen. Jede Freiheit, zu der die Moderne den Frauen verholfen hat und die sie von dem biologischen »Auftrag« der Fortpflanzung befreit, wird als kümmerlicher, neurotischer Ersatz gesehen. Das »Eigentliche«, das einer Frau zukomme, sei, sich in ihren Kindern zu verwirklichen. Durch diese Identifikation mit der Fruchtbarkeit läßt sich die Not erklären, die viele Frauen nach der Phase ihrer Fruchtbarkeit, also in der zweiten Lebenshälfte überkommt. Die Frage nach dem Sinn des Lebens wird nicht nur allgemein und existentiell, sondern auch sehr spezifisch auf die eigene biologische Verfassung bezogen gestellt.

Welchen Platz hat eine unfruchtbare Frau in der Gesellschaft? Sicher entscheidet heute die Unfruchtbarkeit einer

Frau nicht mehr so sehr über ihren Wert als Mensch wie früher oder in orthodoxen Traditionen, die die Ausnahme bilden, aber tief im Unbewußten hat die Frage nach dem Selbstwert alle Frauen bewegt, die ich daraufhin befragte. Auch Frauen, die Kinder geboren und großgezogen hatten, und deren Kinder aus dem Haus gegangen waren, um nun ein eigenständiges Leben zu leben, fragten sich, »wozu sie nun noch gut seien«. Auch wenn diese Frage eher rhetorisch oder dramatisch überspitzt gestellt wurde, gibt sie die Unsicherheit und das Sich-selbst-Fremdgewordensein von Frauen wieder, die sich in einer Phase ihres Lebens befinden, da der biologische Auftrag aus dem einen oder anderen Grund nicht erfüllt werden kann. Begleitet wird dieses »Nichtfunktionieren« im biologischen Sinn von Gefühlen, »nicht richtig« oder »in Ordnung zu sein«, keinen Platz in der »natürlichen Ordnung« einer Gesellschaft zu haben, von Schuld und Scham.

Das Gefühl zu versagen ist jedoch nicht nur auf Frauen beschränkt. In den Mythen finden wir das Motiv der männlichen Weigerung, sich fortzupflanzen. Aber hier wird ebendiese Verweigerung zum Motiv des heldenhaften Aufbegehrens. Der Held zieht aus, um sich von der Übermacht der Großen Mutter zu emanzipieren. Er verweigert die Liebe, den Eros, Sex. Er übt sich in Askese, um sich von den Zeichen seiner Herkunft zu reinigen. Aphrodite tritt als Rächerin auf, verflucht ihn. Er versucht ein Leben lang, diesem Fluch zu entkommen.

Männliche Heldenreise und weiblicher Erlösungsweg

Männlich und Weiblich sollen hier als Archetypen verstanden werden – es geht nicht um Mann und Frau. Trotzdem stimmen die persönlichen Lebensläufe oft mit einer transpersonalen Symbolik überein bzw. werden von diesen Archetypen und Symbolen bestimmt. Heute jedoch, im Zuge eines ökologischen Bewußtseins, wächst das allgemeine Bedürfnis nach einer Neuformulierung der klassischen Heldenreise. Dieser Weg führt aus dem Unbewußten, dem Bereich der Großen Mutter, heraus und hinein in eine Welt des rationalen Bewußtseins, in die Welt des Vaters, die Welt der Sprache und des Gesetzes. In der klassischen Heldenreise gibt es die Phase des Kampfes. Das Böse (Alte) wird besiegt, das Gute – das neue Gesetz, die von nun an herrschende Konvention der Verständigung, also die neue Sprache – siegt.

Am besten spiegeln sich Kampf und Sieg im Umgang mit Drachen. Drachen sind »böse«. Sie verpesten das Land. Sie bringen Zerstörung. Also müssen sie vernichtet werden. Der Held sieht seine Aufgabe darin, das Böse in Form der Ungeheuer auszurotten. Der Drache wird besiegt, getötet. Vielleicht badet der Held noch im Blut des Drachen, um dessen Kraft an sich zu binden, aber nichts bindet ihn an den Drachen, an die Beziehung zu ihm, an die Erinnerung an ihn. Held und Drache stehen sich als Gegensätze gegenüber. Wenn der Drache besiegt ist, bleibt der Held übrig, und eine neue Ordnung gilt. Es beginnt eine neue Zeit, eine neue Ära.

Das englische Wort für Erinnern, *remember*, weist jedoch darauf hin, daß Erinnerung nicht nur eine Vergegenwärtigung ist. Sie setzt vielmehr das Vergessene, das heraufbeschworen wird, Glied für Glied wieder zusammen (*member* heißt Glied). Das Erinnerte erhält seine Gestalt durch ein ganzheitliches Zusammensetzen, das nicht durch Analyse, sondern Synthese erwirkt wird. Der Held müßte sich im Drachen erkennen, so wie der Drache Teil des Helden gewesen ist. Dieser Prozeß der gegenseitigen Anerkennung einer Beziehungsqualität, die im Dazwischen liegt, ist Integration und Versöhnung zugleich. Der neue ganzheitliche Erlösungsweg ist gekennzeichnet durch ebendiese Versöhnung, der eine Anerkennung der Zugehörigkeit zum System, zum Ganzen, zum Kontext vorausgegangen ist. Der Drache wird nicht nur gezähmt – wie in der Sage von der heiligen Margarete berichtet wird, sondern als zugehörig erkannt zu dem jeweiligen System und Kontext, in dem sich Held und Drache unversöhnlich gegenüberstehen. Durch die Anerkennung der wechselwirkenden Beziehungsverhältnisse wird aus dem Spiel »Altes ist schlecht, und Neues ist gut« der Prozeß »Altes führt zu Neuem, Altes ist in Neuem enthalten«.

40

Warum aber ist nun dieser Weg spezifisch weiblich zu nennen?

Das weibliche Symbol des geschlossenen Kreises, der sich in der Erde verankert, deutet darauf hin, daß alles, was geschieht, sich immer wieder auf sich selbst bezieht, und jede Veränderung selbstbezüglich ist. Im männlichen Symbol hingegen zielt der Pfeil von dem geschlossenen Kreis weg und versucht auf diese Weise, der Bindung an geschlossene, selbstbezügliche Regelkreise zu entkommen. Das weibliche Symbol sagt: Ich gebe alle Energie in den Kreis, in das System. Alles Wissen ist in diesem Kreis enthalten. Es gibt nichts außerhalb. Unnötig daher, Energie für Fluchtimpulse zu verschwenden. Besser ist es, die Energie dafür einzusetzen, daß etwas an Ort und Stelle entsteht, zur Welt kommt, statt der Welt zu entfliehen. Es scheint so, als sei der weibliche Organismus für diese spezifische Aufgabe des Aushaltens und Durchhaltens besser geeignet. In keinem Fall wird diese Energie so sehr benötigt wie im Prozeß des Gebärens. Die Geburt als ein Prozeß des »Zur-Welt-Bringens« kann auch als Metapher gesehen werden. Alle Prozesse der Selbstautorisation sind Prozesse der Selbstgeburt. Und diese Selbstgeburt beruht auf der Kunst von *remembering* – der Kunst der Selbsterinnerung.

Charisma, Selbsterinnerung und Selbstgeburt

Charisma ist der Ausdruck des größeren Selbst, das erinnert und in die Welt gebracht wird. Der Selbstausdruck wird zur Selbstgeburt aufgrund von Selbsterinnerung.

Die einzelnen Phasen innerhalb der Schwangerschaft und vor allem die Geburt selbst können nach Stan Grof bestimmten archetypischen Konstellationen zugeordnet werden, die sich im Mythos präsentieren. Es ist durchaus möglich, solche Phasen rituell zu gestalten und ihren Lerninhalt im Spiel nachzuholen, auch wenn die biologische Geburt einen anderen – traumatischen – Verlauf genommen hat. Es liegt nahe anzunehmen, daß Einweihungsriten und -mysterien ebensolche Lernaufgaben zum Inhalt haben. Diese sollen hier nur grob nachgezeichnet werden, um modellhaft einen Überblick zu geben.

Es handelt sich um die Überführung von einer alten Ordnung in eine neue, wobei die alte Ordnung dem paradiesischen Geborgensein im Mutterleib entspricht, und die neue Ordnung diejenige ist, die das neugeborene Kind erwartet, das zur Welt gekommen ist. Das Neugeborene sieht die Welt mit unverstelltem Blick – nichts trübt die Wahrnehmung, noch haben sich keine Gewohnheiten bilden können. Alles ist neu, und doch auf bestimmte Weise vorbestimmt und geordnet – das Kind erlebt sich »in Ordnung« und angenommen in der Welt. Auf dem Weg zu dieser Erfahrung jedoch lauern viele Gefahren, die als Prüfungen überwunden werden müssen. Die »Vertreibung aus dem Paradies« ordnet Grof dem Augenblick zu, da das Fruchtwasser abgeht und der Fötus von der Gebärmutter eingegrenzt wird, noch bevor sich der Ausweg in der Öffnung des Muttermundes anzeigt. Darauf reagiert das Individuum, das sich aus der großen Einheit verstoßen erlebt, mit Trauer und dem vagen Bewußtsein, etwas unwiederbringlich verloren zu haben. Die Klage um den Verlust kann sich nostalgisch ausweiten, so daß die Grenzen, die der Prozeß jeder Phase setzt, aus dem Bewußtsein schwinden.

In dem Grofschen Modell folgt auf die Phase des Eingeschlossenseins die Phase des Befreiungskampfes: Mutter und Kind ringen gemeinsam und gegeneinander darum, den Kampf, der für beide um Leben und Tod geht, zu einem guten Ende zu bringen. Anatomisch gesehen handelt es sich um das Schieben und Pressen, das das Kind durch den engen Geburtskanal ans Licht der Welt bringt. Alles, »was ans Licht gebracht wird« oder »ans Licht kommt«, bezieht sich somit auf einen Geburtsprozeß, ob dieser aktiv oder passiv erlebt wird. Heute wissen wir allerdings, daß die Aktivität der Gebärenden in einer innigen Wechselwirkung mit den Signalen des »passiven« Fötus steht. Aktion und Reaktion spielen ineinander, auch hier kündigt sich die Form eines Dialogs an, der noch vor jeder Entwicklung von Sprache sich vollzieht. Sendet die Mutter nicht die richtigen Signale aus, kann der Fötus nicht richtig reagieren und die lebenswichtigen Bewegungen vollführen. Bewegt sich jedoch der Fötus nicht, so stagniert der Prozeß und beide Beteiligten sind gefährdet. Der Prozeß ist unumkehrbar – im Augenblick der Befruchtung ist der biologische Prozeß schon ausgerichtet, das Ziel eindeutig und klar.

In den Mythen, die die Analogie zu dem Prozeß der Bewußtwerdung nacherzählen, ist es schon eher möglich, einen »Fortschritt« zu erzielen, um dann durch einen »Rückschritt« – in der Psychoanalyse als Regression bezeichnet – diesen wieder aufzuheben. Auch gibt es so etwas wie eine progressive Regression, bei der um des Fortschritts willen ein Rückschritt als eine vorläufige Rückkehr gemacht wird.

Allerdings hat dieses Modell den Nachteil, daß es nicht zu einem systemischen Denken anregt, denn der (biologisch unumkehrbare) Prozeß wird nur in einer Richtung verlaufend gedacht. In einem systemischen Modell wären die vier Phasen als Orte auf einer Kreislinie angeordnet. So ergibt sich der prozeßbedingte Kreislauf, der dem biologischen Geschehen entspricht, gleichzeitig wäre es möglich, sich eine Mitte zu dem Kreis zu denken. Diese Mitte bietet eine Position an, die sich außerhalb des Kreislaufs befindet, von der aber alle Positionen an der Peripherie gleich weit entfernt und zugänglich sind. Die Informationen, die in diesen Orten verankert (»gespeichert«) sind, können als Ressourcen abgeholt (»abgerufen«) und in den Lebensprozeß integriert werden.

Die Meta-Position ist eine Position, die es erlaubt, ein Geschehen mit Abstand zu betrachten, selbst wenn man darin gefangen ist. Das Abstandnehmen ist eine Fähigkeit, die sich mir eröffnet, wenn ich ein Bewußtsein dafür entwickele, daß und wie ich am Geschehen beteiligt bin, mich aber auch erleben kann als Teil eines größeren Ganzen, als eines Systems, innerhalb dessen sich meine Teilnahme vollzieht. Ich sehe mich dabei von außen, denn nur von außen gesehen erkenne ich meinen eigenen Standort innerhalb des Prozesses und innerhalb des Systems.

Selbst und Nicht-Selbst, »eigen« und »fremd«

Die Selbstgeburt ist eine radikale Veränderung im Prozeß der Selbstwerdung eines Menschen. Eine Geburt ist nicht »ein bißchen« oder »mal so eben«, sondern eine ganz neue Qualität des Selbstbewußtseins. Was ich einmal in diesem Quantensprung der Selbstwerdung erfahren habe, kann ich nicht vergessen. Ich kann diese radikale Selbstautorisation aus einer tieferen und weiteren Ebene nicht ungeschehen machen, ich kann die Synthese des *remembering* zwar verdrängen und nicht wahrhaben wollen, aber ich kann die neue Einheit nicht mehr verlernen. Sie prägt sich mir unwiderruflich ein.

Die Frage ist: Wieviel Fremdes halte ich wie lange aus, um zu einer wirklich tiefgehenden Selbsterinnerung und einer radikalen Selbstgeburt kommen zu können? Wie weit kann ich mein Selbstbewußtsein dehnen? Wie weit kann ich über meine gewohnten Grenzen des alten Selbstverständnisses gehen, ohne mich zu verlieren?

Wie der Körper zum Beispiel im Yoga gedehnt werden kann, so kann sich das Bewußtsein ausweiten. Jedoch sollten wir dabei, genau wie im Falle des körperlichen Trainings, Schritt für Schritt, sanft und beharrlich vorangehen.

Erweiterung des Selbstverständnisses

Sicher können Sie sich an eine Zeit erinnern, in der andere besser wußten, wann, wie und was Sie selbst waren. Und sicher haben Sie sich gegen diese Fremdbestimmung gewehrt, denn Sie meinten mit Recht, Sie wüßten selbst am besten, wann und wie Sie sich am meisten als Sie selbst fühlten. Sicher haben Sie auch andere Erfahrungen gemacht, haben Gefühle erlebt, durch die Ihnen bewußt wurde, daß irgend etwas störte und Ihnen fremd, uneigentlich im Sinne von nichteigentlich, nicht zu Ihnen gehörend oder unwesentlich vorkam. Vielleicht brauchte es eine gewisse Zeit, bis Sie endlich herausfinden konnten, was genau es war. Oder das Gefühl ging vorbei, ohne daß Sie eine eingehende Analyse dieser vorübergehenden Fremdheitsgefühle anstellen mußten. Eines Tages waren Sie wieder ganz Sie selbst und merkten es vielleicht daran, daß Sie sich irgendwie besser, harmonischer, mehr in Einklang mit sich selbst fühlten als vorher. Es kann sein, daß Sie in einem religiösen, spirituellen oder auch ganz alltäglichen Zusammenhang eine tiefe Erfahrung gemacht haben, die Sie in Kontakt brachte mit etwas, das Sie als Ihr Innerstes, Ihr Wesen, den Sinn Ihres Daseins bezeichnen könnten. Dieses Etwas läßt sich nur schwer in Worte fassen und Menschen haben verschiedene Ausdrücke dafür gefunden, ohne konkret sagen zu können, was den Unterschied ausmacht.

Sagen zu können »Das bin ich selbst« im Unterschied zu »Das bin nicht ich«, »Das bin nicht ich selbst«, »Das gehört nicht zu mir« setzt eine bestimmte Erfahrung voraus, welche die meisten von uns wahrscheinlich nicht bewußt gemacht haben. Es sei denn, sie haben sich die Zeit genommen ihr Bewußtsein auf eine solche Erfahrung hin zu überprüfen. Von allen anderen Erfahrungen, die wir als Selbsterfahrungen bezeichnen würden, weil sie irgendwie mit uns zu tun haben, unterscheidet sich diese Erfahrung des Kontakts mit dem Selbst durch ihre Qualität. Wenn ich mich selbst in meiner Trauer, in meinem Zorn, in meiner Gier oder in irgendeiner anderen Gemütsverfassung erlebe, begegne ich einem Teil meiner selbst. Aber etwas in mir ist sich bewußt, daß dies nur ein Teil ist. Auch wenn ich noch so sehr damit identifiziert bin und darauf beharre, daß dies wesentlich zu mir, zu meinem Charakter, zu der Art, wie ich bin, gehört, so weiß ich doch im Innersten, daß es nur ein bestimmter Wesenszug (bzw. ein Charakterzug, an den ich mich gewöhnt habe und mit dem ich mich identifiziere) ist, und nicht mein Wesen an sich. Der Kontakt mit dem eigenen Wesenskern beschert eine besondere Art von Glück. Es ist nicht das Glück, das ich habe, wenn ich im Lotto gewinne. Es ist keine Erfahrung des Habens, sondern des Seins, ich kann nichts dazu tun und muß es auch nicht. Dies kommt dem christlichen Begriff der Gnade nahe.

Bei dieser Erfahrung tritt ein außerordentlicher, nicht-alltäglicher Bewußtseinszustand ein. Es ist ein Zustand, der sich von den gewohnten Zuständen des Alltags stark unterscheidet und als solcher ohne Zweifel festgestellt werden kann. Es fühlt sich an, als wäre man nach langer Suche endlich dort angekommen, wo man immer schon sein sollte, wo man auf eine Art auch schon immer war, ohne daß dies während der vordergründigen, oberflächlichen und außenbestimmten Suche zu Bewußtsein gekommen wäre. Es ist ein Zustand des Seins. Das Sein wird als Essenz, als eine besondere, wesentliche, ursprüngliche und erfüllende Qualität erlebt – im Gegenteil zur Existenz, die als mehr oder weniger zufälliges Dasein und Sosein erlebt wird. Sprachliche Äußerungen sind: Anwesenheit; einfach da sein; sich sein lassen; sein, so wie man ist; Menschsein; sich angenommen fühlen; Verbundenheit mit allem; tiefer Friede; in Ordnung sein; wertvoll sein; All-Liebe; bedingungslose Liebe; Gnade; Anmut... Dieser Zustand entzieht sich jedoch einer Definition und wird als Gefühl wahrgenommen – ein Gefühl, das sich von spezifischen Emotionen grundlegend unterscheidet und jederzeit, unabhängig von der Situation und dem Kontext des Daseins, erlebt werden kann, wenn sich der innere Fokus darauf richtet. Dieser Zustand überwindet die Subjekt-Objekt-Spaltung. Der Tänzer und der Tanz werden eins.

Wer einmal an der unsichtbaren Mitte »angekommen« ist – oft fühlt es sich auch wie eine Rückkehr oder Heimkehr an – erlebt die Zeit anders. Sie scheint, und sei es nur für einen Augenblick, stillgestanden zu sein. Es fehlt der Impuls »weiterzugehen«, d.h. den gewohnten Tätigkeiten nachzugehen und damit ein Ziel zu verfolgen. »Es« hat sich eingefunden, was hinter allen Wünschen und Zielen als geheimes Motiv, als treibende Kraft verborgen war. Für einen Augenblick gibt es keine weiteren Absichten im Leben, keine Impulse, kein Motiv, keine Motivation. In diesem Augenblick geht es nicht mehr darum, etwas zu tun oder zu erreichen durch dieses Tun (wie Erfolg), etwas von anderen zu bekommen (wie Anerkennung von außen), es geht auch nicht darum, sich selbst zu beweisen (durch Anerkennung von innen) oder etwas zu lernen und Wissen anzuhäufen wie Besitztümer.

Das Gefühl sagt: Es ist alles schon da. Es ist hier. Es ist zugänglich und verfügbar. Jetzt geht es nur darum, auf diese besondere innere Stimme zu horchen und sich vom Wesentlichen, von der Essenz, vom inneren Kern, von der inneren Stimme, dem inneren Auftrag – oder wie auch immer Sie diese Stimme nennen mögen – leiten zu lassen. Diese Erfahrung wird körperlich erlebt, sie vermittelt sich als Körpergefühl. Sie ist kein Gedanke und kann auch nicht als Gedanke vermittelt werden. Jeder muß sie für sich selbst machen. Der Körper, der Organismus, das Herz »weiß« etwas, das nicht durch die gewohnte Verarbeitung von Wissen zustande kommt. Gewißheit ergibt sich – sie kann nicht gelernt werden. Sie ist auch nicht beständig. Sie kann jedesmal neu geprüft werden, um sich zu bewähren. Sie entspricht nicht einer ewigen, absoluten Wahrheit, sondern einer Wahrheit, die sich immer wieder neu ergibt.

Dieses Verständnis von Wahrheit und Gewißheit entspricht einem Modell, das das Selbst nicht aus einem einheitlichen Guß sieht. Es erklärt vielmehr, wie das Selbst sich als System aus vielen untergeordneten »Teilselbsten« (Teilpersönlichkeiten) als Subsystemen zusammensetzen kann, ohne auseinanderzufallen. Dieses systemische Modell sieht verschiedene innere »Orte« vor, die die Subsysteme »beherbergen«. Alles hat darin Platz, auch das, was als fremd, nicht zum Selbst gehörig, uneigentlich, unwesentlich empfunden wird. So gibt es einen Ort für das, was von anderen Menschen übernommen und verinnerlicht wurde. Auf diese Weise erhält das Fremde eine Heimat und wird dadurch als Energie gebunden und kommt deshalb leichter »in Ordnung«, als wenn es verdrängt, bekämpft, durch Projektion nach außen verlagert und ausgegrenzt würde. Diese Form von Integrität kann sehr viel mehr integrieren, als das bei einem einheitlichen und absolut wahren Selbst der Fall wäre.

Seit ich mich mit den verschiedenen Formen von Religion befasse, haben mich immer die Formen fasziniert, die ihre »Teufel«, ihre Geister, Schatten und Dämonen koexistieren ließen mit den guten Kräften. Sie ordneten dem »Bösen« einen Ort zu – eventuell sogar innerhalb des heiligen Bezirks. Auf diesem Hintergrund überzeugt mich auch das Modell der Multidimensionalität. Es kann auf das Selbst ebenso wie auf andere Systeme der menschlichen Gemeinschaft angewendet werden Das Selbst erscheint als Team, als Familie, als Orchester Jedes Subsystem spielt eine Rolle, hat eine Stimme. Am besten gefällt mir die Metapher vom Selbst als Parlament. Hier wird klar, wie sich ein demokratisches Verhalten im eigenen Innenleben durchsetzen und so den diktatorischen Ansprüchen der Mehrheit, der Lobbys und Interessengruppen ebenso wie den Großmächten, die aus einer Zeit des Kolonialismus und Imperialismus übriggeblieben sind, trotzen kann. Alle Beschlüsse und Entscheidungen werden gemeinsam getroffen, nachdem sie parlamentarisch diskutiert und ausgehandelt wurden. In diesem Modell wird das Selbst als Form und Verfassung auch immer wieder neu diskutiert. Es wird neu verhandelt. Das Ich hat die Funktion eines Conférenciers oder Moderators, eines Dirigenten oder eines Präsidenten, je nachdem, welche Metapher für das Selbst als System gewählt wurde.

Dieses systemische Modell des multidimensionalen Ichselbst, das sich ursprünglich aus der systemischen Familientherapie ableitet, wird heute auch in Organisationen ebenso wie im Umgang mit Einzelpatienten (ohne Familie) mit großem Erfolg angewandt. Die Geschlechterdifferenz jedoch scheint etwas zu sein, dem bislang nicht allzuviel Bedeutung zugemessen wurde – als mache es keinen Unterschied, ob eine Frau oder ein Mann das Land regiert. Das Modell kann also noch durch die Unterscheidung zwischen *anima* und *animus*, die auf C.G. Jung zurückgeht, erweitert werden.

Nach C.G. Jung hat die Seele sowohl einen weiblichen wie auch einen männlichen Aspekt, wobei der jeweils gegengeschlechtliche, also beim Mann die *anima* und bei der Frau der *animus*, eine große Sogwirkung entwickeln kann, die zu einem entscheidenden, aber nicht bewußt lenkbaren Einfluß im Leben werden kann. Bei der Bewußtseinsentwicklung hat der bewußte Umgang mit den geschlechtsspezifischen Seelenfiguren, wie sie sich im Traum zeigen können, eine Schlüsselfunktion. In diesen Figuren ist sehr viel Lebensenergie gebunden, die, falls die Bindung unbewußt bleibt, zu einer Abspaltung führt. Dieses wiederum verhindert Integration und damit Integrität.

Anima und Animus können sowohl »gute« wie auch »schlechte« Eigenschaften besitzen. Sie können als Schatten im Selbst ein Leben in der Verbannung fristen, sie können aber auch als wichtige Helfer und als Quelle der Inspiration dienen. Die Anima-Figur eines Mannes ist oft durch das Mutterbild bestimmt und formt sich zu einer Idealvorstellung, die das Weibliche betrifft. Es kann aber auch zur Vorlage für Feindbilder werden. Dasselbe gilt für die Animus-Figur der Frau, die vom Vaterbild abhängig ist. Diese Figuren haben die Macht, das Selbst zu unterdrücken und eine Diktatur auszurufen – Frauen sind mit der »Männlichkeit« identifiziert und geben sich »männlicher« als die Männer, und umgekehrt. Es wird in diesem Fall, da eine Seelenfigur alle Macht an sich reißt, von einer »Fremdbesetzung« oder »Besessenheit« gesprochen – »Animus-« oder »Anima-Besessenheit«.

Während jedoch das Etikett »animus-besessen« meine Jugend überschattete (ich setzte mich sehr früh mit der Tiefenpsychologie Jungs auseinander), habe ich den Begriff »Anima-Besessenheit« nie gehört. Hier wurde die »Schuld« dem Archetyp der Großen Mutter zugeschoben, die, wie könnte es anders sein, sich in der Außenwelt allerorten manifestierte. Die »Kraft des Weiblichen«, die Männer in ihr Verderben führte, wurde dämonisiert und realen Frauen zugeordnet. Diese Erfahrungen haben für mich weder dazu beigetragen, mich in meiner weiblichen Haut wohl zu fühlen, noch einer solcherart ausgerichteten Psychotherapie zu trauen. Geblieben ist ein chronisches Mißtrauen gegenüber Fremdbestimmung im allgemeinen und Diagnosen im besonderen. Zu intensiv habe ich erlebt, wie eine »Etikettierung« den Zugang zu einem gesunden Selbstbewußtsein verstellt.

Ein erweitertes Modell muß also sowohl Anima und Animus als weibliches und männliches Inbild beinhalten wie auch die »Orte«, denen diese Inbilder (die wir auch als Urbilder bezeichnen können), die ursprünglich Vorbilder waren, als »Heimat« zugeordnet werden können. Die Dimension der Zeit ergänzt die Dimension des Raumes. Durch das Eintragen einer Zeitlinie, die die biographischen Ereignisse einer Lebenslinie zeitlich in einer Sequenz anordnet, gelingt es, zwischen Gegenwart, Vergangenheit und Zukunft zu unterscheiden, obwohl die Bilder im Bewußtsein »zeitlos« sind. Nicht die zeitliche Einordnung in ein Früher oder Später ist ausschlaggebend für die Wirkungskraft der Bilder, sondern der Grad an Bedeutsamkeit, den sie in der Gegenwart besitzen. Inwieweit sind sie noch aktuell? Inwieweit sind sie für das Selbstbewußtsein bestimmend? Sind sie Bilder, die in mir noch nicht ganz verwirklicht wurden, deren Verwirklichung mir erstrebenswert erscheint, aber von denen ich noch so weit entfernt bin, daß ich sie mir nicht als Selbstbilder zu eigen gemacht habe und sie mir deshalb fremd erscheinen? Oder sind es Bilder, die für mich nicht mehr stimmen, weil andere Erfahrungen sie relativiert haben? Welche Bilder sind jetzt in der jeweiligen Gegenwart des Augenblicks, in dem ich mich selbst erfahre, gültig? Welche stehen im Vordergrund, welche im Hintergrund?

Übung: Die Heilung alter Grenzverletzungen

In der nun folgenden Trance geht es darum, diejenigen Teile Ihres Selbst, die Sie als fremd und damit störend (behindernd, einschränkend, überflüssig, veraltet) empfinden, abfließen und an jenen Ort zurückfließen zu lassen, wo sie hingehören.
Vergegenwärtigen Sie sich, daß Ihr Selbst ein System ist, in dem als gegensätzlich erfahrene Pole ihren Platz finden. In diesem Organismus, der als übergeordnetes System funktioniert, gibt es ein Bewußtsein und ein Unbewußtes, einen Geist und einen Körper, ein Ich und ein Es.
Vielleicht dachten Sie bislang, Körper und Geist seien voneinander getrennt und hätten nichts miteinander zu tun. Je mehr Sie sich aber der Entspannung, die mit einer leichten Veränderung des Alltagsbewußtseins einhergeht, überantworten können, desto mehr können Sie sich erlauben, auf die Stimme zu hören, die für ein organisches Bewußtsein spricht. Sie können die Vielfalt in Ihnen zulassen. Sie tauchen ein in Ihr Unbewußtes, das ein Teil Ihres übergeordneten Bewußtseins ist. Sie finden den Kontakt zu Dimensionen Ihres Selbst, die Ihnen vielleicht

bis jetzt unbekannt oder verborgen waren. Ihr Körper besitzt eine eigene Art von Bewußtsein, das die Fähigkeit hat, Informationen zu verarbeiten und Sie mit Ergebnissen einer Erkenntnisgewinnung zu überraschen, von denen Sie bislang nicht einmal geträumt haben. »Fleisch« und Geist können kooperieren und zu konstruktiven, produktiven Ergebnissen eines Entscheidungsprozesses kommen, die für Sie eine entscheidende Bedeutung gewinnen und Ihr Leben in entscheidender Weise beeinflussen werden.

Diese Entscheidungen, die sich jetzt schon vorbereiten, werden Sie näher zu sich selbst führen und Ihnen das Gefühl geben, eigentlich und wirklich zu leben. Sie werden Sie zu Ihrem Kern, zu Ihrer Mitte führen. Sie werden Ihnen die Möglichkeit geben, in jedem Augenblick Ihres Lebens mehr Sie selbst zu werden – die Person zu werden, die Sie jetzt schon sind.

Es gibt viele Möglichkeiten in Ihrem Leben, Sie selbst zu sein, viele Gelegenheiten, die sich immer wieder neu ergeben, viele Chancen, die sich auftun, viele Wege, viele Gedanken daran – vergegenwärtigen Sie sich, wie all diese Gedanken, die wie im Raum verstreut waren, wie Wolken am Himmel kamen und gingen, wie Dunst oder Schleier sich über Ihren Blick legten, wie sich diese Gedanken jetzt sammeln und zu Ihnen kommen, indem diese Gedanken Sie zu Ihrem Ursprung zurückkehren und Ihren Blick frei werden lassen.

Jetzt nehmen Sie Kontakt auf mit Ihrer Mitte, Ihrem Kern, mit sich selbst. Sie sind in Kontakt mit Ihrem (weiblichen) Körper, Ihrem Organismus. Vielleicht wollen Sie die Augen schließen, und es hilft Ihnen, die Augen nach unten sinken, die Lider schwer werden zu lassen. Ihr Blick streift an der Vorderseite Ihres Körpers herunter, und damit sinkt auch der Schwerpunkt, der mit der Schwerkraft mitgehen und nachgeben darf – er muß nicht mehr den Druck aushalten, die Spannung aufrechterhalten, den Kampf gegen die Schwerkraft führen, sondern darf nachgeben, Sie dürfen nachgeben, sich einlassen, sich sein lassen, so wie Sie sind, mit allem, was Ihnen wichtig ist, mit Ihrem ganzen Gewicht.

Alles, was wichtig ist, kommt nun in Fluß, verflüssigt sich. Die Gewichtungen können sich neu verteilen. Bedeutungen können sich neu ergeben, ein neuer Sinn sich herstellen, während Ihre Sinne weit offen und auf Empfang geschaltet sind. Sie fühlen den Sinn, der sich ergibt, immer wieder und immer neu, es ist ein immer neuer Sinn, für den Sie ein Gefühl entwickeln. Vielleicht fühlen Sie sich jetzt schon wie neu geboren.

Sie fühlen, erleben und sehen sich, wie Sie sich vielleicht noch nie gesehen haben, Sie sehen sich selbst, während Sie so nach innen schauen. Und Sie wissen, da gibt es etwas in Ihnen, das ist über alle Zweifel erhaben, dessen sind Sie sich ganz gewiß. Und dieses Eine, was Sie jetzt immer mehr erspüren können als etwas, was in Ihrem Körper verkörpert ist, etwas, das lebt und lebendig macht, das ist wie eine Instanz, an die Sie sich immer wenden können, der Sie vertrauen können. Etwas zirkuliert in Ihnen, es pulsiert, es atmet, erneuert sich mit jedem Atemzug und bestätigt Ihnen, wie es in Ihnen und durch Sie lebt. Da gibt es etwas, das Sie lebendig macht, wann immer Sie Kontakt dazu aufnehmen, daran können Sie erkennen, wie sehr es zu Ihnen gehört und Sie selbst, Ihr eigentliches Wesen ausmacht.

Sie wissen, daß es für alles, auch für das Fremde, einen Platz gibt. Manches gehört zu Ihnen, und manches nicht – vielleicht hat es einmal zu Ihnen gehört und war ein Teil von Ihnen, ist es jetzt aber nicht mehr. Und während Sie in Ihrer Mitte einen Ort einrichten, in dem alles, was Ihnen wesentlich, wichtig und gewiß ist, bewahren, so daß Sie immer Zugang dazu haben, wissen Sie auch, daß das Fremde eines Ortes würdig ist, so daß Sie auch auf diese Informationen des Fremden Zugriff haben, wenn sie einmal wieder für Sie wichtig werden sollten. Sie richten an einem Ort außerhalb Ihres Körpers, in einem Winkel, in einer Ecke, oder auch in einem bestimmten Zimmer, in einem Raum, an einer Stelle in der Natur, irgendwo, nur nicht in Ihnen selbst, einen Platz ein, der für das Fremde reserviert ist. Nennen Sie den Ort so, wie es für Sie stimmt: vielleicht Archiv oder Museum, das für Sie geöffnet bleibt, oder Bibliothek, deren Türen Ihnen offenstehen, wenn Sie sich informieren wollen.

Während Ihre Sinne sich öffnen und wahrnehmen, was es wahrzunehmen gibt, und während Ihre Zellen wach und frisch ein eigenes Bewußtsein dafür entwickeln, wie alles an seinem Platz seinen Sinn hat und es für alles einen Platz gibt, und während Sie sich immer mehr erlauben, ganz wach zu sein, ohne sich durch Vorbehalte trüben zu lassen, während Sie den Fluß des Lebens beobachten, wie er sich in Ihnen manifestiert – während all dessen kann es sein, daß, wenn Sie in Kontakt treten mit dem Einen, das Sie belebt, sich da auch etwas anderes *und wenn das Fremde mein Körper ist, mein Blut, mein Herz?*

meldet, etwas, das Ihrem Körperbewußtsein zeigt, daß es da ist. Erlauben Sie sich ohne Bewertung, die Aufmerksamkeit auf das zu lenken, was sich fremd in Ihrem Körper anfühlt. Sie wissen, Sie können sich auf die Weisheit Ihres Organismus verlassen. Sie wissen, daß Ihr Körperbewußtsein erkennt, was Ihnen fremd ist und nicht zu Ihnen gehört, ohne daß Sie genau wissen müssen, woher es kommt und seit wann es da ist – der Körper kennt sich und erkennt Fremdkörper im eigenen System.

Worte sind wie Sonden. Sie können Worte wie Sonden benutzen und Ihr System nach dem »Fremden« in Ihnen abfragen. In alle Zellen dringt diese Sonde, dieses Wort »fremd«, welches das Fremde vom Eigenen, das Wesentliche vom Überflüssigen, das Essentielle vom Zufälligen unterscheiden kann. Es kann gut sein, daß das Fremde in Ihnen eine Gestalt annimmt, um sich darin zu erkennen zu geben. Auch das Fremde hat ein Interesse, gesehen zu werden.

Stellen Sie sich vor, wie die Weisheit Ihres Organismus mit sanften, zarten Fingern alles in Ihnen abtastet und durchstreift, um das zu finden, was nicht hineingehört; und noch während diese Kontaktaufnahme sich vollzieht, spüren Sie schon, wie das Fremde sich löst, auflöst, flüssig wird, in Umlauf gerät und auf eine wundersame Weise von selbst ausgeschwemmt wird. Das Fremde strebt seinem eigenen Ort zu, den Sie dafür eingerichtet haben. Das Fremde in Ihnen fühlt sich erkannt von Ihnen, geachtet, geehrt, und verläßt Sie von selbst, als sei es das Natürlichste der Welt – das Fremde hat nur darauf gewartet, Ihren Organismus, Ihr System zu verlassen und ist nun dazu bereit, aber erst seitdem Sie ihm einen würdigen Platz bereitet haben. Es ist, als ob ein geheimer Magnetismus am Werk wäre. So findet alles seine Ordnung. Sie fühlen sich in Ordnung.

Beenden Sie diese Trance, indem Sie den Umkehrpunkt am höchsten Punkt aller Gefühle finden, genau dann, wenn Sie sich frisch und neu geboren fühlen und ganz Sie selbst sind, kehren Sie zurück in den Alltag. Mit einem der nächsten tiefen Atemzüge werden Sie das Bedürfnis haben, sich zu recken und zu strecken, sich zu rekeln, zu dehnen und zu gähnen, über die Konturen Ihres Körpers, über die Stirn, den Kopf, das Gesicht zu streichen. Bedanken Sie sich bei allen Kräften, die für Sie am Werk waren.
Vergegenwärtigen Sie sich, daß jeder Mensch solche inneren Bilder negativer oder positiver Natur als Potential in sich trägt.

In jedem Menschen gibt es einen Kern, eine innere Stimme, einen Leitfaden, den er manchmal verliert, und den wiederzugewinnen Sie mithelfen können, wenn Sie jedem Menschen zugestehen, daß er ständig – wenn auch unbewußt – auf der Suche nach sich selbst, d.h. nach seinem Kern und seinem innersten Ziel ist. Machen Sie sich zur Regel, jedem Menschen mit einer inneren Einstellung der grundlegenden Wertschätzung zu begegnen.

Die Unterscheidung zwischen Schein und Sein ist eine vorläufige

Die Unterscheidung zwischen dem »Wesen« oder »innersten Kern« eines Menschen und seiner »oberflächlichen« Erscheinung und dem »Schein«, den er erweckt, erleichtert es

- allen Menschen aufgrund eines gemeinsamen Nenners – nämlich ihres Ursprungs aus einer gemeinsamen Quelle, wie auch immer sie genannt wird – mit Wertschätzung, Mitgefühl und Toleranz zu begegnen,
- das Verhalten einer Person von der Person selbst zu trennen und sich auf das Wesen der Person zu beziehen,
- die Gewohnheiten, mit denen sich eine Person identifizieren mag, von ihren Möglichkeiten und Potentialen zu unterscheiden, wobei die Aufmerksamkeit sich mehr auf das, was möglich ist, und weniger auf das, was bisher verwirklicht wurde, richten kann.

Natürlich liegt der Unterscheidung zwischen »Schein an der Oberfläche« und der tieferliegenden »Wahrheit« eine Fiktion zugrunde, die in sich selbst nicht bewiesen werden muß. Es reicht, die Fiktion als Metapher in einem lösungsorientierten, toleranten Umgang mit anderen Menschen einzusetzen. Auch die geschlechtsbedingten Unterschiede, die leicht zum Anlaß für Vorurteile werden, können durch die »Fiktion« bzw. die Metapher und das bewußte Besinnen auf das Gemeinsame überwunden werden.

54

Das klassische Konzept des Unbewußten und innovative Trance-Techniken

Sigmund Freud entwickelte im Lauf seiner Erforschungen des Traumlebens, der Gedächtnisleistungen (und seiner Fehlleistungen), der psychosomatischen Störungen und des Versagens des rationalen Bewußtseins (in Form von »Verdrängungen«, von »Übertragungen« und »Projektionen«) das Konzept des Unbewußten, das auch als Es auftritt. Das Es als Widersacher des vernünftigen Ich erhält die Rolle eines Verräters, eines Saboteurs, eines gefährlichen Untergrundaktivisten, der aus dem Hinterhalt operiert und das ganze System subversiv untergräbt. Alle Anstrengungen, die das aufgeklärte, vernünftige, einsichtige Ich des Abendlandes im Lauf seiner mühevollen Geschichte, die eine Geschichte der Konflikte und der Auseinandersetzungen ist, vollbracht hat, wird durch das Es zunichte gemacht. Das Es ist wie das gefräßige Meer, welches sich das Land, das ihm abgetrotzt wurde, in einer Sturmnacht wieder zurückholt und einverleibt. Das Ichbewußtsein ist ein Inselbewußtsein, das sich in seiner eigenen gefährdeten Position, ausgesetzt und isoliert wie es ist, ständig bedroht fühlt und sich seiner unbeständigen, vorläufigen, provisorischen Existenz, die in der Nacht des Todes ausgelöscht wird, bewußt ist. Das Ich muß sich auch sehr bemühen, nicht auseinanderzufallen, denn innere Spannungen tun das ihrige, die fragile Einheit, die sich gegen das frühe Entwicklungsstadium des unbewußten Organismus abgrenzen muß, zu unterhöhlen, um bestehen zu können.

Dieses Ich könnte als eine Metapher für die patriarchalen Tendenzen des Abendlandes stehen – dieses Ich muß herrschen, um nicht unterzugehen. Es muß kontrollieren, bevormunden, entmündigen, um die Oberhand zu gewinnen und seine Macht zu erhalten. Es ist von Anfang an körperfeindlich, weil es es sich gar nicht leisten kann, sich von den autoregulativen Gesetzen des menschlichen Organismus abhängig zu machen. Dieses Ich ist auch insofern frauenfeindlich, als es die Beherrschung von Frauen durch Männer widerspiegelt. Es ist schwer, sich mit etwas zu identifizieren, das untergeordnet, minderwertig, beherrscht und somit fremd-bestimmt ist. Und deshalb ist es für Frauen schwer, ein weibliches Ich-Bewußtsein, ein weibliches Ich auszubilden. Das Ich, das als Herrscher Macht ausübt, muß sich mit dem identifizieren, was Macht verleiht. Es muß diejenigen Prinzipien verteidigen, die ihm zu seiner Vormachtstellung verholfen haben. Ausgehend von den Erfahrungen, die das Ich mit einem weiblichen Körper macht und mit denen es sich identifizieren möchte, um eine körperbezogene Identität aufzubauen, kann sich jedoch eine neue Art von Ich-Bewußtsein entwickeln, wobei mit dieser neuen Art, ein Ich und eine Identität aufzubauen, ein neues Konzept der Bewußtwerdung verbunden ist.

Obwohl der Erfinder der Hypnotherapie, Milton Erickson, selbst kein Theoretiker war und in dem Sinn auch kein Konzept entwickelt hat, gehen doch wichtige, einschneidende Veränderungen innerhalb der psychotherapeutischen Anschauungen auf ihn und seine Hypnose-Praxis zurück. Als experimentierfreudiger Autodidakt heilte er sich selbst von einer Krankheit, die als unheilbar und tödlich galt und ihn »normalerweise« schon viel früher hätte einholen müssen als, wie in seinem Fall, nach einem langen, kreativen und radikalen Leben, das nicht nur für ihn Sinn hatte, sondern zur Quelle von Inspiration für eine ganze Generation therapeutisch tätiger Menschen wurde. Er setzte ein Exempel. Seine wichtigste Botschaft besteht darin, daß es wenig Sinn hat, heldenhaft gegen die eigene Natur anzukämpfen. Erickson entwickelte ein Modell der Kooperation, das sowohl den Organismus als auch das Unbewußte einbezieht und als gleichwertige Partner in dem Gesamtsystem der menschlichen Persönlichkeit betrachtet.

Sie können auch außerhalb jeder Therapie diese Erkenntnisse für sich nutzen, indem Sie einen neuen, positiven Zugang zu Ihrem »Unbewußten« schaffen und dadurch das Verhältnis zu Ihrem Organismus, zu Ihrem Körper verbessern. Es kann gut sein, daß sich durch dieses neu geschaffene oder neu definierte Verhältnis auch Ihr Bezug zum Frausein, zur Weiblichkeit verändert.

Übung: Ihr Bezug zum Frausein

Definieren Sie folgende Begriffe für sich in diesem Zusammenhang neu, auch wenn Sie die Begriffe in anderen Kontexten anders definieren würden:

- Trance als eine Möglichkeit, in Kontakt mit dem Unbewußten zu kommen
- Trance als Ziel und Ergebnis einer konstruktiven Zusammenarbeit zwischen Bewußtsein und Unbewußtem
- Das Unbewußte als ein Hort der Weisheit, Heilung, ökologischen Balance
- Das Selbst als ein System, das Ich und Es umfaßt und Zugang hat zu allen Informationen, die gespeichert wurden
- Das Ich als ein Brennpunkt des Bewußtseins, in dem sich die verschiedenen Wahrnehmungs- und Verarbeitungsvorgänge des Bewußtseins jeweils zu einem bestimmten Zeitpunkt bündeln
- Der Organismus als ein System, das sich selbst regelt und dessen autonome Funktionen weitgehend vom Unbewußten beeinflußt werden
- Die Persönlichkeit als ein System, das Bewußtsein und Unbewußtes integriert und zu einer Synthese gelangt, die sich im Ausdruck gestaltet
- Der persönliche Ausdruck als etwas, das einerseits durch die Gewohnheiten geprägt ist, sich aber andererseits in jedem Augenblick neu ergeben kann, also offen bleibt für neue Möglichkeiten des Verhaltens, ohne an Integrität zu verlieren
- Identität als etwas, das nicht angeboren, sondern »gelernt« wurde und deshalb auch neu bestimmt und gestaltet werden kann

Finden Sie Metaphern und Symbole, welche die neu entdeckten positiven Aspekte Ihres Unbewußten, Ihres (weiblichen) Organismus, Ihrer Persönlichkeit und Ihrer offenen Zukunft repräsentieren. So wurde zum Beispiel das Unbewußte mit einer Schatztruhe verglichen, die mit einem Schlüssel (Trance) geöffnet werden kann, so daß die Schätze (Ressourcen) zur Verfügung stehen, wenn sie gebraucht werden. Zu den Schätzen kann ein magischer Ring gehören, der nur gedreht werden muß, um seine Eigentümerin an einen anderen (geistigen) Ort zu bringen (das heißt Gedankengewohnheiten verändert und

neu ausrichtet), oder ein Paar magischer Stiefel, die mit Sieben-meilenschritten »große Schritte« (in jeder Beziehung, auch im Denken und in Veränderungsprozessen) unternehmen, oder Flügel, die Höhenflüge ermöglichen und aus der Vogelperspektive neue Ausblicke und einen ungewohnten Überblick bieten. Untersuchen Sie Mythen und Märchen auf die verborgenen Symbole und Metaphern hin, und wählen Sie diejenigen aus, die Sie ansprechen. Machen Sie sich eine Liste. Was würde Ihnen der Besitz eines magischen Schwertes, einer Tarnkappe, eines Zaubertrankes an neuen Möglichkeiten und Verhaltensalternativen in Ihrem Leben bieten, welche Bedeutung könnte für Sie ein Jungbrunnen erhalten, eine heilige Quelle oder ein Tierfell, das Sie mit den magischen Fähigkeiten einer Bärin, Löwin, eines Jaguars, einer Gazelle ausstattet? Wie würden Sie sich fühlen, wenn Sie ein Kleid, gewirkt aus Sonne-, Mond-, und Sternenlicht, in Ihrer Garderobe hätten, welche Identität würden Sie annehmen, wenn Sie wüßten, daß Sie jede Nacht im Traum weite Reisen in unerforschte Länder unternehmen, rauschende Feste feiern oder im Buch der Weisheit schmökern würden? Welches Ich würden Sie das Ihre nennen, wenn Sie wüßten, daß das Feuer, das in Ihnen brennt und in Ihnen einen ständigen Austausch und Stoffwechsel ermöglicht, daß dieses Feuer dasselbe Feuer ist, das seit Millionen von Jahren vom Anbeginn der Zeit in den vielen Gestalten und Lebensformen brennt, die die Evolution hervorgebracht hat. Welchen Einfluß hätte es auf Sie, wenn Sie sich der vielen Informationen, der vielen Lernerfahrungen bewußt würden, die im Lauf der Evolution gemacht und gespeichert wurden?
Erinnern Sie sich an die fünf Schritte:

• Nicht wissen müssen
• Warten können, wählen können
• Sich erweitern dürfen
• Sich mitteilen und ausdrücken wollen
• Immer wieder neu beginnen

Im Zusammenhang mit innovativen Trance-Anleitungen und einer spirituellen Körpertrancearbeit (BodyDreaming) führen diese fünf Schritte, die durch rituelle Körperhaltungen, Gesten und Gebärden unterstützt werden, in folgende geistige Räume:

Nicht wissen müssen (Nachtblau): Stellen Sie sich vor, Sie befinden sich in den Tiefen des Meeres, und obwohl Sie schwerelos treiben, fühlen Sie, wie die Schwerkraft Sie an die Erde bindet.

Sie spüren, daß es, wo auch immer Sie sich befinden, einen Platz für Sie gibt. Sie erden sich, indem Sie den Atemraum zwischen Ihren Beinen spüren. Es fühlt sich an, als würden Sie auf einem Reittier sitzen. Sie lassen sich tragen. Sie sitzen in sich selbst, als säßen Sie in einer wunderbar ausgestatteten Sänfte – ob Sie nun stehen, auf einem unbequemen Sessel sitzen, über die Straße gehen oder liegen. Sie werden in sich selbst seßhaft, Sie lassen sich in sich selbst nieder. Dieses Nachtblau bedeutet für Sie: Urvertrauen entwickeln. Das kleine Ich im größeren Selbst aufgehen lassen, die Energie des Selbst, die Kraft Ihres weisen Unbewußten spüren, und sich davon tragen lassen.

Warten können, wählen können (Smaragdgrün): Sie benutzen Ihre Phantasie dazu, in den grünen Raum des Wachstums und der Weisheiten Ihres Organismus zu gehen. Lassen Sie sich bewegen, schwingen Sie sich, lassen Sie mehr und mehr Schwung in sich entstehen, geben Sie dem Schwung eine Form, damit er sich immer wieder aufladen kann und seinen Rhythmus bewahrt. Pendeln Sie sich ein in die Form des Unendlichkeitszeichens, der Acht. Stellen Sie sich eine liegende Acht vor, und schwingen Sie sich ein in eine Breite, die Ihnen Beständigkeit verleiht. Machen Sie sich breit, sehr breit. Stellen Sie sich eine stehende Acht vor, und wachsen Sie über sich selbst hinaus. Entdecken Sie den Atemraum, der sich auftut, wenn Sie in Ihren Rücken und vor allem in Ihr Kreuz hineinatmen. Stellen Sie sich die unendlichen Räume vor, die hinter Ihnen liegen. Bevölkern Sie diese Räume (Ihrer eigenen Geschichte und Herkunft) mit wohlwollenden Ahnengeistern, die hinter Ihnen stehen und Ihnen Rückendeckung geben. Vergegenwärtigen Sie sich, wieviel Wohlwollen Sie schon von Ihren Vorfahren empfangen haben, damit Sie das werden konnten, was Sie heute sind. Beschränken Sie sich bei dieser Betrachtung nicht nur auf den persönlichen Bereich, gehen Sie auch über den rein menschlichen, historischen Bereich hinaus. Denken Sie daran, wieviel Entwicklung geschehen mußte, um Sie als Wesen hervorzubringen, und denken Sie auch daran, daß all dieses Wissen, das innerhalb der Evolution entwickelt wurde, auch in Ihnen, in Ihrem Organismus, Ihrem Körper, Ihrem Unbewußten gespeichert ist.

Sich erweitern dürfen (Goldgelb): Lassen Sie sich von dem Gold umhüllen, und entdecken Sie einen weiteren Atemraum. Diesmal spüren Sie die mögliche Weite unter Ihren Achselhöhlen.

Ihre Arme erheben sich von selbst und setzen zu einer groß-
zügigen und grenzüberschreitenden Umarmung an. Ihr Atem-
volumen faßt mehr, als Sie dachten. Sie können mehr Luft in
sich hineinlassen, Sie müssen sich nicht auf die gewohnte Luft-
menge beschränken. Vertiefter Atem bringt mehr Luft, bringt
Neues in Ihr Leben. Sie ahnen erst jetzt, wieviel in Ihrem Leben
möglich ist und wie groß der Anteil an Unerwartetem und
Wunderbarem darin ist. Sie erinnern sich an Gelegenheiten, die
Sie nicht für möglich gehalten hatten, und bei denen Sie überrascht waren von dem, was sich trotzdem – oder gerade deshalb? – aus kleinen »Zufällen« ergeben konnte. Wie anders Ihr
Leben verlaufen ist, als Sie es dachten oder planten! Sie spüren,
wie dieser Anteil des Wunderbaren in Ihrem Leben Sie weich
und mürbe macht, bereit, Neues aufzunehmen. Diese Weichheit in Ihnen, die sich mit Stärke verbindet, scheint Ihnen ganz
neu – und doch ist es etwas, was Sie unbewußt oft erfahren
durften. Gerade in den schwächsten Momenten flog Ihnen eine
Kraft zu, die Sie nie erwartet hätten, aber doch selbstverständlich in Anspruch nahmen, als sie dann da war.

Sich mitteilen und ausdrücken wollen (Blutrot): Das Rot drängt Sie
förmlich zur ausdrucksstarken Aktivität. Die Arme, die sich
eben noch hoben, um die ganze Welt zu umarmen, sinken nun,
die Hände spannen sich wie Schaufeln. Sie schaufeln sich Ihren
Weg in die Welt. Spüren Sie, wie die Schaufeln Ihrer gespann-
ten Hände ein paarmal hin und her vor Ihrem Körper in der
Luft Bahnen ziehen, um sich den Weg in die Welt zu bahnen.
Ohne an etwas Besonderes zu denken, atmen Sie tief aus. Und
mit dem Restatem, der noch in Ihren Lungen ist, mit einem hör-
baren Ausatmen, einem Ruf oder Schrei lassen Sie die Luft heraus und verbinden dies mit einer Geste des Gebens, Werfens,
Schleuderns. Was auch immer Sie von sich losgelassen und her-
gegeben haben – es ist nicht nur diese einzige Handlung, diese
Geste oder Gebärde, diese Tat. Die rituelle Handlung, die Sie
eben vollzogen haben, steht für alles andere, was Sie aus-
drucksstark in die Welt bringen möchten. Es steht für alles, was
Sie sind, was Sie sagen und vermitteln möchten, und was Sie
tun können, damit die Welt, in der Sie leben, anders, vielleicht
besser wird. Diese Tat kann symbolisch vollzogen werden – Sie
haben die Möglichkeit, sich darin Tag für Tag zu üben, um immer besser Ihren Atem, die Eindeutigkeit Ihrer Gesten, und die
Gedanken, die dieses Ritual begleiten, zu koordinieren. Übung
macht die Meisterin.

Immer wieder neu beginnen (Violett): Sie ahnen schon, daß das Leben nicht bei der Geburt endet. Nun geht es erst richtig los. Bei der neuen Lebensart kommt es darauf an, daß Sie nichts für gegeben nehmen, auch wenn es noch so gewöhnlich und gewohnt sein mag. Das violette Licht hilft Ihnen, sich immer wieder frei zu machen von den Schlacken und dem Ballast, den eine Gewöhnung mit sich bringt. Sie können sich mit Hilfe des violetten Lichts sogar bis in die Zellen hinein reinigen und erneuern. Nichts wird je wieder sein, wie es gerade noch war. So ist das Leben.

Um diese Meditation vollziehen zu können, ist es wichtig, daß Sie sich bewußt fünf Dinge erlauben. Niemand außer Ihnen kann Sie dazu ermächtigen. Die fünf Selbst-Ermächtigungen:

- »Ich« darf zu »Es« werden. Sie spüren Ihre Lebensenergie.
- »Es« darf von selbst gehen. Sie spüren den Rhythmus.
- Das Selbst darf die gewohnten Grenzen überschreiten. Sie spüren Mitgefühl und Betroffenheit.
- Der Körper darf zur Quelle wichtiger Botschaften werden. Das Unbewußte darf sich ausdrücken. Sie spüren Ihre Lebensfreude.
- »Es« darf wieder das Ich als Instanz der Integration und Kontrolle in seine alltägliche Funktion einsetzen. Sie spüren die Kraft, die Ihnen Disziplin verleiht.

Verhaltensalternativen entwickeln

Verhalten ist gelernt. Alle Lernerfahrungen beruhen auf sogenannten Konditionierungen. In gewisser Weise sind wir, ob wir es wollen oder nicht, und ob wir uns dessen bewußt sind oder nicht, konditioniert. Ein konditionierter Reflex als kleinste Lerneinheit tritt ein, wenn wir ein bestimmtes (neues) Erlebnis mit einer bestimmten anderen (alten) Erfahrung in Zusammenhang bringen, also assoziieren. Wir können nicht anders als ständig Verknüpfungen herzustellen. Diese Assoziationen sind das Material für weitere Prozesse der Informationsverarbeitung. Später lernen wir zu unterscheiden, zu trennen. Aber zuerst sind da jene Verbindungen, die wir »automatisch« schaffen – tatsächlich sind wir auf dieser Ebene wie Automaten und funktionieren als solche.

Anstatt aber unsere Automaten-Natur (der Mystiker G.I. Gurdjieff spricht vom »Automaten in uns«) zu verachten oder nicht wahrhaben zu wollen, ist es besser, sie anzuerkennen, dankbar zu sein für ihre autoregulative Fähigkeit, unwillkürlich zu reagieren und unseren Willen mit gewissen notwendigen Entscheidungen nicht unnötig zu belasten, wenn das autonome Nervensystem und andere Funktionsregelkreise dies zuverlässig besorgen können. Gewohnheiten haben ihren Sinn. Aber sie können uns im Weg stehen, wenn es darum geht, neues Verhalten zu entwickeln. Gerade uns Frauen ist manchmal schmerzlich bewußt, wie sehr soziale Rollenerwartungen uns in unserem weiblichen Selbstverständnis beengen und konditionieren, so daß zusätzlich zu der eigenen »natürlichen« (organischen, d.h. unserer menschlichen Natur entsprechenden) Konditionierung als Form, aus dem Leben selbst zu lernen, eine soziale Konditionierung kommt, die nicht immer »natürlich« ist, obwohl sie sich als solche definiert. Wie oft haben wir gehört, daß etwas »natürlich«, selbstverständlich, der (weiblichen) Natur gemäß ist, und mußten erleben, daß Ausbrüche aus dem Korsett dieser Erwartungen uns solche Etikette wie »unnatürlich«, »widernatürlich«, »gegen die Natur« einbrachten.

Prüfung und Veränderung des gelernten Verhaltens

Das eigene Verhalten einer Prüfung zu unterziehen heißt, sich mit den Konditionierungen, die durch die eigene und/oder allgemeine Geschichte gegeben sind bzw. waren, auseinanderzusetzen. Verhalten kann nicht nur gelernt, sondern auch umgelernt werden. Doch um umlernen zu können, bedarf es einer willentlichen Entscheidung, sich von dem einmal Gelernten zu distanzieren, es also als ein Teil der eigenen Geschichte zu begreifen, ohne sich damit zu identifizieren.

Als Frau ist es dabei gar nicht so einfach, das Eigene vom Fremden zu unterscheiden, weil offenbar bislang Geschichte von Männern geschrieben wurde – wie das englische Wortspiel es veranschaulicht. *History is his story:* Geschichte ist seine (männliche) Geschichte. Frauen sind nun dazu aufgerufen, ihre eigene Geschichte zu schreiben – kein leichtes Unterfangen. Andererseits waren die Bedingungen noch nie so günstig. Die Frauen im Westen verfügen über mehr Geld und damit Freiheit als viele ihrer Geschlechtsgenossinnen in anderen Ländern und Kulturen oder zu anderen Zeiten. Jetzt haben wir die Chance, mit Hilfe der Erkenntnisse des sozialen Konstruktionismus weibliche Geschichten neu zu erzählen und neue Visionen – Konstruktionen – des sozialen Miteinanders zu entwerfen. Bei diesem kreativen Unternehmen, das einer geschichtlich einzigartigen Visionssuche gleichkommt, sind wir dazu aufgerufen, uns neu zu definieren. Wir bestimmen, was wir sind, wozu wir im Leben da sind, was unsere »eigentliche Natur« ist, der wir folgen wollen, und welche inneren Aufträge sich aus diesem neuen Selbstverständnis als moderne, nein, als postmoderne Frauen ergeben. Wir verfügen über einen wunderbaren Wissensschatz – nie war es möglich, soviel zu wissen. Die Frage ist nur, wie wir unser Interesse darauf ausrichten können, mehr wissen zu wollen und uns gemäß dieses Wissens weise zu verhalten.

Frauen können kreativ werden, statt wie gewohnt und erwartet in ihren Reaktionen befangen zu bleiben – und wenn sie noch so intuitiv sind. Reaktionen sind und bleiben Reaktionen – Echos, und hallen sie noch so weit, so tief, so schön, so erschütternd. Frauen können sich etwas Neues ausdenken, statt auf das Alte zu antworten. Sie können die Geschichte neu schreiben, statt sie immerzu nachzuerzählen, nachzubessern und darüber nachzudenken, wie wenig sie vielleicht mit dem zu tun hat, was Sie im Hier und Jetzt angeht und Sie tun wollen.

Sicher, die Gefahr einer Neuschreibung der Geschichte liegt in der Geschichtslosigkeit. Schließlich speisen sich alle Geschichten aus dem Material, aus dem die Geschichte gemacht ist. Geschichte ist wie ein Steinbruch – jeder nimmt sich die Brocken daraus, die er für sich zum vorteilhaften Nacherzählen der eigenen Geschichte verwenden will. Was aber, wenn sich keine geeigneten Brocken für den Bau einer weiblichen Identität finden lassen, weil keine solchen

Brocken existieren oder für den Bau verwendet wurden? Und was wäre, wenn Frauen heute sich mit der Aufgabe konfrontiert sehen, ganz neue Baumaterialien für die Konstruktion ihrer eigenen sozialen Identität finden zu müssen? Ich sage mir: es gab nicht immer Häuser. Warum soll ich in einem Haus wohnen oder ein Haus erbauen, das meinen Bedürfnissen nicht genügt oder nur teilweise meine Ansprüche erfüllt?

Reinigung der Wahrnehmung

Was wir wahrnehmen, ist das, was wir wahrhaben wollen. Dieses Wollen ist jedoch nicht bewußt und willkürlich, sondern geschieht unwillkürlich als Ergebnis vergangener Konditionierungen, das heißt bedingter Reaktionsmuster. Mit dieser Übung, die wie eine Meditation durchgeführt werden kann, lernen Sie, Ihre Wahrnehmung auf Konditionierungen hin zu überprüfen und gegebenenfalls davon zu reinigen. Sie lehrt Sie, sich selbst beim Wahrnehmen zu beobachten und eine gelassene, distanzierte, mitunter kritische Haltung zu sich selbst einzunehmen. Das heißt nicht, daß Sie verlernen, sich der Logik Ihrer phantasievollen Assoziationen auszusetzen und davon bereichert zu werden, oder vom Erleben selbst ergriffen und erschüttert zu werden, ebenso wie Sie nicht den mitfühlenden, teilnehmenden Bezug zur Wirklichkeit verlieren werden. Sie werden sich auch weiterhin leidenschaftlich engagieren können, wenn Sie sich dafür entscheiden.

Der einzige Unterschied wird darin bestehen, daß Sie Ihre unwillkürlichen Verknüpfungen, Verbindungen, Assoziationen, Ihre Phantasien und Projektionen, Ihre Vorlieben und Abneigungen besser verstehen, der Logik Ihrer Psyche besser auf die Spur kommen können. Diese psychische Logik ist gekennzeichnet durch jene Prägungen, die auch weiterhin die Qualität Ihres Erlebens, Ihrer Wahrnehmung, Ihrer Einstellung, Ihres Lebensgefühls und Ihres Selbstbewußtseins bestimmen. Wenn Sie wollen, können Sie dies verändern oder zumindest mehr Kontrolle darüber erlangen.

Wählen Sie dazu ein Erlebnis, einen Eindruck, eine Erinnerung oder eine Vorstellung aus, die auf Sie faszinierend wirkt – diese »magische Anziehung«, die Sie beherrscht, kann sowohl »positiv« (lustvoll) als auch »negativ« (schmerzvoll) sein. Gehen Sie an einen inneren Ort, der für Sie »besetzt« ist, das heißt an dem Sie diese Faszination erfahren – sei es als (lustvolle, erregende) Verführung, als unwiderstehliche Verlockung, als unerklärliche Sehnsucht, als quälenden Neid, als Eifersucht, als Haß oder als Angst. Oder finden Sie einen Ort draußen, der nicht neutral, sondern in irgendeiner Form »besetzt« ist. »Besetzt« bedeutet, daß Sie, sobald Sie diesen Ort betreten, in Kontakt kommen mit etwas, mit Inhalten Ihres Bewußtseins oder, was noch wahrscheinlicher ist, mit Inhalten Ihres Unbewußten. Sie verbinden unwillkürlich bestimmte Gedanken und Gefühle damit, automatisch werden Sie von bestimmten Emotionen und Stimmungen überwältigt. Achten Sie darauf, daß Sie am Anfang mehr neutral besetzte »Orte«, gleich ob innerer oder äußerer Art, aufsuchen, um dann, mit zunehmender Übung, die Intensität zu steigern. Beginnen Sie also Ihre Übungen mit dem Stoff, der Ihnen eine leichte (vielleicht rätselhafte) Erregung, ein bis dahin fremdes Motiv, eine »irrationale« Motivation, eine gewisse Neugier oder ein bestimmtes Interesse bietet, bevor Sie sich mit Ihren Ängsten, mit Ihrer Ablehnung, Ihrer Verachtung und Ihrem Ekel auseinandersetzen.

Übung: Zulassen – Loslassen – Seinlassen

Beobachten Sie sich: Was sehen Sie, hören, fühlen, schmecken oder riechen Sie? Beobachten Sie sich dabei, wie Sie etwas beobachten, von dem Sie schon wissen, daß es mit einer bestimmten Bedeutung besetzt ist. Beobachten Sie sich dabei, wie Sie etwas Bedeutendes wahrnehmen. Beobachten Sie, wie Sie deuten. Deutung geschieht nach den Prinzipien der Gleichheit (Die ist so wie...) und Ursächlichkeit (Das ist so, weil...). Die Psyche, die versucht, Sinn zu finden, hat ihre eigene Logik. Sie will die Verbindungen, die sich automatisch ergeben haben, verstehen und sich erklären, wie und warum sie zu den Schlüssen gekommen ist, zu denen die Verbindungen geführt haben. Wahrnehmung geschieht, wie wir wissen, aufgrund von Verknüpfungen der wahrgenommenen Einzelinformationen die auf diese Weise eingeordnet werden.

- Gefühle sind Gedanken, entstanden aus vorausgehenden, meist unbewußten Gedankenverbindungen.
- Sinnesspezifische Empfindungen sind die kleinsten Bausteine der Wahrnehmung.
- Emotionen sind schon erste Verknüpfungen, die auf der unbewußten Ebene der unwillkürlichen Assoziation ablaufen und konditionierte Reflexe bilden. Diese Reflexe sind Kopplungen, die bewußt gemacht werden können. Durch Selbstbeobachtung der Wahrnehmung bemerke ich, daß und wie Wahrnehmung sich aus reflexhaft einsetzenden Reaktionen zusammensetzt und sich als kontinuierlicher Prozeß fortsetzt. Wahrnehmung kann als inneres Selbstgespräch (Kommentar) bewußt gemacht werden.

Nach der Phase des Zulassens (unkontrolliertes, spontanes Aufnehmen, Wahrnehmen plus konditionierte Reflexe, Assoziationen, Erinnerungen, innere Stimmen und Kommentare, innere Bilder, innere Filme, Vorurteile und Wertungen durch Äquivalenzen und Kausalitätsbezüge usw.) gehen Sie nun über zu der Phase des Loslassens und versuchen Sie, die folgenden Gedanken nachzuempfinden:

Koppeln Sie alles, was dazukommt zur Wahrnehmung des Gegenwärtigen, ab, und lassen Sie es bewußt abfließen. Erinnern Sie sich an andere Male, als Sie etwas losgelassen haben und dieses Etwas tatsächlich danach verschwunden gewesen ist. Verbinden Sie das Ausatmen mit dem Abkoppeln und der Methapher dafür. Wiederholen Sie einige Male das Loslassen mit dem reinigenden Ausatmen, bis Sie das Gefühl haben, Ihre Wahrnehmung ist ein Stück unverstellter, unbefangener, frischer, »naiver« usw. geworden. Vielleicht gibt es auch hier Erfahrungen, durch die Sie erlebt haben, wie es ist, ohne Vorurteile und Wertungen die Dinge so sein zu lassen, wie sie sind. Weiten Sie diesen (erinnerten oder vorgestellten) Zustand ein wenig aus, und genießen Sie den Raum, der sich Ihnen dadurch neu eröffnet. Kehren Sie in die Gegenwart Ihrer jetzigen Umgebung zurück, und betrachten Sie sie mit neuen Augen, mit ungetrübtem Blick; hören Sie, was es zu hören gibt, auf neue Weise, fühlen und erleben Sie alles, als wären Sie wie ausgewechselt, wie neugeboren.

Lassen Sie sich von der Abfolge von ZULASSEN, LOSLASSEN, SEIN-LASSEN durch diese Übung begleiten. Sie wird Ihnen die nötige Struktur geben, um Ihre Wahrnehmung neu zu organisieren. Der Atemfluß ist das Modell für eine organische Ordnung, die sich ergibt.

Achten Sie darauf, daß in Ihrem Alltag genug »Auszeiten« sind, in denen Sie sich nicht selbst verrückt machen, sich durch Vorstellungen, was Sie alles schaffen, bewerkstelligen, darstellen sollten, und durch Vorurteile, was Ihnen zusteht oder nicht zusteht, gängeln. Erkennen Sie Streß auslösende Motive wie Ehrgeiz, Stolz, Mißgunst, Neid und Eifersucht, Habgier, Machtgier, Verachtung (Ihrer selbst oder der anderen – was auf dasselbe herauskommt), und schieben Sie bewußt solchen Motiven, die Sie zu impulsiven Handlungen verleiten wollen, den Riegel vor, lassen Sie diese Impulse »draußen«, und nehmen Sie sich Auszeiten, in denen Sie frei sind. Lassen Sie Ihre Wahrnehmung gelassen beides wahrnehmen: die Motive, die Sie drängen und entsprechende Handlungsimpulse auslösen, und die Auszeit, in der Sie davon suspendiert sind, den Impulsen zu folgen. Genießen Sie trotzdem oder gerade deswegen die lebendige Kraft Ihrer Impulse, die ebenso zu Ihnen gehören wie die Entscheidung, ihnen nicht nachzugeben.

Auf der Suche nach der eigenen Vision

Möglicherweise haben Sie die Erfahrung gemacht, daß Ihre Pläne und Wünsche, Ihre Zukunftsvorstellungen und Visionen durch eine innere Stimme entmutigt wurden, die Ihnen die Unmöglichkeit ihrer Verwirklichung vor Augen führte. Ich möchte diese Stimme »die Stimme der äußeren Bedingungen« nennen. Es ist eine Stimme der Vorsicht, die für uns sehr wertvoll ist, denn sie warnt und rät zur Überprüfung. Oft läßt sie uns zögern und uns zurückhalten, wenn alles andere in uns schon vorwärtspreschen will und von Impulsen getrieben deren Verwirklichung anstrebt. Wenn sie zu stark wird und jeden Handlungsimpuls bremst oder sogar auslöscht, wirkt sie sich zu unserem Schaden aus, denn sie läßt die vielen anderen Stimmen in uns, vor allem die Stimme der Vision, nicht zu Wort kommen.

Die Stimme der Vorsicht liefert uns Informationen über die äußeren Bedingungen, innerhalb derer wir uns selbst verwirklichen können. Sie beachtet die Grenzen, die uns gesetzt sind. Ihre Fähigkeit ist die der Angst – Angst ist eine Fähigkeit, die im Lauf der Evolution von den Lebewesen entwickelt wurde. Angst macht eng, Angst läßt uns zusammenziehen und klein und unscheinbar werden. Manchmal ist es besser, nicht aufzufallen, sich nicht auszubreiten und dem entgegenzustellen, was mehr Macht hat. Diese Konfrontation könnte mit unserer eigenen Niederlage und sogar mit Zerstörung enden. Angst ist die Fähigkeit wegzulaufen. Wenn es nicht möglich ist, sich physisch zu entfernen, läßt die Angst uns psychisch »vom Erdboden verschwinden«. Die Psyche zieht sich in sich selbst zurück und wartet auf bessere Zeiten. Dieser Überlebensmechanismus ist bei Kindern zu beobachten, die überwältigende Schmerzen oder Gewalt erfahren haben. Oft jedoch bleibt ein Teil der Psyche abwesend, so daß die Person, auch wenn sie ihr Schicksal noch so gut meistert, nicht ganz anwesend wirkt. Geistesabwesenheit scheint ein Merkmal unserer Zivilisation zu sein, während die Ausstrahlung eines ganz und gar anwesenden Menschen uns sofort auffällt, uns berührt und die Sehnsucht erweckt, auch so anwesend sein, auch eine solche Ausstrahlung haben zu können.

Um die Tiefe, Weite und Breite unserer Anwesenheit vollständig ausfüllen und wirklich dasein zu können, bedarf es einer Gegenstimme, die die Stimme der Angst relativiert. Es geht nicht darum, die Angst »wegzumachen«, sondern dafür zu sorgen, daß sie einen ebenbürtigen Widerpart erhält. Das ist die Stimme der Vision. Die Stimme der Vision macht Mut. Sie ist zuständig dafür, uns darüber zu informieren, was möglich ist, und wann wir über die gewohnten Grenzen hinausgehen sollten, um weiter wachsen und uns entfalten zu können. Diese Stimme ermutigt uns, die Macht der Gewohnheiten zu brechen und Neues zu wagen. Sie informiert uns darüber, was unser Sinn im Leben, unser »innerer Auftrag« ist, während die Stimme der Vorsicht uns über die äußeren

Bedingungen informiert. Es ist wichtig, beiden Stimmen zuzuhören, wenn sie sich melden, und etwas zu sagen haben. Außerdem gibt es noch andere Stimmen, die wahrzunehmen wir lernen können. Es gibt nämlich nicht nur eine, sondern viele Stimmen der Intuition, und letztlich kommt es darauf an, alle Stimmen auszubalancieren und entschlossen zu einer Stimme des Selbstausdrucks zu gelangen. Diese Stimme sagt »Ich« , sie integriert und dirigiert die vielen Stimmen jenes »Orchesters«, das unsere vielschichtige Persönlichkeit ausmacht. All diese Stimmen informieren das Ich, und alle Informationen sind wertvoll. Zwischen den zwei Polen von Vorsicht und Vision, von Angst und Mut gibt es Stimmen, die sich um die Sicherung Ihrer Existenz sorgen und sich in der (äußeren) Umwelt zurechtfinden. Dies sind Stimmen, die viel fragen, denn hier ist die Person mit Anforderungen der Existenzsicherung, der Lebensbewältigung befaßt. Vielleicht klingen diese Stimmen wie die von Kindern, die noch unsicher sind und so vieles noch lernen müssen. Diese Stimmen fragen: Wo (ist das)? Wann (gibt es Abendessen)? Mit wem (werde ich spielen)? Wer (im Kindergarten, in der Schulklasse) bestimmt, was gespielt wird?

Bei den Fragen nach dem Wer fällt Ihnen vielleicht auf, daß die allgemeine Antwort darauf mit »man« beginnt, und es wird Ihnen (jetzt, wenn nicht schon viel früher) bewußt, daß Sie als Frau von diesem »man« ausgeschlossen sind, obwohl alle so tun, als gäbe es nur eine männliche Allgemeinheit. Tatsächlich heißt »man« einfach nur »alle Menschen im allgemeinen«.

Wenn diese ersten Fragen, die wir uns als Erwachsene immer wieder stellen, sobald wir aus unserer gewohnten Umgebung heraus in eine neue Situation kommen, geklärt sind, fragt die kindliche Stimme weiter: Was kann man tun (um nicht geschimpft zu werden)? Wie verhalte ich mich richtig? Und wie kann ich das lernen, was ich tun möchte? Welche Fähigkeiten habe ich? Welche Fähigkeiten möchte ich mir aneignen? Was kann ich lernen? Was ist erlernbar? Dieser Teil Ihrer Persönlichkeit liest gern Anzeigen oder gibt sie auf. Vielleicht fällt Ihnen ein, daß die Antwort auf diese Fragen mehr von außen beantwortet wurde, das heißt, daß Sie die

Einschätzung Ihrer »angeborenen« Fähigkeiten und Begabungen eher von außen erfahren haben, als von innen her zu wissen, was Sie können, und wozu Sie befähigt sind, auch wenn Sie noch etwas dazu tun müssen und es nicht von Anfang an, ganz natürlich, von selbst da war. Hier werden Sie vielleicht auch damit konfrontiert, was von Ihnen (als Mädchen) erwartet wurde. Gleichzeitig meldet sich Ihre Neugier zu Wort und möchte sich Gebiete des Wissens und Könnens erobern, die Frauen (eigentlich, bisher) nicht zustehen. Aber Sie sind offen, unschuldig, neugierig, Sie informieren sich lediglich darüber, was es alles gibt. Sie machen sich kundig.

Später – vielleicht ist dies die Stimme des halbwüchsigen Mädchens in Ihnen – fragt die Stimme: Wozu? Wozu soll ich das tun? Wozu soll ich das lernen? Wozu das alles? Wozu leben? Es ist diese Stimme, die Sie weiter »nach innen« führt, wo Sie sich selbst fühlen und nachspüren wollten, was für Sie (in Zukunft) von Wert ist. Vielleicht erlebten Sie auch Augenblicke der Leere, der Hoffnungslosigkeit, Wertlosigkeit, der Verzweiflung, weil da nichts war – weil Sie nicht dazu erzogen wurden, dort etwas zu erwarten, was Ihnen Orientierung geben konnte. Und nun erlebten Sie dieses Nichts. Möglicherweise kamen Sie damals zu dem Schluß, daß alles besser ist als dieses Nichts, und hörten mehr auf die äußeren Stimmen, die Ihnen sagten, was von Ihnen erwartet wurde und was richtig wäre. Sicher gab es da auch äußere Stimmen, die sich anmaßten, besser als Sie selbst zu wissen, was gut für Sie ist, was Ihnen steht, was sich für Sie gehört, und wohin Sie gehören. Diese Stimmen der Außen- oder Fremdbestimmung hörten sich eventuell nach einiger Zeit, als Sie sich an sie gewöhnt hatten und nicht mehr gegen sie aufbegehrten, sogar wie Ihre eigenen Stimmen an. Und jetzt, da es ansteht, nach innen zugehen und danach zu forschen, was Sie in diesem Leben tun, können oder wollen, dürfen, möchten, müssen – begegnet Ihnen dieses Nichts. Es kann gut sein, daß Sie diese erschütternde Erfahrung aus der Bahn wirft und Sie konfrontiert werden mit der Vergänglichkeit, mit Ihrer eigenen Sterblichkeit. Wozu dann leben? fragt etwas in Ihnen. Und Sie führen Ihre Forschungen weiter fort

– einerseits brennend daran interessiert, was dabei herauskommt, anderseits auch in einer bestimmten Weise distan-
ziert, denn Sie wissen, daß dieser Kontakt mit Ihnen selbst,
mit Ihrer Nichtigkeit und mit Ihrer Fülle in Ihnen selbst
schon einen großen Wert für Sie darstellt, etwas, das Sie ruhig und gesammelt werden läßt, Sie auf den Punkt bringt.
Der Punkt, auf den Sie gebracht werden, ist die Frage: Was
habe ich zu sagen?

Folgendes Modell ergibt sich aus den vorhergehenden
Überlegungen. Da sind zunächst die zwei Pole Innen und
Außen. Diesen beiden Polen als Extrem der Wahrnehmung
eines Individuums einerseits der Umwelt und andrerseits
seiner selbst können wir weitere Zuordnungen beifügen:

Innen	–	Außen
Selbst	–	Umwelt
innerer Auftrag	–	äußere Bedingungen
Freiheit	–	Notwendigkeit
neue Möglichkeiten	–	alte Prägungen
als größter Wert erlebt	–	als Gefängnis erlebt (Idealismus)
als Illusion erlebt	–	als maßgebend erlebt (Realismus)
als Nichts erlebt	–	als Druck erlebt (Fremd-bestimmung)
als Fülle und Hauptsache erlebt	–	als Oberfläche und Nebensache erlebt (spirituelle Selbstbestimmung)

Wir können nun die gegensätzliche Struktur in verschiedenen Formen anordnen. Eine Möglichkeit ist die, einen Pol
unten, auf der untersten Stufe, und den anderen Pol oben,
auf der obersten Stufe anzuordnen. Diese Anordnung impli-
ziert eine Wertehierarchie, insofern das Obere besser ist als
das Untere und die Vorstellung zugrunde legt, man müsse
sich von unten nach oben hocharbeiten bzw. aufsteigen.

Besser ist also das Schalen-Modell, in dem die beiden Pole
im Zentrum und an der Peripherie eines Kreises angeordnet
werden. Wie bei einer Zwiebel gehören alle Schalen zu der
Zwiebel, und keine ist »wichtiger« oder »wertvoller« als die

andere, weil alle zusammen eben das ausmachen, was wir Zwiebel nennen. Das Innen wird durch das Außen definiert und umgekehrt. Verbinden wir nun die Pole noch durch eine Figur der verbindenden Bewegung eines Hin und Her, ergibt sich ein Modell, das an das Atom-Modell aus der Quantenphysik erinnert.

Übung: Die Vision in Ihrem Inneren

Fragen Sie sich: *Wie komme ich am besten vom Außen zum Innen?* Halten Sie inne. Spüren Sie nach, welches der folgenden Gefühle Ihnen die Möglichkeit gibt, Zugang zu Ihrer Vision zu finden:

- von außen kommen – nach innen gehen
- hart, unnachgiebig, starr sein – weich werden, nachgeben
- angespannt sein und bleiben – entspannen und immer entspannter werden
- sich fixieren, sich versteifen – in Fluß kommen, wechseln, sich verwandeln
- sich verschließen und verschlossen sein – sich öffnen, offen sein
- Sachzwänge und Notwendigkeiten im Auge haben – Möglichkeiten und Chancen anvisieren
- feste Vorstellungen haben – sich wundern
- sich an gewohnte Urteile halten – mit der Wahrnehmung mitgehen, sich überraschen lassen

Fragen Sie sich auch: *Wie erlebe ich meinen Innenraum? Welches Zeiterleben hilft mir, meine Vision aufzuspüren, in Kontakt zu kommen mit ihr? Ist es die zerstückelte Zeit, das »Staccato-Zeiterleben«, oder das Erleben der Zeit als einen Raum, eine Einheit, die vieles verbindet, ein »Legato-Zeiterleben«?*
Wie wirkt es auf Sie zu wissen (oder sich selbst zu sagen):

- Zeit und Raum bilden eine Einheit, Zeit ist Raum, und Raum ist Zeit.
- Es gibt Weite.
- Die Wahrnehmung erfaßt nicht nur Dinge, die durch den Kopf gehen, nicht nur Gedanken, die ich denke, sondern auch das Dazwischen der Gegenstände, den Hintergrund der vordergründigen Figuren, die Leere in der Fülle.
- Leere wird manchmal als Fülle erlebt und Fülle als Leere.

- Es gibt scheinbare Widersprüche, Paradoxien, es gibt eine »ungewisse Gewißheit«, »bewußtes Nichtwissen«, »unbewußte Weisheit«.

Beobachten Sie auch, welche Art der Annäherung an Ihre Vision Sie bevorzugen:

- Ist Ihre Vision an einen inneren Ort gebunden, stellen Sie sich Ihre Annäherung also räumlich vor, um Ihrer Vision »auf die Spur zu kommen«?
- Ist Ihre Vision an eine bestimmte Zeit, also an bestimmte Augenblicke oder Phasen in Ihrem Leben gebunden, so daß Sie sich zeitlich orientieren sollten, wenn Sie Ihre Zukunft entsprechend Ihrer Vision gestalten und sich von ihr leiten lassen wollen?
- Ist Ihre Vision eine Art Instanz oder Autorität, mit der Sie ein persönliches Verhältnis aufbauen können?

Beobachten Sie an sich selbst, welche Merkmale darauf hinweisen, daß Sie in Kontakt kommen oder sind mit dem, was sich als Vision anfühlt, was Sie als Ihre Vision erkennen und vor sich sehen oder als innere Stimme hören.

- Kinästhetisch: als Kontakt, Emotion, Stimmung, Gefühlslage, Empfindung, innere Bewegung oder Bewegtsein, Rhythmus, Gleichgewicht, Verhältnis des Schwerpunkts, Atemverhalten, Wärme/Kälte, Schwere/Leichtigkeit oder in Form anderer Merkmale des Körpergefühls.
- Visuell: Ich kann mir ein Bild von meiner Vision machen. Wie und was sehe ich? Farben? Farbqualität: ist sie transparent oder opak, matt oder glänzend, zart oder stark, pastell oder grell, usw. Lichtqualität, z.B. Streulicht oder Lichtkegel? Lichtquelle – von oben, von unten, von der Seite. Gestalt: klar umrissen oder verschwommen, präzise geschildert in allen Einzelheiten oder ungenau angedeutet?
- Auditiv: Ich höre auf die Stimme meiner Vision. Höre ich die Stimme sofort oder ist sie zunächst in einer Stimmung oder einem Stimmengewirr/Rauschen enthalten? Höre ich die Stimme zusammen mit Geräuschen einer bestimmten Umgebung (Naturgeräusche) oder einzeln? Gesprochen oder gesummt/geflüstert, gesungen? Laut oder leise? Eindeutig und klar artikuliert oder eher unverständlich?
- Gibt es Gerüche, die mich zu meiner Vision führen? Gehe ich meiner Nase nach? Rieche ich, was los ist, was in der Luft

liegt? Woran würde ich es merken, daß der Geruchssinn für mich wichtig ist?

- Kann mich mein Geschmack zu meiner Vision führen? Woran würde ich es merken, daß ich einen Geschmack für Visionen habe?

Fragen Sie sich: Wie möchte ich einen Auftrag oder eine Aufgabe stellen oder meinen Wunsch formulieren, der meine Vision betrifft? Welches Thema bewegt mich zur Zeit, wo brauche ich Visionen jetzt, in meinem Alltag, für mein Leben, meine Zukunft?

Übung: Durch Trance der eigenen Vision näherkommen

Begeben Sie sich in eine leichte Trance, indem Sie sich einen Text auf Tonband sprechen oder vorlesen lassen. Die Fragen darin müssen nicht bewußt beantwortet werden. Es sind Such-Fragen, die innere Such-Prozesse auslösen und Ihr Unbewußtes anregen, Kontakt zu Ihrer Vision herzustellen. Das Bild und die Stimme der Vision, das Gefühl für Ihre eigene Vision mögen sich plötzlich und sehr schnell ergeben oder Ihnen erst nach einiger Zeit »dämmern«. Bevor Sie sich in die Trance begeben, ist nur wichtig, daß Sie sich vorstellen, wie es sein wird, aus der Trance wieder zurückzukehren in den Alltag. Wie möchten Sie Ihre Verabschiedung und Entfernung von dem inneren Ort, der inneren Zeit, der Instanz und dem Gefühl für Ihre Vision gestalten, wie den Übergang und die Rückkehr in die Außenwelt vollziehen? Und woran erkennen Sie, daß Sie wieder ganz der Außenwelt zugewandt und im Alltag verankert sind? In welchem Zustand möchten Sie am liebsten nach der Trance sein, welches ist der beste Zustand, den Sie sich vorstellen können?

Vergegenwärtigen Sie sich nun den gewünschten Endzustand (der sich nach der Trance einstellen sollte, sozusagen als erstes und unmittelbares Ergebnis), und begeben Sie sich dann auf eine innere Pilgerfahrt – eine Pilgerreise zu Ihrer Vision. Sie sind jetzt schon mitten darin, schon unterwegs, auf Visionssuche. Alles verläuft wie gewohnt, nimmt seinen gewohnten Gang, Sie liegen nicht bewegungslos da, Sie schließen die Augen nicht. Sie bewegen sich, Sie sehen, hören, riechen, schmecken, tasten, spüren, erleben – alles ist wie gewohnt. Und doch ist da unter all den Erlebniseinheiten, die Ihr Bewußtsein erreichen, etwas, das Ihnen nicht ganz so gewohnt ist, etwas wie ein unteilbarer Rest, der übrigbleibt, wenn Ihr Bewußtsein all das wahrgenommen hat, was ihm gewohnt und vertraut erscheint. Da ist etwas, das sich nicht – noch nicht oder nicht mehr – einordnen läßt, was aber auf eine neue Ordnung hinweist, etwas, das zukünftig seinen Sinn erhalten wird, aber dessen Bedeutung noch nicht bekannt ist. Es ist wie eine Andeutung, ein Anzeichen, ein Wegweiser, eine Spur, etwas, das Sie erinnert, daß es da mehr gibt als nur das, was Ihnen gewohnt ist, ein Wecksignal, ein Ruf, etwas, was in der Luft liegt, Sie erleben es jetzt als Verheißung. In all dem Gemurmel der gewohnten Stimmen vernehmen Sie etwas, das Sie besonders anspricht, und Sie wissen nicht warum, Sie müssen es auch nicht wissen, denn nun – und das wissen Sie, weil Sie sich dafür entschieden haben – beginnt die eigentliche Reise. *Es geht darum, Haltungen und Verhaltensweisen zu finden, welche die Vision im Alltag immer öfter zu Wort kommen lassen.*

- Finden Sie eine Haltung, die für Sie dem Zustand und er Phase des Zulassens entspricht.
- Welche Verhaltensweisen ergeben sich aus dieser Haltung?
- Vielleicht gibt es einen bestimmten Körperteil, der die Funktion eines Signalgebers übernimmt und Ihnen anzeigen möchte, daß es die richtige Zeit ist, Ihre Intuition zu nutzen und einzusetzen. Folgen Sie dem Signal. Wohin führt es Sie?

Lassen Sie sich von Ihrer Vision leiten, und finden Sie einen äußeren Ort, der diesen inneren Ort für Sie repräsentiert, so daß Sie jedesmal, wenn Sie sich an diesen äußeren Ort begeben, gleichzeitig an jenen inneren Ort gelangen. Begeben Sie sich zu ihm. Verankern Sie alle Erfahrungen, die Sie mit dem ZULASSEN machen, an diesem Ort, so daß Sie später darauf zurückkommen können. Lassen Sie alle Visionen, die Ihnen kommen, ungeordnet, unbewertet und ungedeutet in diesen Ort einfließen, so daß er sie ganz aufnehmen kann. Sie wissen nun, daß Sie jederzeit jene Fülle finden, die Ihnen in einem Augenblick des Kontakts mit Ihrer Vision zuteil wurde.

Gehen Sie nun langsam »aus dem Ort heraus«, distanzieren Sie sich, betrachten Sie den Ort von außen, und lassen Sie sich weiter durch Ihren Alltag, durch Ihre Gewohnheiten tragen, erleben Sie bewußt, wie die Visionssuche Sie durch den Bereich der Gewohnheiten hindurchführt, so daß Sie sie unter einem anderen Gesichtspunkt erleben können. Sie wissen, »etwas« in Ihnen weiß: Haltungen geben Halt, aber manchmal ist es angebracht, neue Verhaltensweisen zu erfahren und so das Repertoire der eigenen Möglichkeiten und Wahlfreiheiten zu erweitern. Finden Sie sich ein, wo Ihre Visionssuche Sie hinführt, lassen Sie sich leiten, wohin sie Sie leitet. Sie erfahren einen ständigen Übergang, einen gleitenden Wechsel, unmerklich. Sie spüren, daß etwas geschieht, das Sie Ihrer Vision näherbringt. Finden Sie nun eine Haltung, die für Sie dem Zustand und der Phase des LOSLASSENS entspricht. Welche Verhaltensweisen ergeben sich aus dieser Haltung? Möglicherweise gibt es einen bestimmten Körperteil, der die Funktion eines Signalgebers übernimmt und Ihnen anzeigen möchte, daß es an der Zeit ist, Ihre Vision zu nutzen und einzusetzen. Folgen Sie dem Signal. Wohin führt es Sie?

Lassen Sie sich von Ihrem Körper, Ihrem Organismus, dem Instinkt, der Intuition leiten, und finden Sie einen Ort, der Ihrem jetzigen Zustand entspricht. Verankern Sie alle Erfahrungen, die Sie mit dem LOSLASSEN machen, an diesem Ort. Deponieren Sie dort alles, was Ihrer Vision im Weg steht, was Sie blockiert, hindert, hemmt, bremst, was Einspruch erhebt. Sie wissen, daß all diese Einsprüche wichtige Stimmen in Ihrem Seelenhaushalt sind, und Sie versichern ihnen, daß auch sie einen Platz haben. Sie richten Ihnen einen Raum ein, so daß sie dorthin abfließen können. Sie versprechen, daß Sie später auf sie zurückkommen werden, und verlassen den Ort des Depots. Langsam gehen Sie in eine neue Phase über, und wieder ist alles wie gewohnt. Sie wissen, wie wichtig es ist, Gewohnheiten zu haben. Gewohnheiten sind wie Wohnhäuser, sie geben Halt. Doch manchmal ist es angebracht, neue Verhaltensweisen zu erfahren und so das Repertoire der eigenen Möglichkeiten und Wahlfreiheiten zu erweitern, neue Wohnräume zu erschließen.

Finden Sie sich dort ein, wo es Sie hinführt. Lassen Sie sich leiten, wohin es Sie geleitet, es ist ein gleitender Wechsel, unmerklich. Sie finden nun eine Haltung, die für Sie dem Zustand und der Phase des SEINLASSENS entspricht. Welche Verhaltensweisen ergeben sich aus ihr? Vielleicht gibt es einen bestimmten Körperteil, der die Funktion eines Signalgebers übernimmt und Ihnen anzeigen möchte, daß es die richtige Zeit ist, Ihrer Vision nachzugehen. Folgen Sie dem Signal. Wohin führt es Sie?

76

Finden Sie einen Ort, dessen Bild Sie in Ihrer Vision so gut wie möglich gefolgt sind, und verankern Sie alle Erfahrungen, die Sie mit dem SEINLASSEN machen, an diesem Ort, so daß Sie später auf sie zurückkommen können. Gehen Sie wieder fort, sobald Sie den Ort des SEINLASSENS gefunden haben, gehen Sie über zum Wechsel.

Haltungen geben Halt, aber manchmal ist es angebracht, neue Verhaltensweisen zu erfahren und so das Repertoire der eigenen Möglichkeiten und Wahlfreiheiten zu erweitern. Finden Sie sich dort ein, wo es Sie hinführt, wohin es Sie geleitet – es ist ein gleitender Wechsel, unmerklich.

Finden Sie sich nun an immer rascher wechselnden Orten ein, an denen Sie sich im Verlauf des Prozesses schon aufgehalten haben, so daß Sie immer mehr Zugang finden zu den Informationen, die dort gespeichert sind. Sie erleben am eigenen Leib, wie einfach und schnell es geht, Übergänge zu schaffen, von denen Sie vorher nicht einmal wußten, daß es sie gibt, und die Sie nun entdecken, während Sie sich auf die eine oder andere Weise verhalten und immer wieder Ihre Haltung verändern, so daß es ganz von selbst geht.

Finden Sie sich dann im Zustand des SEINLASSENS ein, um sich dort zu sammeln. Stellen Sie sich vor: Dort ist ein Ruhepunkt, ein Schwerpunkt, in dem sich all Ihre Erfahrungen als Informationen sammeln, und Sie wissen, daß dieses Wissen, das Sie am eigenen Leib erfahren haben, Ihnen leicht zugänglich und immer verfügbar ist, weil Sie einen Punkt setzen – JETZT.

Mit diesem Wissen, mit dieser Ruhe und Achtung für alles, was Sie auf Ihrem Weg begleitet hat – auch wenn es sich Ihrer Vision entgegengestellt hat, denn auch Hindernisse und Widerstände sind Formen der Begleitung, Arten des Lernens –, gehen Sie zurück an jenen Ort Ihrer Vision, den Sie für sich gefunden haben, und lassen sich ein. Der Ort der Vision, der Fülle, wird nun ein Ort des EINLASSENS, so daß die Fülle zur Erfüllung wird und Sie erfüllen kann.

Sie fragen sich, ob dies wahrhaftig so ist. Wandelnd wenden sich die Dinge, mal so, mal anders betrachtet, dem einen und dem anderen Gewicht gebend. Werfen Sie beides in die Waagschalen, und wägen Sie ab, was richtig ist. Während Ihr Körper sich ganz von selbst wieder in seinem Gleichgewicht einfindet – Symmetrie für einen Augenblick, Übereinstimmung. Werden Sie sich dessen bewußt. Was ist es? Das Jetzt ist jetzt. Wie geht es weiter?

Was ist der nächste Schritt? Wann? Wo? Mit wem? Auch Einwände führen weiter – wandelnd wenden sich die Dinge…

Wo entsteht die Vision? Wir würden wahrscheinlich antworten: im »Inneren«. Wenn wir die Vision als diejenige Botschaft, die der »Geist« (oder Gott, die Göttin, das Göttliche, die sich selbst organisierende Weisheit in uns, die innere Stimme) versteht und die durch unsere Mitteilung ihren Ausdruck erhält, können wir diese visionäre Schau und diese visionäre Mitteilung als eine Tätigkeit erkennen, die nicht (oder nicht ausschließlich) durch unsere Konditionierung geprägt ist. Mit der Vision kommt etwas Neues in die Welt. Visionen zu empfangen deutet zunächst auf eine passive Haltung der Aufnahmebereitschaft hin. Diese Hingabe und Bereitschaft betrifft aber nur die Haltung gegenüber der Quelle der Vision. Das Ausdrücken und Mitteilen von Visionen hingegen ist eine Aktivität. Sie ist eine kreative Tätigkeit, die Neues wagt und sich über alte Reaktionsweisen hinwegsetzt. Die Vision bestimmt den »inneren Auftrag«. Viele Menschen meinen, sie hätten keinen solchen Auftrag, weil sie z.B. nicht an Gott glauben oder auch keine spirituelle Dimension anerkennen. In ihrem Selbstverständnis beziehen sie sich ausschließlich auf die Erfahrungen, die sie gemacht haben, und die Bedeutung, die sie von anderen als soziale Konstruktionen übernommen haben. Die Vision entsteht insofern auch im »außen«, weil nur im Austausch mit anderen und mit der Umwelt die Vision Wirklichkeit werden kann. Aber der Ort, wo Visionen wachsen, ist nicht entweder innen oder außen, sondern im Wechsel der Positionen auf dem Weg, der zwischen den beiden Polen pendelt.

Übung: Werdenlassen statt Machenmüssen

Sagen Sie sich selbst die Formel vor: ZULASSEN – LOSLASSEN – SEINLASSEN – SICH EINLASSEN und fügen Sie hinzu: WERDENLASSEN statt MACHENMÜSSEN. Markieren Sie zwei »Räume« oder »Orte« als zwei verschiedene Dimensionen: die Dimension des Seins und die Dimension des Werdens. In der Dimension des

Seins gilt der Satz »Es ist so (wie es ist)«, während in der Dimension des Werdens der Satz gilt: »Es ist zwar so wie es ist, aber es kann auch anders werden.« Meist wird der Dimension des Seins (weiblich, statisch) die Dimension des Tuns und Handelns unter dem Aspekt des Machens und Schaffens (männlich, dynamisch) gegenübergestellt. Erfahren Sie nun die Gelassenheit, mit der Sie aus der Sphäre des Seins in den Einflußbereich des Werdens überwechseln können. Spüren Sie dem gleitenden Übergang von dem einen ins andere nach, und nutzen Sie die Gelassenheit, die Sie dabei gelernt haben, für die Aufgaben, die Ihnen der Alltag stellt. Sagen Sie sich leise immer wieder vor: SEINLASSEN, WERDENLASSEN, und zwar jedesmal, wenn Sie sich dabei ertappen, sich innerlich darüber zu beklagen, wie sehr Sie auf sich gestellt sind und alles allein machen müssen. Ersetzen Sie das MACHENMÜSSEN durch WERDENLASSEN, und warten Sie ab.

Vision, innerer Auftrag, Botschaft, Resonanz

Was habe ich zu sagen? Diese Frage kann einerseits aus der Perspektive der Enge gestellt werden, wenn es darum geht, daß Menschen nicht beachtet werden und/oder sich nicht entsprechend bemerkbar gemacht, sich nicht ausgedrückt, nicht gesagt haben, wenn sie etwas zu sagen hätten. Paul Watzlawick bringt es auf den Punkt: »Man kann nicht nicht kommunizieren.« Alles ist Ausdruck, ist Signal, ist Kommunikation. Andererseits braucht es zur Kommunikation immer zwei – erreicht den anderen das Signal, die Botschaft nicht, und sei es, weil der andere sie nicht versteht, sie nicht annimmt oder nicht darauf in der Weise reagiert, wie der Sender es erwartet, so sind alle Zeichen, die gegeben werden, bedeutungslos.

Was habe ich zu sagen, was will ich sagen? Und was von dem, was ich zu sagen habe, hat Bedeutung für den der es hört, so daß meine gesendete Botschaft den Empfänger in einer Weise beeinflußt, die meiner Absicht entspricht? Wie muß meine Botschaft geartet sein, damit sie möglichst viele Menschen erreicht und anspricht? Wie schaffe ich es, nicht nur für mich allein Sinn zu finden, sondern diesen gefundenen Sinn auf eine Weise mitzuteilen, daß andere daran teilhaben können? Diese Fragen sind auch an einen Teil der Persönlichkeit gerichtet, der dafür zuständig ist, Sinn herzustellen. Der Sinn, der »gemacht« wird, ist der Sinn, der ausgedrückt werden kann. Sinn, so gesehen oder erlebt, ist nicht etwas, das vom Himmel fällt, sondern erarbeitet wird. Dieser Sinn ist eine Konstruktion – ich konstruiere mir das Leben auf eine Weise, die Sinn macht. Wenn diese Konstruktion auch andere Menschen anspricht, ist sie eine Botschaft. Es kommt darauf an, sich den eigenen Ausdruck als »Sendung« bewußt zu machen und darauf abzustimmen auf das, was wirklich ausgesagt werden soll, denn das wird der Beitrag zur Wirklichkeit sein.

Wirklichkeit entsteht als Konstruktion zunächst auf der Ebene der »Resonanz«. Das Wort »Resonanz« ist hier als Metapher gebraucht: Das Zeichen das ich setze, wirft einen Schatten, schafft ein Spiegelbild, hat einen Widerschein, so wie das Signal, das ich gebe, Reaktionen auslöst, Gefühle bewirkt, und das Wort, das ich spreche oder schreibe, Widerhall hervorruft. Im »Gespiegeltsein« durch den anderen jedoch erfährt der Widerschein und Widerhall eine Veränderung, die nicht unmittelbar mit meiner Äußerung zusammenhängt. Die Bäume im Wald tun mit ihrem Rauschen einiges dazu, das Signal zu verzerren, das Zeichen unter anderen Vorzeichen erscheinen zu lassen; die Emotionen als Gefühlswallungen, Launen, Gemütsbewegungen, als Veränderungen der Stimmungslage beeinflussen das Feld, innerhalb dessen sich das aufbaut, was später als Sinn und Bedeutung angenommen werden wird. Es ist eine recht unübersichtliche und unberechenbare Angelegenheit. »Kommunikationskünstler« – Menschen, die bewußt kommunizieren und ihre Mitteilung auf die Empfängerschaft abstimmen – bewegen sich souverän in diesem Feld des zwischenmenschlichen Austauschs von Signalen, Zeichen, Äußerungen, Worten, als wäre es ihr Medium. Sie leben darin wie der Fisch im Wasser. Sie müssen nicht »einsteigen«, um sich einzubringen, und sie müssen auch nicht »aussteigen«, um wieder »zu sich selbst zu kommen«.

Das Neue jedoch, das über die gewohnten Muster und Raster sowohl des Denkens wie auch des Verhaltens hinausgeht, kommt »aus der Mitte«, wobei »Mitte« derjenige innere Ort ist, an dem der Austausch in einer Weise erweitert wird, die es erlaubt, Impulse aus dem nicht-alltäglichen Erlebensspektrum zu verarbeiten. Die Wahrnehmung ist solchermaßen erweitert, daß auch Tiere und Pflanzen, unter bestimmten Umständen sogar Steine als Lebewesen empfunden und »verstanden« werden können. Die Intelligenz der Lebewesen, die als »Energie«, als »koordiniertes und sinnvolles Kräftespiel« wahrgenommen wird, stellt eine Verbindung zur eigenen Intelligenz her. Es entsteht eine Resonanz, die die Stimme der menschlichen Vernunft sanfter als gewöhnlich für sich sprechen läßt. Eine neuer Ton kommt hinzu, eine neue Qualität bestimmt die Aussage, Rührung durch Berührtsein schwingt mit.

Diese anregenden Impulse, die das Neue ins alte System bringen, können auch aus dem eigenen, aus dem kollektiven oder auch aus dem archaischen Unbewußten kommen, wobei das Unbewußte eben die Fähigkeit besitzt, nicht nur durch Assoziation Konditionierungen zu bewirken und solche Prägungen mit den neuen Erlebnissen in Verbindungen zu bringen, sondern kreativ über die gewohnten Zusammenhänge hinauszugehen und assoziativ ganz neue Verknüpfungen herzustellen, die der (gewohnten) Logik nicht entsprechen müssen. Dadurch erhält das Unbewußte die Erlaubnis, unvoreingenommen, frei und unbelastet vor sich hinzuträumen, ohne sich um das, was wir als (normale) Wirklichkeit (logisch) erkennen und anerkennen, kümmern zu müssen. Es braucht tatsächlich eine »Erlaubnis«, dies zu tun – es braucht den Impuls des Bewußtseins, seiner eigenen Natur und Fähigkeit nach wirken zu dürfen. Dies geschieht in geführten Trancen, die ein Ziel haben und ein bestimmtes Ergebnis hervorbringen sollen, zum Beispiel das des »genialen Einfalls«. Das Bewußtsein allerdings muß sich jeder Zensur enthalten, solange der Suchprozeß nicht abgeschlossen ist.

Wie aber kann das Bewußtsein dem Unbewußten jenen anfänglichen Impuls geben, sich auf die Suche zu machen? Eine Möglichkeit besteht darin, offene Fragen an das Unbewußte zu stellen, das heißt, Fragen, die nicht gestellt wurden, um sofort und perfekt beantwortet zu werden, sondern um einen Prozeß mit offenem Ende anzukurbeln. Was dabei herauskommt, soll nicht von Bedeutung sein, denn die Bedeutung stellt sich im Laufe des Prozesses ja erst her. Wer hingegen mit einer solchen Bedeutungslosigkeit, auch wenn sie nur am Anfang steht, und mit der Aussicht auf ein offenes Ende nicht umgehen kann, richtet lieber »Befehle« an das Unbewußte, die dann als Impulsgeber wirken. Befehle sind hier nicht wie im üblichen Sinn als verbindliche Verordnungen zu verstehen, sondern als Anregungen, zu einer (neuen) Ordnung zu kommen, denn auch diese Ordnung ergibt sich erst. Ich kann also zunächst nicht wissen, was zu dieser Ordnung gehört und was nicht.

Genau diese Einstellung der Offenheit ermöglicht es dem Unbewußten, aus der Fülle des Denkbaren und manchmal auch des Undenkbaren – aber Gefühlten, Empfundenen – zu schöpfen und Neuschöpfungen als mögliche Ergebnisse des Suchprozesses vorzuschlagen. Je größer die Auswahlmöglichkeit, desto größer die Herausforderung (und vielleicht Verunsicherung), aber desto größer auch die Chance, nicht nur reaktiv in Verbindung zu sein, sondern kreativ in Verbindung zu treten und neue Verbindungen herzustellen. Je mehr Impulse verarbeitet und als Ausgangspunkte zu neuen Verbindungen genutzt werden können, desto größer der Umfang jenes Feldes, innerhalb dessen sich Kommunikation vollzieht. Habe ich nur wenige Standpunkte zur Verfügung, lassen sich auch nur wenige zum Brückenkopf ausbauen – die Verbindungen, die ich herstelle, die Kommunikationsangebote, die ich machen kann, sind auf einige wenige und meist sehr eng gefaßte beschränkt.

Charisma, Selbsttranszendenz, Kreativität

Habe ich eine Botschaft, von der ich will, daß sie andere Menschen erreicht? Dieser Frage, und der Antwort, die Sie dazu finden, kommt entscheidende Bedeutung zu. Die Antwort wird darüber entscheiden, ob Sie Charisma haben oder nicht. Wenn die Antwort Nein lautet, ist die Chance, daß Sie eine große, weitreichende Ausstrahlung haben, sehr gering. Sie werden möglicherweise der Gesellschaft, Ihrem Partner oder auch sich selbst hervorragende Dienste leisten, indem Sie Informationen sammeln, verarbeiten, zu vorläufigen Ergebnissen kommen, diese immer wieder überprüfen und anzweifeln und alles offenlassen, sich also nicht dafür engagieren. Aber Sie werden Menschen, die auf Sie hören, keine Gewißheit geben können oder wollen. Gewißheit ist der Gradmesser Ihrer Ausstrahlungskraft. Sie müssen sich gewiß sein, daß das, was Sie verkünden, Wert hat und Sinn ergibt. Wenn Sie sich weigern, Gewißheit mitteilen zu wollen – vielleicht weil der Teil, der Zweifel anmeldet, stärker ist –, werden Sie sicher verantwortungsvoll handeln, aber Ihr Handeln wird keine Ausstrahlung und keine größere Wirkungskraft haben. Ihr Handeln wird nicht ohne Konsequenzen bleiben, das ist gewiß. Aber die Wirkungskraft der Auswirkungen wird minimal sein gemessen an der Macht, die ein Handeln ausstrahlt, das von sich selbst überzeugt ist und deshalb »Konsequenz« ausstrahlt.

Das Ausstrahlen von »Konsequenz« und »Gewißheit« ist ein sozialer Akt – er betrifft nicht nur Sie, sondern auch die Gemeinschaft, die Gesellschaft, in der Sie leben. Wenn Sie für sich herausfinden, wessen Sie sich gewiß sein können, und daß es eine Möglichkeit der konsequenten Verfolgung dieses visionären Ziels gibt, werden Sie Charisma besitzen. Charisma ist amoralisch. Charisma ist reine Energie, die sich überträgt. Das Amoralische des Charismas ist eine Gefahr für die Gutgläubigen, aber auch die Chance, immer wieder neu zu definieren, was wirkt, wie es wirkt und welche Konsequenzen sich daraus für alle Beteiligten ergeben.

Charisma heißt: Sie haben eine Botschaft, und diese Botschaft betrifft nicht nur Sie selbst, sondern geht alle an, denen Sie begegnen. Die Botschaft verkörpert sich in Ihnen und strahlt durch Sie aus. Die Botschaft ist mehr als das, was Sie meinen, was Sie benennen, behaupten, beweisen. Die Botschaft strahlt weit über die Begrenzungen Ihres Weltbildes und Ihrer persönlichen Anschauungen hinaus. Die Botschaft überwindet Grenzen, – Grenzen des Ichs, der Person, der Maske, die diese Person trägt, die Rolle, die diese Person einnimmt. Die Botschaft transzendiert das Selbst. Charisma ist jene Ausstrahlung der Botschaft, die unmittelbar überzeugt und wirkt.

Der Macht der Gewohnheiten steht die menschliche Befähigung zur Ekstase entgegen. Das ekstatische Erleben enthebt den Menschen aus dem Gewohnten und setzt jedesmal einen Präzedenzfall einmaligen und unmittelbaren Erlebens. Über Ekstase läßt sich schwer sprechen, es geht darum, sie zu erleben. Charisma ist die Ausstrahlung einer Persönlichkeit, die durch Ekstase »informiert«, oder besser, inspiriert ist. Diese Inspirationen sind Informationen, die auch auf andere Menschen eine inspirierende Wirkung haben. Charismatische Menschen inspirieren andere Menschen dazu, die Grenzen des Gewohnten zu überschreiten und über sich selbst hinaus zu wachsen. Charismatische Gemeinden feiern gemeinsam die Ekstase, in der sich eine inspirierende Instanz (Gott, Heiliger Geist, Großer Geist) melden kann.

Die Entdeckung der eigenen Kreativität

Was Kreativität tatsächlich ausmacht, darüber herrscht, trotz aller Forschungen und Handlungsanweisungen, wenig Klarheit. Dies ist meiner Meinung nach deshalb so, weil Kreativität ein ganz persönliches Geschehen und Erlebnis ist, das sich nicht nach allgemeinen Regeln einschätzen und auch nicht anleiten läßt. Ist jedoch die Quelle, die Matrix kreativen Verhaltens erst einmal entdeckt, läßt sich das Vorgehen regeln – über das Ausarbeiten und Zustandekommen, das Ausgestalten und Formen kreativer Ansätze läßt sich diskutieren, auch wenn jeder Mensch seine eigenen Strategien in diesem Fall entwickelt hat. Strategien können auf ihre Ökonomie und Ökologie hin untersucht werden, und sicher läßt sich manches verbessern. Aber der Akt der Suche und Entdeckung dessen, was als ureigenstes Potential erlebt wird, unterliegt nur einem Gesetz: dem Gesetz der Selbsterkenntnis.

Es gibt keine »unkreativen« Menschen, ebensowenig wie es »unrhythmische« Menschen gibt. Es gibt nur Menschen, die sich dazu entschlossen haben, bei dem zu bleiben, woran sie sich gewöhnt haben, um sich dem Risiko des Unbekannten und Neuen nicht auszusetzen. Kreativität erhebt den Anspruch auf ein Umdenken, das manchmal schmerzvoll sein kann. Kreativität ist jene Aktivität, welche die Macht der Gewohnheit in Frage stellt und ihren Bann bricht. Für den kreativen Menschen ist jeder Augenblick ein möglicher Neubeginn – nichts ist gesichert, nichts selbstverständlich, nichts trivial. Für Frauen ist es deshalb ungewohnt, sich von den Annahmen darüber, was Kreativität ist, zu trennen, und ihre eigenen Maximen aufzustellen, denn für Frauen ist (meiner Erfahrung nach) Kreativität etwas anderes. Der Zugang zu ihr ist anders, und die Art, wie sie als Ausnahmezustand erlebt wird, unterscheidet sich von der der Männer.

Procreare (lat.) heißt »sich fortpflanzen«. Männer und Frauen unterscheiden sich deutlich in ihrem Beitrag zur Fortpflanzung des Menschengeschlechts. Männer erleben sich in kreativen Prozessen oft als weiblich. Sie »gehen mit etwas schwanger«, sie »brüten über etwas«, sie »bringen etwas an das Licht der Welt«. Blieben wir streng bei den biologischen Vorgängen der Fortpflanzung, bestünde ihre Aufgabe darin, den Samen möglichst weit zu streuen, um sicherzustellen, daß möglichst viele weibliche Eier befruchtet werden. Die weite Streuung ist ein Prinzip der männlichen Fortpflanzung, das weibliche Prinzip hingegen erfordert ein Hüten und Bewahren der vergleichsweise wenigen kostbaren Eier, die befruchtet werden können.

Die Ungerechtigkeit besteht im Verhältnis der Quantität: hier Millionen von Samen, dort eine ausgesuchte Anzahl der Möglichkeiten, wie der Samen fruchten kann. Der fruchtbare Boden, der Kontext, innerhalb dessen sich ein Same zu einer Leibesfrucht entwickeln kann, ist beschränkt. Laut Umfragen sind Frauen sich des Kontextes mehr bewußt als Männer. Sie erleben die Kostbarkeit der Situation, die Einmaligkeit der Konstellationen, derer es bedarf, um aus Möglichkeiten Wirklichkeiten werden zu lassen. Frauen sind sich auch darüber bewußt, daß das meiste, das wirklich fruchtet, nicht dem Machen unterliegt, sondern mit einem »Werdenlassen« zusammenhängt.

Einsicht in die schöpferischen Vorgänge der Natur – von Goethe hervorragend beschrieben und von Rudolf Steiner zum Kern seiner Anthroposophie erhoben – ist der erste Schritt zu einem Verständnis der eigenen Kreativität, die – unter anderem – von der eigenen Geschlechtlichkeit und dem Willen zu einer geistigen Kontinuität, die der biologischen Fortpflanzung entspricht, bestimmt ist. Da wir in einer Gesellschaft »männlichen Denkens« leben, erstaunt es deshalb nicht, wenn die »männliche« Vorgehensweise, kreativ zu werden die allgemein übliche und bevorzugte ist. Kreativ sein heißt oft: spontane Einfälle zuhauf, weite Streuung von Geistesblitzen, *esprit* als Aufleuchten eines Bewußtseins, das sich in seiner Unabhängigkeit von der Öde der Gewohnheitswirklichkeit abzusetzen und in seiner Unabhängigkeit zu bestätigen sucht.

Individualität, Originalität ist das, worum es geht. Das Original ist nicht die Einlösung und Verwirklichung eines neuen Lebensentwurfs, der sich ständig verändern kann, sondern das Sichabsetzen von der Allgemeinheit durch ein Produkt. Das Produkt ist es, worauf es ankommt, nicht auf den Prozeß seiner Entstehung. Der Prozeß wird ausgegrenzt. Das Noch-nie-Dagewesene erhält dabei mehr Wert als das, was von selbst entsteht und sich durchsetzt. Menschliche Kreativität, die sich an den Höhenflügen des Geistes orientiert, ist oft als Sieg des Geistes über die tote, geistlose Materie bezeichnet worden; der männliche Schöpferwille, der eine (biblische) Schöpfung aus dem Nichts bewirkt, ist das Nonplusultra der Schöpfung, dessen Krone der Mensch (Mann) darstellt. Das (männliche) Streben nach schöpferischer Verwirklichung ist ein Streben nach Vergeistigung, das als Unabhängigkeit von dem Gesetz der natürlichen Kontinuität, von dem vegetativen Auf und Ab, dem animalischen Hin und Her ein Streben nach Ewigkeit, nach Verewigung darstellt.

Was es aber genau heißt, auf weibliche Weise kreativ zu werden, ohne dabei auf die ausschließliche Funktion der biologischen Kreativität zurückgeworfen zu werden, ist noch nicht klar – vor allem den Frauen selbst nicht, die sich aus Unsicherheit über ihre eigenen Möglichkeiten lieber an den männlichen Vorstellungen und Ansprüchen orientieren.

Geben Sie Ihrer Schöpferkraft eine Chance

Diese Übung ist im Grunde ein Experiment, denn es gibt nichts, was im üblichen Sinn eingeübt werden könnte. Es geht zunächst darum, der eigenen Kreativität nicht nur eine Chance, sondern auch einen Platz im Innenraum und Innenerleben zu geben. Was genau diese Kreativität ist oder sein kann, soll offengelassen werden. Zunächst wird die »weibliche Kreativität« einfach etwas sein, das möglich ist und das sich auf eine noch nicht genau definierte Weise von der männlichen Kreativität unterscheidet. Dazu müssen sich Frauen selbst auf die Suche machen (statt von Männern darin unterwiesen zu werden, wie sie am besten den männlichen Vorstellungen einer weiblichen Kreativität Genüge leisten können).

Diese Übung, bzw. dieses Experiment (das Sie allerdings nicht nach dem ersten Mal abbrechen, sondern öfter versuchen sollten), können Sie allein durchführen. Noch wirkungsvoller jedoch erweist sich die Übung, wenn sie in einem Kreis von Frauen vollzogen wird, die offenen Geistes dazu bereit sind, sich überraschen zu lassen. Das Bewußtsein, nichts genau und nichts vorher wissen zu müssen, nichts leisten, beweisen, entscheiden, deuten oder bewerten zu müssen, ein offener Geist also, der durch keine Vorannahmen getrübt und beschränkt ist, ist die beste Ausgangsbedingung für das Gelingen des Experiments.

Führen Sie die Übung schweigend durch, lassen Sie sich nicht von anderen reinreden und reden Sie auch den anderen Frauen nicht in ihre Sache, selbst wenn Sie meinen »durchzublicken«.

Übung: Kreativ werden

Legen Sie sich Papier und Bleistift bereit, und holen Sie sich ein Kissen. Beginnen Sie mit dem Prozeß. Gehen Sie im Raum umher und tragen Sie das Kissen mit sich. Dieses Kissen wird den Ort Ihrer Kreativität markieren. Es gibt einen ganz bestimmten Ort, der sich dafür am besten eignet. Gehen Sie im Raum umher, so lange Sie wollen, und achten Sie nur darauf, wo Sie den Impuls empfinden, stehenzubleiben und Ihrer eigenen Kreativität einen Ort zu geben. Sie können den Ort auch jederzeit verändern. Geben Sie nicht auf, wenn Sie keinen Ort finden – bleiben Sie im Prozeß und auf der Suche.

Während Sie weitergehen, mal schneller, mal langsamer, vielleicht auch in Zeitlupe, und verschiedene Haltungen, Verhaltensmuster durchlaufen, möglicherweise bestimmte Gesten und Gebärden ausprobieren, ist auch etwas in Ihnen selbst, in Ihren inneren Gedanken- und Erlebens-Verläufen in Gang gekommen. Sie erleben etwas Neues, etwas Ungewohntes, während Sie auf und ab schleichen oder tigern, sich die Hacken ablaufen, im Kreis rennen, im Quadrat springen. Viele Redewendungen veranschaulichen, wie innere Prozesse offensichtlich äußeren Bewegungsabläufen entsprechen. Ebenso wie diese inneren und äußeren Vorgänge einem Geschehen entsprechen, an dem Sie teilnehmen und beteiligt sind, so wissen Sie, daß es viele Aspekte Ihrer Persönlichkeit gibt, viele Teile, die sich beteiligen. Unter all diesen Teilen gibt es einen Teil, der dafür zuständig ist, neue Lösungen vorzuschlagen. Das ist der kreative Teil. Er wird dann schöpferisch, wenn der Kontext es verlangt (siehe das Sprichwort »Not macht erfinderisch«) oder wenn die Bedingungen für eine Veränderung des gewohnten Verhaltens günstig sind. Manchmal steht es an, das alte Verhalten zu überprüfen und eventuell zu verändern.

Der kreative Teil in Ihnen ist eine Instanz, an die Sie sich jederzeit wenden können. Kreativität im Alltag heißt, sich nicht durch die eigenen Gewohnheiten hypnotisieren zu lassen, sondern sich zu erlauben, neue Möglichkeiten zu bedenken. Die Lösungsvorschläge kommen aus dem Unbewußten, denn der kreative Teil läßt sich nicht kontrollieren und durch den Willen erzwingen. Schöpferisches ist nicht willkürlich – wie Wilhelm Busch schon wußte,»kommt Kunst von Können und nicht von Wollen, sonst wäre es Wulst«. Aber die schöpferische Fruchtbarkeit kommt auch nicht ganz unwillkürlich zutage. Sie zeigt sich nur, wenn das Bewußtsein in Zusammenarbeit mit dem Unbewußten zielgerichtet anfragt.

Das Fragen gehört zur unerläßlichen Vorbedingung, wenn Antworten gefunden werden sollen. Das Fragen löst innere Suchprozesse aus. Es entspricht in gewisser Weise dem männlichen Part bei der Fortpflanzung, dem Zeugen. Und so müssen die Fragen auch sehr weit gestreut sein, um befruchtend auf das Unbewußte einzuwirken, das daraufhin einige wenige Lösungen »bebrütet« und diese, sobald sie »reif« sind, bewußt werden läßt. Dem Unbewußten und insbesondere dem unbewußten kreativen Teil kommt hier eine weibliche Rolle zu, dem Bewußtsein mit seinen Anregungen und Herausforderungen die männliche. Natürlich ist dies bei jedem Menschen anders. Prinzipiell läßt sich aber in unserem Denken und Schaffen ein Mangel an »Weiblichkeit« erleben, insofern als das Schöpfen und Schaffen meist als eine kontrollierbare Fähigkeit und Eigenheit eingeordnet wird, statt diese Kraft, die sich aus dem Unbewußten speist, als ein Geschenk, eine Gnade, ein Wunder zu erachten.

Während Sie sich also von den »Launen« Ihres Unbewußten und von den Bewegungen Ihres Gemüts leiten lassen, vergegenwärtigen Sie sich all dies und finden einen Ort für den kreativen Teil. Manchmal »drängt« Sie das Kissen, sich irgendwo im Raum niederzulassen. Dann wissen Sie, daß Sie mit dem kreativen Teil in Ihnen Kontakt hergestellt haben. Dieser Kontakt vermittelt Ihnen ein bestimmtes Gefühl – vielleicht ist es Erregung und wilde Hoffnung, die neue Perspektiven eröffnet, vielleicht ist es ruhige Zuversicht und Vertrauen, oder sogar beides zugleich. Sie setzen sich auf das Kissen, das Ihre Kreativität repräsentiert, Sie besetzen Ihre Kreativität.

Verlassen Sie diesen Ort wieder, und fragen Sie sich aus dem Abstand zu Ihrer Kreativität, was eigentlich dagegen spricht, kreativ zu sein oder zu werden. Sicher meldet sich nun ein anderer Teil, ein anderer Aspekt Ihrer Persönlichkeit, der Sie davor warnt, allzu innovativ das altbewährte und durch Gewohnheit so vertraute Verhalten zu verändern. Dieser Teil zeigt sich durch Blockaden und Widerstände, wenn es darum geht, Neues auszuprobieren, durchzuführen und als Teil der alten Wirklichkeit integriert zu werden. Dieser Teil erhebt Einspruch – und meist hat er gute Gründe dafür. Über seine Einsprüche hinwegzugehen würde bedeuten, das bestehende Gleichgewicht aus der einmal gewonnenen Balance – jede Balance ist eine Form der Integration – zu bringen und dadurch die Ökologie des ganzen Systems zu gefährden. Die Einsprüche zeigen sich allerdings meist nicht verbal, sondern drücken sich durch Symptome, durch Störungen oder andere negativ bewertete Verhaltensweisen aus. Der Teil, der dafür verantwortlich ist, wird deshalb gern als »Problemteil« bezeichnet, ohne daß der große Dienst, den er leistet, genügend wertgeschätzt wird.

»Probleme« sind ein Hinweis darauf, daß neue Lösungen möglich wären, wenn die alte »problematische« Ordnung verändert würde. Probleme deuten nicht auf eine Notwendigkeit, sondern eine Wahlfreiheit hin – gibt es diese Möglichkeit der Veränderung nicht, so haben wir es mit Tragödien zu tun, mit Last, Schuld, Scham, Verzweiflung, mit Endzuständen, an denen nichts mehr zu ändern ist. Probleme hingegen weisen daraufhin, daß es einen Handlungsbedarf gibt, aber daß es nicht zu spät ist zu handeln. Der Problemteil stellt nun Fragen, die das Problem oder die Probleme machen. Wie komme ich an dies oder jenes? Wie gelingt es mir, dies oder jenes zu tun oder nicht mehr zu tun? Wie schaffe ich es, das eine oder andere besser zu bewerkstelligen? Was kann ich dazu beitragen, daß das, was ich mir so wünsche, tatsächlich geschieht? Wie werden meine Wünsche, meine Pläne, meine Visionen Wirklichkeit? Was spricht dagegen? Warum geht es nicht von selbst? Das sind Fragen, die beantwortet werden können – jedoch nicht direkt und deutlich, sondern indirekt und vage. Die Antworten kommen aus dem Unbewußten.

Schreiben Sie Ihre Fragen auf verschiedene Zettel, für jede Frage nehmen Sie einen Zettel. Finden Sie einen Ort, an dem Sie Ihre Fragen hinterlegen können, geben Sie Ihren Fragen einen Ort. Betrachten Sie nun die Proportionen. Welches Verhältnis herrscht zwischen dem kreativen Teil und den Fragen, die an ihn gerichtet sind? Welches Maß hat die Entfernung oder Annäherung? Umkreisen Sie alle Ihre auf dem Boden abgelegten Repräsentationen, die Zettel, das Kissen. Stellen Sie sich außerhalb, betrachten Sie die Verhältnisse von außerhalb. Wie sieht die Situation von dort aus? Welchen Eindruck erhalten Sie aus dieser Außen-Position von Ihrem Innenleben? Wie würden Sie einem Außenstehenden beschreiben, was in Ihnen passiert?

Wenn Sie ein Gefühl dafür bekommen haben, »was passiert«, was das anstehende Thema Ihrer Selbsterforschung ist, tragen Sie den oder die Zettel zu dem Kissen, das Ihren kreativen Teil repräsentiert. Legen Sie den oder die Zettel auf das Kissen, betrachten Sie das Verhältnis. Das Verhältnis zwischen einem Kissen und einem Zettel? Genau. Und doch ist es mehr. Kissen wie Zettel repräsentieren etwas, die Fragen und die Antworten ertönen in Ihnen selbst. Vielleicht sind es auch innere Bilder, die die Einsichten veranschaulichen, vielleicht sind es Gefühle, die Sie bewegen, noch bevor Sie sie benennen können. Und möglicherweise gibt sich nun der »Problem-Teil«, der einerseits die

Fragen stellt und andererseits die Erfüllung der Wünsche verhindert (und dadurch signalisiert, daß etwas der Erfüllung ent-
gegensteht), zu erkennen, vielleicht hat er einen Namen, eine
Gestalt. Schreiben Sie den Namen auf einen Zettel, beschreiben
Sie die Gestalt, beobachten Sie, wie sich der »Problem-Teil«
ständig verwandelt und zu welcher Definition, zu welcher Gestalt es ihn drängt, als wollte er etwas anzeigen, eine Orientierung geben, »wo es langgeht« auf dem Weg zur Kreativität.
Wenn Sie dazu bereit sind, setzen Sie sich feierlich auf das
Kissen, das die Kreativität repräsentiert. Geben Sie sich der Erwartung hin, nun Antworten zu erhalten. Experimentieren Sie
mit den verschiedenen Arten und Weisen, auf einem Kissen zu
sitzen, und finden Sie eine Haltung, die Ihnen den besten Zugang zu Ihrer eigenen Kreativität ermöglicht. Nehmen Sie sich
Zeit für eine Phase, in der Sie nach innen horchen und auf
Ideen, Einfälle, Einsichten, Impulse von innen vorbereitet sind.
Schreiben und beschreiben Sie, was Sie sehen, hören, körperlich
empfinden, fühlen, denken. Legen Sie die beschriebenen Zettel
mit den »Botschaften«, die Sie erreichten, chronologisch geordnet auf dem Boden aus, um die innere Bewegung als Weg nach-
zuzeichnen. Wenn Sie wollen, können Sie weitere Fragen stellen und die Übung wiederholen. Oder Sie beenden die Übung,
indem Sie sich von dem Kissen erheben, die Zettel chronologisch geordnet wieder einsammeln, so daß Sie später die Spur
zurück zu ihrem Anfang verfolgen können.

Ablauf der Übung in Kurzform:

1. Bewegen Sie sich durch den Arbeitsraum.
2. Finden Sie einen Ort für Ihre Kreativität, markieren Sie den
   Ort mit einem Kissen.
3. Lassen Sie sich auf diesem Ort nieder. Was fühlen Sie? Wie
   fühlt es sich an, den Ort der Kreativität zu besetzen? Wie
   fühlt es sich an, Kreativität zu besitzen?
4. Lassen Sie die Gefühle hochkommen, und notieren Sie sie.
5. Stehen Sie auf, entfernen Sie sich. Betrachten Sie den Ort,
   umkreisen Sie ihn, assoziieren Sie dazu die Gestalten, die
   Ihre Kreativität für Sie annimmt, notieren Sie Ihre Beobach-
   tungen auf Zettel. Es kann gut sein, daß die Gestalten der
   Kreativität sich in rascher Abfolge verändern, sich immer
   neu gestalten.
6. Bewegen Sie sich weiter, und lassen Sie Fragen auftauchen,
   notieren Sie sie auf (einen oder mehrere) Zettel.

7. Legen Sie den Zettel mit den Fragen auf das Kissen.
8. Begeben Sie sich an einen Ort des Beobachters, und beobachten Sie von dort aus das Verhältnis von Kreativität (Kissen) und Fragen (Zettel). Wie wirkt das Verhältnis auf Sie?
9. Begeben Sie sich nun zum Kissen, und lassen Sie sich feierlich, in großer Erwartungshaltung darauf nieder, bereit, die Botschaften als Antworten auf Ihre Fragen zu empfangen.
10. Notieren Sie die Botschaften, lassen Sie ihren Gehalt auf sich wirken, und beenden Sie die Übung, indem Sie alle Zettel wieder einsammeln. Sie können die Übung auch ab Punkt 4 wiederholen, wenn Sie weitere Fragen stellen möchten.

Vorgehensweisen zur Entdeckung der Kreativität

Nach Befragung einiger Frauen möchte ich hier Strategien aufzeigen, die sich als erfolgreich erwiesen haben. Diese Strategien sind nur als Anregung und Verhaltensalternativen gemeint, sie stellen keine allgemeingültigen und verbindlichen Gesetze, Regeln, nicht einmal Rezepte dar, deren Befolgung ein bestimmtes Ergebnis garantiert. Die Strategien wurden durch längeres Experimentieren gefunden und können nicht ohne weiteres auf ein paar Schritte reduziert werden. Dennoch ist es interessant, die verschiedenen Weisen, an das Thema heranzugehen, zu vergleichen.

• Zunächst scheinbar unbeteiligt und ohne Absicht, ohne große Erwartung im Raum herumgehen, schlendern, und so in Gang kommen.
• Sich vorstellen: »Die Vielfalt meiner eigenen Seelenanteile«, die »rege Tätigkeit in meinem Innenleben, ohne daß ich etwas davon weiß«, das »Ich als Spitze des Eisbergs«, »buntes Treiben, pralles Leben«, die selbstorganisierende Weisheit meines Körpers, meines Unbewußten, »alles ist da«. Dabei weiter herumgehen und den spontanen Bewegungsimpulsen folgen.
• Mit dem Kissen spielen, es auf verschiedene Weisen mit sich tragen, es etwa wie einen Ball werfen, auf dem Kopf

balancieren, über dem Bauch halten und »damit schwanger gehen«.

- Das Tempo verändern, Gewohnheiten (z.b. sehr schnell und zielgerichtet vorwärts zu hasten) durchbrechen, ungewohnte Verhaltensweisen ausprobieren (stehenbleiben, zögern, schleifen, schlenkern, schlackern, stolpern, zurückweichen, umkehren).
- Die Augen schließen, die Auswirkungen des ungewohnten Verhaltens auf den Organismus und das Innenleben beobachten.
- Den Atemfluß beobachten. Tiefer atmen. Die Tiefe ausloten, in den Füßen spüren.
- Bewußt »Orte« aufsuchen, also im Raum bestimmte Stellen aussuchen und sich dann auf sie »einlassen«, das heißt: an Ort und Stelle Kontakt zum Boden, zu den Füßen, zur Erde herstellen.
- Nach unten, »in den Boden atmen«: sich vorstellen, am Ort seien bestimmte Informationen gespeichert, die nun abgerufen werden können, z.b. indem sie »als Saft« im Körper aufsteigen. Gleichzeitig Altes loslassen und in den Boden hinein abfließen lassen. Die Stelle wechseln.
- Das Kissen »für sich sprechen lassen« – wo ist sein Platz? Das Kissen wie einen Teil der eigenen Persönlichkeit behandeln. Jetzt, da das Kissen abgelegt wurde, sich vorstellen, ein Teil des Selbst habe sich geäußert und Ausdruck gewonnen.
- Dieser Ausdruck nimmt ständig neue Gestalten an – das Kissen aus der Ferne anschauen und darauf warten, daß sich eine Erscheinungsgestalt offenbart (vielleicht wie bei den 3D-Bildern des Magic Eye). Blinzeln, schielen, den Blick verändern, weich werden lassen. Dann die Augen schließen – manchmal zeigt sich eine Gestalt auf der Netzhaut.
- Sich auf das Kissen setzen, sich ganz auf den Kontakt des Beckenbodens mit der Sitzfläche konzentrieren. Ein wenig auf dem Kissen herumrutschen, um den Kontakt aufzubauen, den Unterleib zu beleben, den Atem dorthin zu lenken.
- Sich vorstellen, die eigene Kreativität sei eine sprudelnde Quelle. Dieses Bild erleben und verwenden, das ein be-

stimmtes Körpergefühl (warm, weich, feucht, fließend, verschwimmend, weit, sich ausdehnend, »zärtlich«) auslöst. Diesen Körperzustand genießen und »es kommen lassen«. Über das Lustgefühl die Informationen aus dem Unbewußten empfangen.

- Sich auf die körperliche Lust konzentrieren. Beobachten Sie, wie Sie sich manchmal selbst unter Druck setzen, z.b. indem Sie sich innerlich sagen: »Jetzt muß mir etwas ganz Besonderes, Geniales einfallen, ich muß originell sein, ich muß mich beweisen, ich muß zeigen, daß ich etwas tue, was nicht jeder kann.« Dann lassen Sie diese inneren Stimmen sanft verklingen und blenden sie aus. Sie hören auf das Rauschen und Pulsieren in sich, auf den Klang, den die Lust in Ihnen ertönen läßt. Sie lassen den Klang sich ausbreiten, über Ihre Körpergrenzen hinaus.
- Sich auf die Flut von Farben konzentrieren, die im Inneren als »buntes Reiben« wahrgenommen werden. Sie müssen nichts genau erkennen. Alles bewegt sich so schnell, daß Sie nichts festhalten können. Sie gehen einfach mit, lassen sich treiben, überlassen sich der Strömung, dem Sog, den vielen Strudeln, die sie zu Ihrem Zentrum führen. Sie wissen, Sie werden wieder auftauchen.
- Darum bitten, an den Ursprung der Spirale, in der man sich befindet, gelangen zu dürfen. Sie bitten um eine Begegnung mit Ihrem eigenen Ursprung. Dann lassen Sie alles zu, was auch immer kommen mag. Alles ist ein Zeichen für Sie, ohne daß Sie sich darauf versteifen müßten, es allzu ernst zu nehmen.
- »Sich befruchten lassen.« Der Tonus der Muskeln liegt zwischen fixierter Anspannung und chronischer Schlaffheit. Sie finden einen Tonus, der schwingt, der durchlässig ist für die Botschaften, die Impulse, die Motive.
- In einer vertieften Atemfrequenz atmen. Atmen Sie sich in die Tiefe Ihres Suchprozesses hinein. Fragen kommen, notieren Sie sie. Fragende, suchende, zweifelnde, hungernde Teile Ihrer Persönlichkeit melden sich. Sie fordern Aufmerksamkeit und erhalten sie, aber Sie atmen dabei weiter. Sie notieren alles, was Sie fordern, wissen möchten, sich wünschen, erhoffen, bezweifeln. Sie tragen die

Zettel auf das Kissen, betrachten das Verhältnis zwischen den Teilen und wissen, daß dies alles mit Ihnen zu tun hat. Aber Sie atmen weiter. Sie beobachten von außen und sind gleichzeitig innerlich ganz beteiligt.

- Ankommen: Irgendwann gibt es einen Punkt, an dem Sie das Gefühl haben, angekommen zu sein. Außen und Innen treffen sich im Dazwischen, Sie erleben einen Augenblick der Synchronizität, die Zeiten fallen zusammen, werden Raum. Dies ist der Punkt, an dem es gut ist aufzuhören. Sie gehen aus dem Raum, um Abstand von dem durchlebten Prozeß zu gewinnen. Sie bedanken sich bei allen Beteiligten, lassen den Blick noch einmal über den Raum schweifen, in dem die Intensität der Erfahrung sich verdichtet hat. Sie öffnen ein Fenster. Später kommen Sie zurück und sammeln die Zettel ein.

- Nachdenken: Was war der ungewöhnlichste Gedanke, der Ihnen während dieses Prozesses gekommen ist? Was hat Sie am meisten überrascht? Was ist neu? Was ist anders, als wie Sie es gewohnt sind oder wie Sie es sich gedacht haben? Die Quelle der Erneuerung kommt nicht »von oben«, sondern »von unten«. Sie spüren sie also nicht im Kopf, sondern im Bauch. Es handelt sich mehr um einen Prozeß als um einzelne Einfälle und Ideen. Dieser Prozeß ist eine »Erdung« – es ist das Einfühlen in den Boden, auf dem Sie stehen, in die Erde, in der etwas sich verwurzeln muß, um wachsen zu können. Durch »Erdung« beziehen Sie sich einerseits auf etwas Konkretes, nämlich auf den Grund, der Sie trägt. Andererseits ist es der gemeinsame Nenner, die Wirklichkeit, auf die wir uns alle einigen können: Wir leben hier auf der Erde, in der Welt. Auch wenn Sie jede Orientierung verloren haben, bleibt die Schwerkraft bestehen und bietet einen natürlichen Anhaltspunkt. Sie müssen nur die Schwere in sich zulassen, ihr nachgeben, dann wissen Sie wieder, wo Sie sind und können sich aufrichten. Das Aufrichten, die Orientierung nach oben kommt an zweiter Stelle.

- Erleben Sie in der »Erdung« die Erde als Grundlage, als Basis, als Grund, auf den Sie jederzeit zurückkommen können. Sie ist immer da. Sie können sich darauf gründen.

Alle Begründungen beginnen dort, und die Kontinuität begleitet Sie durch den Wechsel der verschiedenen Stimmungen und Schwankungen des Wechsels hindurch.

- »Erde« als Metapher ist jenes Element und jener Ort, der sich für Sie mit »Fruchtbarkeit« verbinden kann. Damit etwas Frucht tragen und sich entwickeln kann, bedarf es des Nährbodens. Erleben Sie den Boden, auf dem Sie stehen, als nährend, zapfen Sie seine Kraft an, gewinnen Sie an Kraft und Halt, je mehr Sie sich darauf beziehen. An der Erde, am Boden ist nichts Statisches, was einmal festgelegt wurde. Die »Erde« ist das Leben in seiner ganzen Kontinuität und Vergänglichkeit.

Zugänge zur schöpferischen Kraft

Auf die Erdung folgt die Aufrichtung. Nach der Hingabe an die Schwerkraft folgt die Gegenbewegung, die Entfaltung, die aufwärts, nach oben strebt. Meist ist es umgekehrt: Die Suche nach den Einfällen »dort oben« läßt den Kontakt zur Erde und zum Grund verlieren. Die Rückkehr zum Boden kommt einer Ernüchterung gleich, die Einfälle haben sich als windig und unhaltbar erwiesen. Die Freiheit der Phantasie geht zugrunde, und mit ihr die Hoffnung, jemals der Macht der Gewohnheiten zu entkommen. Die Schwerkraft wird als störendes Hindernis, als Bremse und Trägheit erlebt, der Kampf dagegen beginnt — und endet in der Niederlage.

Wenn die Erde weiblich und der Himmel männlich eingeordnet werden soll – wie dies in den meisten Mythen der Fall ist —, hieße dies, daß das Männlich sich zwar von der überwältigenden Macht der Mutter zu emanzipieren sucht, jedoch früher oder später aufgeben muß und eingeht in das Reich der Mütter. Das Sterben wird oft als ein solches Eingehen betrachtet. Die Ewigkeit ist die einzige Möglichkeit, sich der Erde auf immer zu entziehen. Das Irdische, Weltliche, Vergängliche muß schon deshalb bekämpft werden – der männliche Selbstwert hängt an diesem Sieg über die eigene Natur, die vergänglich ist.

Übung: Die inneren Orte der Schaffenskraft

- Richten Sie sich einen Ort ein, der Ihre Kreativität, Ihren kreativen Teil repräsentiert. Verwenden Sie gegebenenfalls dasselbe Kissen wie in der Übung der »Entdeckung der eigenen Kreativität«. Nun, da Sie Ihrer Kreativität einen Ort gegeben haben, machen Sie sich weiter auf den Weg, denn jetzt geht es darum, kreativ mit Alltagsproblemen umzugehen und Verhaltensalternativen zu finden, durch die die Macht der Gewohnheiten gebrochen wird.
- Sie gehen im Raum umher und bringen sich in die richtige Stimmung, in der Sie auf die Herausforderungen des Alltags »eingehen« und die Probleme, die sich stellen, »angehen« wollen. Beobachten Sie, wie Sie dies machen. Wie müssen Sie sich bewegen, halten, fühlen, atmen, um für die anstehende geistige Arbeit bereit zu sein?
- Richten Sie nun einen Arbeitsort ein, und markieren Sie ihn durch ein Kissen. An diesem Ort sind Sie bereit, sich mit problematischen Themen Ihres Lebens auseinanderzusetzen. Dieser Ort verbindet sich für Sie mit einer für Sie optimalen Arbeitsstimmung. Notieren Sie die Strategie, wie Sie sich in diese Arbeitsstimmung bringen, und hinterlegen Sie den Zettel am Arbeitsort.
- Sammeln Sie Material, das Sie bearbeiten möchten. Gehen Sie dazu wieder im Raum umher und lassen Sie sich durch alle Eindrücke und Sinneswahrnehmungen anregen, Ihr Leben zu überprüfen, ob es der Neuorganisation bedarf. Es können nicht nur Probleme, sondern auch Projekte und Visionen sein, die Sie beschäftigen. Notieren Sie alles, was Ihnen in den Sinn kommt, auf verschiedene Zettel, und legen Sie sie an geeigneten Orten nieder.
- Nehmen Sie nun Abstand, und betrachten Sie das Feld, innerhalb dessen sich das Material angesammelt hat. Finden Sie nun einen Ort für eine Meta-Position, aus der heraus Sie Ihr Leben von außen beobachten, als wären Sie eine Malerin, die ein Bild malt und ab und zu einen Schritt zurück tritt, um es aus dem Abstand zu betrachten. Betrachten Sie Ihr Leben als Ihr Werk. Was wollen Sie verändern? Womit können Sie sich gut identifizieren? Was erscheint Ihnen fremd? Notieren Sie alles, was Ihnen in den Sinn kommt, und legen Sie die Zettel nieder.

- Vielleicht erleben Sie einen inneren Widerstand. Finden Sie einen Ort für ihn. Dort ist jeder Teil Ihres Selbst anwesend, der Einspruch erhebt. Lassen Sie sich auf die damit verbundenen Gefühle ein, und notieren Sie Ihr Befinden, wenn Sie in Kontakt sind mit jenem Teil von Ihnen, der Nein sagt. Vielleicht entdecken Sie wertvolle Aspekte in diesem Nein, vielleicht geht Ihnen der tiefere Sinn des Neins auf oder Sie sind von Ihrer eigenen Fähigkeit, Nein zu sagen, selbst überrascht und möchten diese Kraft öfter nutzen. Lassen Sie das Nein Gestalt annehmen. Verankern Sie diese Gestalt – vielleicht hat sie einen Namen – an dem Ort des Widerstands.
- Nehmen Sie nun wieder Abstand, und finden Sie eine Meta-Position, die Sie das Leben unter dem Aspekt der Ewigkeit ebenso wie der Vergänglichkeit beobachten läßt. Richten Sie sich in einer Meta-Position ein, bei der Sie (wie ein Vogel) über der Erde fliegen und alles aus der Vogelperspektive sehen. Sie können auch eine Meta-Position finden, in der Sie sich vorstellen, Sie seien »unter der Erde« (und ruhten in einem Grab). Betrachten Sie das Leben aus der Perspektive als Teil der Natur, in die Sie zurückgekehrt sind, aus der Froschperspektive.
- Gehen Sie zwischen den einzelnen Orten hin und her, und betrachten Sie die Probleme (oder Projekte), die Ihre Kreativität herausfordern, unter verschiedenen Aspekten. Beobachten Sie die Abfolge der einzelnen Sequenzen und die mögliche Verwandlung von Positionen, Einstellungen, Bewertungen und inneren Gestalten.
- Beenden Sie schließlich diesen Arbeitsprozeß, indem Sie eine Meta-Position aufsuchen, in der Sie zwar mitten im Leben stehen, es aber als Lebenswerk mit einem gewissen Abstand betrachten können.
- Ziehen Sie eine vorläufige Bilanz.
- Tauschen Sie sich mit anderen Frauen aus.

Das Erleben der Vergänglichkeit als Ressource

Vergänglichkeit kann auch anders und nicht nur als etwas Schockartiges, Schreckliches erlebt werden, nämlich als die Kontinuität eines Lebens, welches das Sterben mit einschließt. Ein solches Leben, das gleichzeitig Sterben ist, und ein Sterben, das gelebt wird, spendet eine Kraft der besonderen Art: Es ermöglicht, sich in die Mitte der Vergänglichkeit zu begeben und sie ganz und gar anzunehmen – auch das heißt, den Zugang zur Mitte des Labyrinths zu finden und aus dieser Mitte heraus das Leben schöpferisch zu gestalten. In der Mitte des Labyrinths, an jenem Ort, an dem das Ungeheuer hauste, begegnen wir unseren eigenen unbewußten Anteilen, wir treffen auf das, was wir nicht bewußt gelebt haben und was dennoch zu uns gehört. Es ist wie ein Strudel, der alles erfaßt und auf die Mitte in der Tiefe zutreibt. Und während es sich mischt, verwandelt es sich. Das Ungeheuer mag uns nicht geheuer sein, doch nach einer Weile verändert es sich, wird uns vertraut, so daß wir uns darin erkennen können: Auch das bin ich – und das und das. Alles mischt sich, kommt auf eines heraus und ist vieles. Verwirrung herrscht, die Grenzen verwischen sich. Das Eindeutige verfließt, das Vieldeutige zeigt sich im Wandel der Gestalten, von denen eine nach der anderen entsteht und vergeht. Nur dies ist die Sprache, die das Unbewußte versteht, mit der es sich angesprochen fühlt.

Eine Frau berichtete: Die Entscheidung für ein Thema kam wie von selbst. Achtzehn Kilo Übergewicht stellten ein Problem dar, das sie schon lange angehen wollte. Aber kaum hatte sie dem Übergewicht einen Ort gegeben, verwandelte es sich und wurde zu dem Gefühl einer tiefen Ruhe und einer erdigen Schwere. Sie verstand den Hinweis und richtete einen Ort für Auszeiten ein. Dort fand sie die Ruhe, die sie in dem Gestalt gewordenen Übergewicht entdeckt hatte. Sie pendelte eine Zeitlang zwischen dem Ort für die Auszeiten und dem Arbeitsort hin und her, schließlich entpuppte sich das Übergewicht als eine alte Frau, die ihr wohlwollend gesonnen war. Sie nahm sie bei sich auf. Sie war die ideale Mentorin, die sie immer fragen konnte, denn diese alte Frau war immer da. Sie konnte viel von ihr lernen. Lange lag sie an dem Ort, den sie für ihre neu gefundene Mentorin eingerichtet hatte. Sie hatte sich in embryonaler Haltung dorthin gelegt. Aber sie spürte, daß der Arbeitsprozeß noch nicht abgeschlossen war.

Schließlich entschied sie sich, noch tiefer einzusteigen und suchte die Meta-Position »unter der Erde« auf. Eigentlich wollte sie nur wieder liegen, sie fühlte sich so erschöpft und erhoffte sich Regeneration. Aber sobald sie sich hinlegte, kam ihr unwillkürlich ein Bild in den Sinn, das sich nicht mehr vertreiben ließ. Sie lag unter einer grünen Wiese in Irland und sah die Wolken mit sich ständig verändernden Formen sich aufbauen, vorbeiziehen und den leeren blauen Himmel offenbaren, um gleich darauf ihn wieder zu bedecken. Ihr kam der Gedanke: Ich bin im Westen angekommen. Ich liege also in Irland begraben. Aber es gab keinen Friedhof. Nichts deutete auf Tod und Trauer hin. In der Erde war es vollkommen ruhig, dennoch dudelte die irische Musik, die zu dem Arbeitsprozeß als Begleitmusik gespielt wurde, weiter. Sie erinnerte sich an irische Schauermärchen, in denen die Knochenmänner wie wild tanzen und mit den eigenen Knochen den Rhythmus dazu schlagen. Ihr ganzes Leben erschien ihr plötzlich von diesem lustigen schaurigen wunderbaren Tanz durchdrungen, sie mußte lachen, als sie Bewegungen und Gesprächsfetzen der anderen Frauen im Raum ebenfalls als Totentanz erlebte.

Als sie ihren Arbeitsprozeß beendete, befand sie sich in einer Meta-Position in kurzem Abstand von den vielen Zetteln, die sie beschrieben hatte, den Kissen, die sie mit Bedeutung besetzt hatte, und sie erlebte sich als eine Künstlerin, die jahrelang ein einziges Bild in vielen Schichten übermalt hatte, das sie jetzt auslöschte. Alles was sie gemalt hatte, hatte sie gelebt, es brauchte nicht mehr das Werk. Sie konnte das Leben jederzeit neu malen. So stand sie im Vollgefühl ihres Triumphes vor ihrem Lebensbild, einen Fuß vor den anderen gesetzt, sehr aufrecht und voller Mut.

Eine andere Frau erzählte: Ich erlebte mich in der abschließenden Meta-Position im Zuschauerraum. Die Bühne war leer, die Schauspieler abgetreten, das Stück beendet. Ich genoß die leere Leinwand des Vorhangs, der sich jetzt senkte – in dieser Leere konnte sich die Fülle des Lebens, meines Lebens als Nachgeschmack voll entfalten.

Eine dritte Frau beschrieb ihr Körpergefühl als das Erlebnis einer Integration, die sich auf organischer Ebene vollzogen hat – wie das Verdauen vieler verschiedener Zutaten, die letztlich als Nährstoff vom Organismus aufgenommen und als Baustein des Lebens verarbeitet werden.

Eine der Frauen hatte eine Strategie für sich gefunden, um die Angst vor dem Leben (und Sterben) in eine unbändige Lust und Motivation umzuwandeln. Der grundlegende Trick ist ganz einfach. Er besteht darin, mitten in den »Ort« des Erlebens hineinzugehen, statt, wie es meistens geschieht, sich mit den Vorurteilen darüber zu begnügen, was man bezüglich dessen zu erleben hat, wenn man ein normaler Mensch ist. Gerade in unserer Kultur herrschen viele Vorurteile über das Altern und das Sterben, über das Erleben von Tod und Vergänglichkeit, so daß es sich lohnt, sie zu überprüfen. Dies ist möglich, wenn ich davon ausgehe, daß es in der Landschaft meines Seelenlebens innere Orte gibt, an denen ein archaisches, kollektives und individuelles Vorwissen besteht, das ich abrufen kann um mich zu informieren, wie meine »Natur« (nicht mein Bewußtsein, das durch Vorurteile und Glaubenssätze geprägt ist) auf bestimmte Situationen reagiert – wie eben auf das Altern und die Vergänglichkeit. Es ist, als ließe ich mein Unbewußtes zum Thema sprechen.

Ich übergebe also das Wort an das Unbewußte und gehe in eine Trance, die mich informieren soll, wie es »wirklich« steht. Aus der Position »Unbewußtes«, die sich von der Position des Ichs unterscheidet, gehe ich zum »Ort der Vergänglichkeit« und lasse mich dort eine Weile nieder, um zu meditieren. Früher war diese Praxis ein Teil des klösterlichen Lebens und verband sich mit einer strengen Askese. Ich jedoch erlebe eine Flut von Bildern, die mich in meiner Verbundenheit mit allem, was lebt (und vergeht) bestärkt. Natürlich kommen auch »negative« Gefühle auf, die ich aussortieren kann. Sie trüben die Ekstase des Erlebens. Ich will sie gesondert »bearbeiten«, notiere sie deshalb und lege die Zettel auf einen Haufen an einem Ort nieder, den ich für »negatives Erleben« reserviert habe. Für die positiven Gefühle, die mich durchströmen, versuche ich Worte zu finden und entsprechende Hinweise zu notieren, wie ich am besten wieder in diese Stimmung (der Verbundenheit, der Lebensfreude, der Liebe) kommen kann.

In meinem Transformationsprozeß erschien mir plötzlich eine Frauengestalt, die wie ein besseres, weiseres, reiferes Ich mich anleitete und beriet. Ich nenne sie meine Mentorin, denn ich habe mir immer eine solche positive Repräsentation meines eigenen weiblichen Potentials gewünscht. Ich gebe dieser Gestalt einen Ort, an dem ich sie treffen und mich von ihr beraten lassen kann. Gemeinsam erschaffen wir einen weiteren Ort, den ich »Matrix einer offenen Zukunft« nenne, dorthin gehe ich gemeinsam mit meiner Mentorin, wenn ich meine eigene Zukunft gestalten möchte. Diese Matrix ist ein großer Hexenkessel, in dem alle meine Erfahrungen durchmischt, gekocht und neu organisiert werden. Es ergeben sich unerwartete Perspektiven, überraschende Einsichten und Konsequenzen, wenn ich von diesem Ort aus in meine Zukunft schaue. Viele Verhaltensalternativen eröffnen sich hier. Doch um meine Visionen verwirklichen zu können, muß ich den Weg zurück zu meiner Position des Ichs finden. Ganz bewußt gehe ich an den Ausgangsort und beende die Trance.

Übung: Kraft schöpfen aus dem Werden und Vergehen

Die Trance kann wie eine Reiseanleitung mit Worten beschrieben werden, sie kann aber auch schweigend geschehen, indem sie alles als Bewegungsimprovisation von einem inneren Ort zum anderen führt. In jedem Fall ist es wichtig, sich einige Notizen zu machen, um später Anhaltspunkte über den Verlauf der inneren Suche zu haben.

- Ausgangspunkt ist das Ich. Finden Sie einen Ort für das alltägliche, gewöhnliche und »normale« Ich.
- Distanzieren Sie sich bewußt von diesem Ich, indem Sie einen Schritt weiter gehen, zu dem Ort des Unbewußten und in dem Wissen, daß Ihr Unbewußtes besser informiert ist als Ihr Ich.

- Finden Sie nun einen Ort, an dem Sie alle Gefühle, die mit dem Thema Vergänglichkeit zu tun haben, hochsteigen lassen. Sie tun dies in dem Wissen, daß Sie jederzeit »aussteigen« (sich innerlich davon distanzieren) können, indem Sie diesen Ort verlassen.
- Notieren Sie die Gefühle, die meist ohne logische Reihenfolge und in paradoxer Weise gemischt auftauchen – Wehmut mischt sich mit erotischer Erregung, Abschiedsschmerz mit Aufbruchsstimmung, Bedrohung mit Hoffnung, Gewißheit mit Zweifel.
- Ordnen Sie die Gefühle in zwei große Bereiche ein: Die einen sind eher positiv besetzt. Sie lassen sich daran erkennen, daß sie – auch wenn sie scheinbar »traurig« oder »schmerzvoll« sind – Kraft geben. Andere Gefühle können Kraft rauben. Diese sind vorläufig negativ einzuschätzen und bedürfen einer Verwandlung, um als Ressource zu dienen.
- Richten Sie sowohl für die negativen wie für die positiven Gefühle (Gedanken, Überzeugungen, inneren Bilder, Erinnerungen) einen Ort ein. Achten Sie darauf, daß alle negativen Gedanken wirklich dorthin fließen, wo ein Ort für sie bereit ist, sie aufzunehmen, so daß die positiven Gedanken, die Ressourcen nicht überschattet werden. Versichern Sie sich selbst, daß Sie die negativen Gefühle nicht verdrängen, sondern sich später mit ihnen beschäftigen werden, wenn Sie genug Kraft für diese Arbeit gesammelt haben.
- Betreten Sie nun den Ort der positiven Gedanken und Gefühle, der aufbauenden Bilder, der Kraft spendenden Stimmungen und Haltungen. Übertragen Sie all diese Kräfte und Energien auf eine Person (aus der Phantasie oder Ihrer Erinnerung), als ob diese Person all diese Kräfte schon erlebt und für sich genutzt hätte. Vielleicht ist es eine Person, die älter ist als Sie, so daß sie Sie dieses Wissen (das letztlich aus Ihnen selbst kommt) lehren und Ihnen eine unterstützende Begleitung anbieten kann. Vielleicht glauben Sie ihr eher als sich selbst. Erschaffen Sie in Ihrer Vorstellung eine Gestalt, die sehr überzeugend und ermutigend auf Sie wirkt.
- Richten Sie einen Ort ein, der als Beratungsstätte eine Begegnung mit dieser Person ermöglicht. Sie können diese Person nun auch etwas fragen und die Fragen auf einem Zettel notieren, den Sie an diesem Ort niederlegen.
- Der Prozeß geht weiter. Sie finden einen Ort, an dem der Transformationsprozeß stattfinden kann. Sie können diesen

Ort als einen Ort der Trance oder Meditation häufiger aufsuchen und sich in innere Prozesse begeben, die Sie stärken und neu mit dem Leben (und Sterben) verbinden werden. Es können durchaus ekstatische Erfahrungen sein, die Sie hier machen, vielleicht wird Ihnen zum Tanzen, Toben und Singen zumute sein. Dieser Ort ist wie eine Matrix, aus der alle neuen Verhaltensalternativen, die Sie nun durch Ihre angeregte Kreativität zu finden bereit (und fähig) sind, hervorgehen. Aus dieser Position heraus schauen Sie in Ihre Zukunft und sehen, wie diese Quellen der Kraft sich in Ihrem Leben verwirklichen werden.

- Zuletzt richten Sie einen Ort ein, an dem sich die Integration aller Ressourcen als Gefühl der »Versöhnung« zu erkennen gibt. An diesem Ort lassen sich auch »unerlöste Gefühle« (wie Bitterkeit, Ressentiments, Entfremdung, Verzweiflung) verarbeiten, indem sie zunächst einfach dasein dürfen und akzeptiert werden, bis sie sich durch den Vorgang der allmählichen Integration aller Erfahrungen wandeln können. Hier, an diesem Ort, sind Sie stark genug, um Ihren eigenen Schattenseiten, Zweifeln, abgelehnten Anteilen, Enttäuschungen und Gefühlen des Hasses, Zorns, der Ablehnung und des Fremdseins ins Auge zu blicken.
- Da alle diese Orte in einer Reihe angeordnet sind, liegt der Ort der offenen Zukunft und die Matrix, die die Verhaltensalternativen »generierte«, das heißt hervorbrachte, hinter Ihnen, als hätten Sie all dies schon durchlebt. Wenn Sie sich jetzt umdrehen, schauen Sie auf ein »gelebtes Leben« (das in Ihrer Vorstellung so konkret repräsentiert ist, als wäre es tatsächlich eine Erinnerung). Fragen Sie sich: Was hat meinem Leben die entscheidende Wendung zum Sinnvollen und zur Erfüllung gegeben? Notieren Sie all jene Verhaltensmöglichkeiten, die Sie künftig in Ihrem (realen) Leben in Betracht ziehen möchten.
- Gehen Sie nun der Reihe nach an die einzelnen Orte zurück und beobachten Sie, was sich verändert hat. Besonders der Ort der »negativen Gefühle« mag nun andere Inhalte haben als vorher, da einige Themen und Motive schon bearbeitet und erlöst wurden.

Selbstreflexion durch inneren Abstand

Meta-Positionen sind innere Bewußtseinszustände, in denen wir eine wohlwollende Distanz zu unserem eigenen Erleben einnehmen, um besser beobachten und aus einer erweiterten Perspektive wahrnehmen zu können. Das Aufsuchen solcher Positionen bewirkt eine bewußte Distanzierung von den Gewohnheiten, die ihre eigene Suggestionskraft haben. Die Art von Meta-Position, die meist zuerst aufgesucht wird, ist die Position des Schwebens und Fliegens. Der Schwerkraft enthoben verstärkt sich die Illusion, den Gesetzen des irdischen Daseins entkommen zu sein. Das Leben »da unten« relativiert sich in seiner Bedeutsamkeit, alles wird weniger wichtig, hat weniger Gewicht, verliert an Masse und Dichte. Der Nachteil der Höhenflüge liegt darin, daß sie alle ein eher unangenehmes Ende haben, das spätestens beim Erwachen mit der »eigentlichen Realität« konfrontiert. Wie viele Mythen veranschaulichen, wird der Himmel (Geist) als über die Erde (Natur) erhaben dem männlichen Prinzip zugeordnet. Die Erde wird zur Mutter Erde, und mitunter als böse Mutter angesehen (siehe der Mythos von Nana, die ihren Sohn verstößt). Diese Mutter ist geizig und hütet ihre Geheimnisse, ihre Schätze, die man ihr (durch die Wissenschaften) entreißen muß, wenn nötig mit Gewalt.

Was nun »wirklich« Wirklichkeit ist, darüber läßt sich endlos diskutieren. Aber eine Wirklichkeit läßt sich körperlich für alle, die in einem Körper leben (und wer tut dies nicht?) unmittelbar nachvollziehen: die Wirklichkeit eines Körpers, der den Gesetzen seiner eigenen Natur unterworfen ist. Gemeint ist hier natürlich der belebte, der beseelte Körper, der Leib. Aber wenn auch Leben als geistiges Prinzip dem Körper einen Atem einhaucht, der über die Körperlichkeit der toten, unbelebten, unbeseelten und geistlosen Natur hinausgehend als unvergänglich gedacht wird, und dieser Gedanke – die Vereinigung des individuellen Atems mit dem Weltatem – eine den Tod überwindende Zukunftsperspektive eröffnet, so bleibt doch die realistische und uns allen gemeinsame Erfahrung, der Schwerkraft ausgesetzt zu sein.

Die Aussichtslosigkeit, der Schwerkraft entkommen zu können, verbindet sich mit den negativen Assoziationen, die sich im Hinblick auf das eigene Gefangensein bilden und auf die »böse Mutter Erde« (Welt, Natur, Materie, sogar Realität) übertragen werden. Diese Mutter, die nicht loslassen will, die festhält, gefangenhält, ist der Inbegriff einer fatalen Weiblichkeit, der sich der Mann gegenüber ohnmächtig fühlt. Die Waffe des »männlichen Denkens«, das sich aus dem Bannkreis der »Mütterlichkeit« zu befreien sucht, ist die Erfindung des ewigen, unvergänglichen Geistes, der unabhängig und frei von den »Verunreinigungen« durch seine weltliche Manifestation sich darüber erhaben fühlt. Besonders beschämend ist für einen solchen reinen und freien Geist der Sieg der Schwerkraft, die ausnahmslos auf alle Körper wirkt. Die Überwindung der Schwerkraft ist Ziel vieler ästhetischer Formen, so etwa im klassischen Ballett. Nichts ist dort mehr fehl am Platz als eine schwere, erdgebundene Körperlichkeit.

Eine bekannte Meta-Position, die eine Perspektive aus dem Abstand des Beobachterstatus ermöglicht, ist der »Schritt zurück« oder der »Schritt heraus«, er wird heraus, zurück oder daneben, aber immer noch auf derselben Ebene wie das reale Alltagsleben vollzogen. Das Leben von oben zu sehen (als Fliege an der Wand) oder aus einem Winkel von unten zu betrachten (als Mäuschen, das ich spiele) ist immer noch »real«, insofern die Schwerkraft nicht aufgehoben ist. Zu schweben oder zu fliegen ist zwar ekstatisch, aber meist begrenzt auf Traumerlebnisse oder Trance-Zustände. Die Metapher hingegen, »im Angesicht der Ewigkeit« etwas zu betrachten, setzt voraus, daß Ewigkeit etwas ist, was die Schwerfälligkeit und Trägheit der belebten Masse Mensch überwinden kann. Früher bestanden religiöse Übungen oft darin, sich die Hinfälligkeit des Lebens vor Augen zu führen und, den Zustand eines körperlosen Geistes oder Engels vorwegnehmend, sozusagen von einer Wolke aus, das Leben »als Traum« oder »als Theater« zu betrachten. Das Leben wurde auf diese Weise relativiert. Auch heute noch ist die Meta-Position des »Jenseits«, die einen Blick auf die Relativität des Diesseits ermöglicht, etwas, das vielen Menschen »normal« erscheint.

Ganz anders ist dies bei der Meta-Position des Darunter oder Drunten. Diese Position wird mit Bestrafung (Hölle) und Niederlage assoziiert. Wer sich dort aufhält, hat sein Schicksal nicht gut ausgewählt. Es geht jedoch darum, diese Position neu zu besetzen und als Meta-Position zu nutzen, denn die Meta-Position »unter der Erde« ist verbunden mit dem Wissen um die eigenen Vergänglichkeit – ein gemeinsamer Nenner, der uns mit allen Lebewesen verbindet. Auch wenn das »Sterbenmüssen« kein erfreuliches Thema ist, verbindet es uns doch alle. Warum sollten wir diese Tatsache der Sterblichkeit nicht zum Ausgangspunkt unserer Verbindungen und Beziehungen machen?

Aufgabe:

• Wählen Sie einen Ort aus, der für Sie den inneren Ort markieren soll, an dem Sie Erfahrungen mit der (eigenen) Vergänglichkeit machen wollen, indem Sie sich vorstellen, Sie seien »unter der Erde«.
• Beobachten Sie: In welchem Gefühlszustand befinden Sie sich? Welche inneren Bilder kommen in Ihnen hoch? Wie sehen Sie das Leben »oben«, das weitergeht?
• Welche Konsequenzen ergeben sich für Sie aus dieser Erfahrung?

Dem Sterbenmüssen ist das Lebenkönnen entgegengesetzt. Das Leben bedingt das Sterben, und umgekehrt. Nur wer stirbt, hat gelebt. Nur wer lebt, stirbt. Das Wie des Lebenkönnens ist offen, solange wir leben. Viele haben zwar die Kontrolle über das Wie des Lebens, aber niemand hat Macht über den Tod, niemand kann den Tod aufhalten, weder für sich noch für andere. Sicher haben viele die Macht, ein Leben – das eigene oder das der anderen – zu beenden. Doch diese Macht täuscht über das Gefühl hinweg, machtlos zu sein angesichts des Todes, der uns alle als gemeinsamer Nenner verbindet. Die Liebe zur Macht verführt manchmal dazu, sich Lebewesen tot zu wünschen, um mehr Macht über sie haben, denn nur das Tote läßt sich kontrollieren und beherrschen. Das Lebendige birgt immer einen Risikofaktor in sich – das Lebendige lebt aus sich heraus, es schöpft aus jener geheimnisvollen Quelle, die alle Religionen als göttlich beschrieben haben, um sich ihr in Verehrung und Demut nähern zu können.

Die Wortneuschöpfung »Biophilie« (wörtlich: die Liebe zum Leben) entstand als Gegensatz zum Begriff der Nekrophilie (die Liebe zu den Toten, zum Toten) – letzteres war ein Wort, das nicht nur konkrete Fälle von Leichenschändung beschrieb, sondern auch verallgemeinernd ein bestimmtes Verhalten bezeichnete, das sich durch Machtbesessenheit auszeichnet und darin so weit geht, das Tote (das kontrolliert werden kann) gegenüber dem Lebendigen (das sich der vollkommenen Berechnung, der Bemächtigung und dem Willen entzieht) vorzuziehen. Die Liebe zu Toten, die an Toten vollzogen wird, ist eine Liebe, die von einem Lebenden ausgeht, aber nicht erwidert wird und nicht erwidert werden muß, um stattzufinden. Der »Verkehr«, der Geschlechtsvollzug, findet statt. Aber die Gegenliebe, auf die die Empfindung von Liebe angewiesen ist, fehlt. Nekrophiles Verhalten ist ein Liebesgespräch mit nur einem Teilnehmer, dem alles kontrollierenden Ich, ein Monolog in einer verstummten, in einer toten Welt. Wer die Nymphe Echo als Verstummte liebt und Frauen nach ihrem Vorbild zu modellieren versucht, der liebt das Verstummen, das Tote an der zum Objekt degradierten Frau.

Das Gegensatzpaar Biophilie/Nekrophilie ist oft im Zusammenhang mit ethischen Grundsätzen diskutiert worden. Nekrophilie wurde dabei zur Metapher für eine Liebe (*philos* = Liebe), die sich mit Macht ihre Objekte zu eigen macht. Es ist eine Liebe, die besitzen und kontrollieren will, eine Liebe, die Bedingungen stellt. Um diese Bedingungen (der Kontrollfähigkeit, der Übermacht, der Beherrschung) zu erfüllen, muß das Geliebte zum Objekt verdinglicht und auf diese Weise »totgemacht« werden, da das Lebendige sich nicht unterwerfen und auch nicht erzwingen läßt. Der Nachteil einer solchen Gegenüberstellung liegt darin, daß bei der Biophilie die Vernunft (bzw. das, was als vernünftig angesehen wird) vorherrscht und sich rational erschließt. Der Aspekt der Liebe verschwindet, zurück bleiben ethische Überlegungen, die als Anspruch an das moralische Ich emotional selten überzeugen und deshalb unerfüllt bleiben. Es fehlt der ekstatische, das enge, ängstliche Ich überwindende Aspekt der Liebe, die das Selbst transzendieren möchte.

Liebe zum Leben ist zunächst ein außergewöhnlicher, ein ekstatischer Zustand, der übrigens nicht selten in der Nähe des Todes erlebt wird. Leben und Sterben bilden eine unauflösliche Einheit. Nie wird dies so intensiv erlebt wie in den Momenten körperlicher Liebe. Der Orgasmus als »kleiner Tod« – *petit mort* – ist das körperliche Erleben von Leben, Lieben und Sterben in der Vereinigung mit einem anderen. Das ekstatische Erleben der Vereinigung mit Gott wurde in eindeutig sexuellen Metaphern beschrieben. Auch in den Übungen und Experimenten, die hier beschrieben werden, geht es um eine Annäherung an dieses ekstatische Erleben, wobei schon ein positives Ergebnis darin gegeben ist, daß Sie es für möglich halten, eine solche Ekstase, eine solche ekstatische, bedingungslose Bejahung des Lebens (und Sterbens) erleben zu können. In dem Augenblick, in dem Sie begreifen, daß diese Erfahrung durchaus zum Menschlichen gehört, haben Sie eine Einsicht gewonnen, die Ihr Leben grundlegend verändern wird. Die Integration von ekstatischen Augenblicken – und seien sie noch so kurz, ihr Anlaß noch so unscheinbar und alltäglich, so gewöhnlich – wird Ihr Auge dafür schärfen, wie unermeßlich die Fülle des Lebens ist, wie oft sich die Gelegenheit gibt, das Leben zu feiern, und wie selten Sie sich genau dies erlauben. Indem Sie sich immer öfter erlauben, das Leben bedingungslos zu lieben, akzeptieren Sie, daß Ekstase und das Bedürfnis nach Ekstase etwas Menschliches, etwas Normales sind, auch wenn sie nicht zu den Normen des normalen (modernen, westlichen) Lebens gerechnet werden (und dies einen großen Verlust an Lebensqualität ausmacht). Sie entscheiden sich bewußt dafür, das Experiment der Bejahung einzugehen und werden erstaunt sein, wie allein diese neue Einstellung Ihr Energieniveau heben wird.

Liebe und Macht im Wechselspiel

Es gibt eine Theorie, nach der die zwei entgegengesetzten Antriebskräfte Liebe und Macht in einem schöpferischen Ringen um die Vormacht konzipiert werden. Liebe wird beschrieben als die Tendenz, sich verströmen und verschenken zu wollen, als Tendenz zur Expansion und Grenzüberschreitung. Selbsttranszendenz als Überwindung der engen Grenzen des Ichs wäre die Folge einer Liebe, die keine egoistischen Bedenken kennt und deshalb keine Bedingungen stellt. Macht hingegen will festhalten, um zu besitzen und zu kontrollieren. Macht tendiert zur »Zusammenziehung«, dazu, sich eng, klein, fest und hart zu machen. Macht will das Leben und das Lebendige in den Griff bekommen, Einfluß darauf nehmen, es »machen«, statt es geschehen zu lassen. Lebendige Prozesse werden zu einer Sache reduziert, verdinglicht. Unsere Sprache verdinglicht, denn das unmittelbare Erleben wird auf Worte reduziert und in Begriffen verdichtet.

Sprache hat mit Macht zu tun. Mit der Unterscheidung der zwei Kräfte Macht und Liebe geht (meist) eine Bewertung einher, die die Liebe über die Macht stellt. Die Liebe überwindet die Macht, so wie der (christliche) Gott durch seine Liebe seine eigene Strenge und Gerechtigkeit überwindet. Gnade geht vor Recht. Die Liebe erweist sich auch in den Märchen als stärker als die herrschenden Verhältnisse, die Liebe siegt als die stärkste Macht – eine Macht, die sich selbst überwindet, weil sie keine egoistischen Bedingungen stellt. Macht und Liebe sind in einem steten Wechselspiel befangen. Ein Leben in reiner Liebe ist schwer nachzuvollziehen. Vielleicht finden wir solche Lebensläufe, die ausschließlich von der sich verströmenden Liebe bestimmt sind, im Zusammenhang mit Mystikern, Erleuchteten, Ekstatikern, Heiligen. Im Kontext des »normalen« modernen Lebens finden wir Beschreibungen der All-Liebe in den Berichten von manischen Psychotikern. Von Experten wird dies als Mangel oder Verlust beklagt – es fehlt die Ich-Struktur, die ein gewisses Maß an Beherrschung gewährleistet.

Ich-Stärke geht mit Kontrolle einher. Die Entwicklung des Ichs geschieht über eine allmählich sich im Bewußtsein festigende Beziehungsfähigkeit, die zu den Objekten der Liebe, aber auch in Abgrenzung zu ihnen ein Verhältnis aufbaut, das ständig neu »ausgehandelt« werden kann. *Negotiation* (Verhandlung) und *negotiated understandings* (Einsichten und Vorstellungen, die ausgehandelt wurden, statt von vornherein als absolutes Maß und Muß festgesetzt zu werden) sind die Bauelemente sozialer Konstruktionen – je bewußter alle Bauherren und Bewohner der Gebäude sich der Baubedingungen sind, desto weniger Kontrolle von oben ist nötig. Kontrolle wird ersetzt durch Kommunikation. Das Verhandeln ist eine kommunikative Tätigkeit und Fähigkeit, die Voraussetzung aller Verhältnisse ist, in denen Gleichberechtigung und Gerechtigkeit herrschen sollen. Es ist jedoch leicht einzusehen, daß diese Kommunikation eben nicht ekstatisch ist und auch nicht sein kann, wenn sie ihr Ziel erreichen will.

Wenn wir Liebe und Macht als zwei Kräfte gegeneinander ausspielen wollen, entsteht eine Polarisierung, wobei die Liebe sich oft in einer weiblichen Gestalt verkörpert, und die Macht in männlicher Gestalt erscheint. Wenn Faust am Ende seiner Irrfahrten erkennt »Das Ewig Weibliche zieht uns hinan«, erkennt er in der hingebungsvollen Liebe jenes Prinzip, das letztendlich dem gequälten Bewußtsein Erlösung bringt. Eine weitere Zuordnung – mit fatalen Auswirkungen – gesteht dem Mann mit seinem faustischen, ewig suchenden Geist jenen Willen zur Macht zu, der »über Leichen geht«, während die Frau die Gegenrolle der Erlöserin, der Fürsprecherin bei Gott, der Madonna übernehmen muß, wenn die Dinge wieder ins Gleichgewicht kommen sollen. Der Mann macht die Gesetze, die Frau gleicht den Schaden aus. Der Mann ist vernünftig: Er hat die Vernunft und den Verstand zu seinem privaten Territorium, seinem Spielplatz erklärt. Die Frau als gute Mutter erwartet ihn nach einem harten Arbeitstag voll der Mühen, die eben solche »männlichen« Spiele mit sich bringen. Die Frau als böse Mutter hingegen geht ihrer eigenen Wege und spielt ein ekstatisches Spiel, das mit der Kraft eines überwältigenden Unbewußten das Ich zu vernichten droht. Das Unbewußte und alle Formen des Kontaktes mit dem Unbewußten, seien es Trance, Ekstase, mystische Versen-

111

kung, visionäre Entrückung, meditative Einkehr, sind deshalb zunächst bedrohlich, und dies um so mehr für Männer, insofern sie sich auf die Seite der Vernunft und der vernünftigen Beherrschung des Lebendigen stellen.

Von dieser Perspektive aus gesehen erweist sich alles, was nicht in die vernünftige Ordnung der Welt eingeordnet werden kann, als Unordnung, als Chaos. Das Ich fürchtet das Chaos, weil es seine eigene Auflösung befürchtet. Ein Ich, das sich den »Nachtfahrten der Seele«, dem Schöpferischen des Chaos, dem Hexenkessel der Transformation, dem Kontakt mit dem Unbewußten aussetzt, ist heldenhaft. Das heldenhafte Ich schafft es, Bewußtsein und Unbewußtes, Ordnung und noch ungeordnetes, lebendiges, schöpferisches Potential zu vereinen. Für Frauen, deren Ich und damit die männliche Seite oft überproportional gut ausgebildet ist, während die chaotische, schöpferische, unbewußte Seite isoliert und ausgegrenzt keinen fruchtbaren Einfluß auf die Lebensgestaltung hat, stellt sich die Aufgabe, heldenhaft ihr Potential wieder an sich zu binden und Ekstase »zu lernen«. Ekstase lernen heißt: ekstatische Empfindungen, Erlebnisse, Daseinszustände zuzulassen, ohne das Ich völlig seiner integrierenden Funktion zu entheben.

Übung: Ekstase ist erlernbar

- Wählen Sie einen Ort aus, der für Sie den inneren Ort markieren soll, an dem Sie Erfahrungen mit der (eigenen) Liebe zum Leben machen wollen, gleich ob Sie das Leben »in Wirklichkeit« lieben oder nicht. Gehen Sie in Ihrer Vorstellung in ein Gefühl hinein, das dem nahekommt, was als »Liebe zum Leben« bezeichnet wird. Nehmen Sie diese Aufgabe als Experiment, und lassen Sie sich von Ihrem Unbewußten darin überraschen, was es Ihnen an inneren Bildern, Emotionen, Phantasien, vielleicht ganzen Filmen oder Musikpassagen anzubieten hat. Lassen Sie Ihr Ich beobachten, während Ihr Unbewußtes zum Sprechen kommt.
- Beobachten Sie: Wie erleben Sie »Liebe«? Wie erleben Sie »Leben«? Wechseln Sie die Betonung in der Wortsequenz »Liebe zum Leben«: Mal ist es die *Liebe* zum Leben, mal die

Liebe zum *Leben*. Wechseln Sie die Betonungen so oft, daß Sie nicht mehr unterscheiden können und zu einem Zustand der Konfusion kommen, indem Liebe und Leben das gleiche sind. Sie haben also eine Gleichung: »Liebe = Leben«. Wie sehen Sie das Leben, Ihr Leben, unter diesem Aspekt?

• Welche Konsequenzen ergeben sich für Sie aus dieser Erfahrung?

Beenden Sie das Experiment, indem Sie sich Notizen machen und es »überschlafen«. Lassen Sie mindestens eine Nacht vergehen, bevor Sie sich an das nächste Experiment wagen. Vielleicht hat es Sie gewundert, wie sehr Sie Liebe empfinden können, wenn Sie wollen, und Sie haben sich gefragt, ob diese Erfahrung in Ihre Persönlichkeit integriert werden kann, ohne sie so sehr zu verändern, daß Sie danach nicht mehr Sie selbst wären. Möglicherweise identifizieren Sie sich mit einer Persönlichkeit, die von Mißtrauen, Bitterkeit Ressentiments, Rachegefühlen, Neid oder Eifersucht geprägt ist und denkt, Sie hätten ein Recht darauf, weil sich diese Gefühle aus Ihrer Vergangenheit her erklären. Es sind begründete Gefühle. Plötzlich werden sie durch ein gänzlich anderes Gefühl in Frage gestellt. Das Gefühl »Liebe zum Leben« hat keine Begründung und braucht sie auch nicht. Eventuell sind Sie nur zu vorsichtig, um sich mit Haut und Haar einem »grundlosen« Gefühl zu verschreiben. Nun haben Sie allerdings innerhalb des Experiments die Erfahrung gemacht, wie sehr dieses Gefühl Sie einerseits verwirren, aber andererseits auch aufbauen und beglücken kann. Vielleicht haben Sie Einwände dagegen, so bedingungslos zu lieben, und zählen gern die Bedingungen auf, von denen Ihre Liebe zum Leben abhängt. In den folgenden Übungen geht es darum, die Widerstände und Einwände gegen die Liebe zum Leben zu beachten und ihnen einen Ort zu geben.

Aufgabe:

• Gehen Sie an einen Ort, an dem Sie bereit sind, Liebe zum Leben zu erleben und sich ganz davon ausfüllen zu lassen.

• Bevor Sie an diesen Ort gehen und sich mit dem Gefühl »Liebe zum Leben« (von dem Sie schon wissen, daß Sie es, wenn auch nur experimentell, erfahren haben) verbinden, richten Sie einen weiteren Ort ein, an dem alle Einwände, Widersprüche, Widerstände, Ängste, Bedenken, Zweifel und entgegengesetzte Einstellungen, so auch persönliche Meinungen, Vorurteile und Glaubenssätze ihren Platz finden.

- Gehen Sie nun an den Ort »Liebe zum Leben«, und verbinden Sie sich bewußt mit dem entsprechenden Gefühl, rufen Sie bewußt alles, was Sie in diesem Gefühl schwelgen läßt, hervor. Inszenieren Sie die Liebe zum Leben, indem Sie sich passende Bilder, Eindrücke, Farben, Klänge, Gerüche und Geschmäcker, vorstellen, indem Sie Bewegungen, Gebärden und Gesten machen, Haltungen einnehmen, die Ihnen helfen, sich dieses Gefühl so sehr zu vergegenwärtigen, daß es mit einem Mal zur Gegenwart wird.
- Lassen Sie alles, was an Störungen auftaucht, abfließen, dorthin fließen, wo Platz dafür ist. Notieren Sie Ihre Widerstände, Ihre Vorurteile, setzen Sie Ihre Zweifel aus sich heraus, bannen Sie sie auf einen Zettel, und legen Sie sie an den Ort, der dafür eingerichtet wurde. »Reinigen« Sie auf diese Weise den inneren Ort, an dem Sie Liebe zum Leben empfinden können. Sie müssen nichts verdrängen. Alles hat seinen Platz.
- Treten Sie nun aus dem Ort »Liebe zum Leben« heraus bzw. von ihm weg und betrachten ihn von außen. Was ist geschehen? Betrachten Sie die beiden Orte, den Ort der Liebe und den Ort des Zweifels. Wie erleben Sie die Orte aus dem Abstand? In welchem Verhältnis befinden sich die beiden, angenommen, die Orte würden nun personifiziert in Erscheinung treten? Welche Gestalten zeigen sich Ihnen?

Experiment: Lassen sich Ekstase und Vernunft verbinden?

Richten Sie zwei Orte für sich ein:
- einen Ort der Liebe
- einen Ort der Macht

An dem Ort der Liebe haben Sie sich (experimentell) dazu entschlossen, die Liebe zum Leben als überwältigende bedingungslose Bejahung zuzulassen. Es ist, als würden Sie in einem Ja-Strom baden, ganz und gar darin aufgehen, Teil von diesem Großen Ja werden. Dieses Gefühl wird Sie möglicherweise an Zustände des Verliebtseins erinnern, aber Sie werden in Ihrer Vorstellung noch weitergehen und sich hemmungslos hineinsteigern, denn Sie wissen, daß dieser intensive Gefühlszustand auf Ihre Entscheidung zurückgeht. Sie können Ihre Entscheidung jederzeit wieder rückgängig machen und das Gefühl auf »nur eine Vorstellung, nur eine Idee« reduzieren, die keinerlei

Konsequenzen für Ihren Alltag (und Ihre Beziehungen) hat außer in dem Sinn, daß Sie fortan wissen, daß Sie zu solchen Gefühlen fähig sind, wenn Sie dies wollen. Der ekstatische Gefühlszustand, der durch das Große Ja hervorgerufen wird, ist nun ein Potential, eine Ressource. Sie wissen, wie Sie den Gefühlszustand hervorrufen können – woran Sie denken, sich erinnern, was an inneren Bildern Sie heraufbeschwören, welche Klänge und Stimmen Sie sich vorstellen, und vor allem, in welches Körpergefühl Sie sich dazu hineinsteigern müssen. Notieren Sie sich unbedingt die Strategien, die Sie entwickelt haben, um sich ekstatisch zu fühlen. Es sind Techniken, die Sie für sich herausgefunden haben, um sich ekstatische Höhepunkte zu verschaffen. Wenn dazu sexuelle Phantasien gehören, sind es sehr wirkungsvolle Mittel, aus eigener Kraft das Energieniveau zu steigern. Für viele Menschen ist dies so selbstverständlich, daß es ihnen gar nicht mehr bewußt wird. Machen Sie sich also bewußt, wie Sie Ihre Lust erhöhen können.

Selbstverständlich gibt es auch gute Gründe dafür, nicht ständig in einem solchen Zustand zu verweilen. Diese guten Gründe können allerdings als störende Zwischenfälle das ekstatische Ja unterbrechen. Wie schon in der vorhergehenden Übung lassen Sie nun all diese Gründe, die gegen eine ständige Ekstase, für einen ununterbrochenen Zustand der Grenzauflösung und des Verschmelzens, der Ausweitung und Dehnung über alle Formen und Konturen hinaus sprechen, zu Wort kommen.

Verlassen Sie den Ort der Liebe bewußt, und gehen Sie im Raum umher, bis das Nein, das einen Punkt setzt, eine Gestalt gewinnt. Halten Sie inne, lassen Sie das Nein sich verkörpern. Drücken Sie das Nein in Ihrer Körpersprache aus, finden Sie typische Gesten und Gebärden, richten Sie Ihr Atemverhalten und Ihr Körpererleben danach aus, wie sich das Nein in Ihrem Alltag zu erkennen gibt. Lassen Sie das Nein zu einer ausgewachsenen Figur heranreifen. Beobachten Sie, wie dieses Nein sich anfühlt, welche Gefühle zu den einzelnen Nein-Figuren passen – denn sicher wird es mehr als ein Nein geben.

Notieren Sie die einzelnen Nein-Figuren mit den entsprechenden Gefühlen, statten Sie sie mit Kostümen und Requisiten aus, geben Sie ihnen Namen. Setzen Sie diese Gefühle, die in Ihnen auftauchen, aus sich heraus, indem Sie sie ausdrücken. Verteilen Sie die Zettel mit den Notizen über den Boden im Raum, so daß Sie die verschiedenen »Nein-Standpunkte« markieren.

Ziehen Sie sich danach an einen neutralen Ort zurück, von dem aus Sie alles im Überblick haben, ohne sich von den Gefühlsstrudeln einsaugen zu lassen. Bleiben Sie als gelassene Beobachterin am Rande, betrachten Sie die Muster, die Verhältnisse, die Veränderungen, die sich durch dieses gelassene, aber wohlwollende und akzeptierende Beobachten ergeben mögen. Betrachten Sie gelassen die Nein-Figuren, und lassen Sie aus dem Abstand heraus die Nein-Gefühle in Ihnen noch einmal aufsteigen. Darunter können sein:

- Vorsicht (Zurückhaltung)
- Zweifel (Unsicherheit)
- Sorge (Belastung)
- Mißtrauen (Isolation)
- Angst (löst Flucht- oder Kampfreaktion aus)
- Ärger (Streß)
- Neid und Eifersucht (Frustration)
- Ressentiments (negative Erinnerungen)
- Rache (destruktive Visionen)
- ohnmächtige Wut (Beschämung, Demütigung)
- Verzweiflung (Verlust der Würde durch Niederlage)
- Entfremdung (inneres Exil)

Gefühlsnuancen sind menschlich, sie bilden den Stoff von Mythen und Märchen, Heldensagen und großen Epen. Aber um Gefühle zu haben, das heißt, um sich ihrer bewußt zu werden, braucht es ein Ich, das diese Gefühle trägt und aushält. Ein völlig unbewußter Mensch wird von seinen Gefühlen überrollt, er kann sich nicht von ihnen abgrenzen und Abstand wahren, er geht ganz in ihnen auf. Bei dem nächsten Schritt gehen Sie davon aus, daß Ihr Ich beim Betreten des Wirkungsbereiches der Macht – des Machenkönnens – gestärkt und unterstützt wird. Der Ort der Macht ist der Ort des Ichs. Der Ort der Liebe wird im Gegensatz dazu die Quelle des Selbst, das sich aus dem Unbewußten speist. Dies ist der Ort des Es.

- Am Ort des Es: allgemeiner Strom der Bejahung, der Liebe
- Am Ort des Ich: einzelne Standpunkte mit Macht vertreten

Gehen Sie nun mit einem der Nein-Zettel, dessen Problematik Sie bearbeiten möchten, in den Wirkungsbereich der Macht. Sie haben die Macht, etwas zu verändern. Spüren Sie in sich hinein, fragen Sie sich: Was brauche ich, was braucht es, um das Problem zu lösen? Stellen Sie sich vor, Sie hätten jetzt alle

Macht der Welt und es läge an Ihnen, eine Veränderung herbeizuführen. Über welche Kräfte und über welches Wissen (über welche Ressourcen) möchten Sie verfügen, um auf diese Aufgabe angemessen reagieren zu können? Was brauchen Sie, um die Verantwortung hier voll und ganz übernehmen zu können? Vergegenwärtigen Sie sich die Willenskraft, Entschlossenheit, die Macht, etwas bewirken und ausrichten zu können, die Kraft, etwas bewerkstelligen zu können, diese Kraft, dieses Gefühl eines starken Ichs, das weiß, was es will, das seine Ziele unbeirrbar verfolgt. Wie schätzen Sie die Chancen ein, die Probleme zu lösen? Ist alles machbar? Wenn ja, notieren Sie sich, was Sie an Ich-Kräften, an Informationen brauchen, und beenden Sie das Experiment, das Ihnen gezeigt hat, wo Sie mit Willen und Selbstbeherrschung weiterkommen. Sie können sich Strategien zum Erreichen Ihrer Ziele entwerfen und diese dann Schritt für Schritt befolgen.

Doch meist reicht der Ich-Wille nicht aus. Es braucht darüber hinaus den inspirierenden Kontakt mit der eigenen Kraftquelle, dem eigenen Ursprung, dem Selbst. Gehen Sie nun also mit dem Nein-Zettel, den Sie gerade bearbeiten, in das »Kraftfeld Liebe«. Vielleicht erleben Sie schon beim Betreten dieses magischen Kreises, wie sich etwas in Ihnen löst und von selbst regelt, wie etwas »in Ordnung kommt«, indem Sie einen Ort aufsuchen, an dem die Liebe bedingungslos alles als »in Ordnung seiend« annimmt. Möglicherweise machen Sie eine tiefe Erfahrung der Selbstversöhnung. Beenden Sie an diesem Punkt das Experiment, das Ihnen gezeigt hat, wie sehr Sie die Macht der Liebe brauchen, um Ordnung in Ihr Leben zu bringen.

Doch auch hier endet die Arbeit, die zu einem befriedigenden Abschluß kommen soll, für die meisten von uns noch nicht. Etwas sagt uns: Es geht noch weiter. Es ist weder die Liebe noch die Macht, die den gewünschten Frieden bringen. Die Lösung scheint in der Mitte, im Dazwischen zu liegen. Wieder einmal ist es so, daß erst die Integration von Männlich und Weiblich, von Ich und Es, von Liebe und Macht, die Versöhnung der beiden Extreme ein Drittes ergeben. Das Dritte ist das Neue, das in die Welt kommt.

Übung: Wie das Neue in die Welt kommt

Nehmen Sie sich ein Thema, ein Problem, eine Aufgabe vor, bei dem oder der Sie bislang auf keine neuen Ideen gekommen sind, soviel Sie auch darüber nachdachten und nach einem Ergebnis suchten. Versuchen Sie jetzt, auf einem anderen, vielleicht für Sie ungewohnten Wege zu einer Lösung zu kommen. Gehen Sie das Problem kreativ und experimentell an: Stellen Sie sich das »Problem« als etwas vor, das noch in einem unvollständigen oder unreifen Zustand ist. Etwas fehlt. Etwas muß noch nachwachsen, nachreifen, sich vervollständigen. Es kann eine Information sein, die fehlt, die Kraft, das zu tun, was getan werden muß, ein Gefühl, das als wichtige Reaktion etwas hervorruft, was innerhalb einer Entwicklung eine große Bedeutung einnimmt, etwas, das fördert, nährt, behütet, schützt, fördert, liebevolle Zuwendung sichert, Halt gibt. Gehen wir davon aus, daß es etwas ist, das sich nachholen läßt – nur wie? Darin besteht das Experiment.

Tragen Sie den Zettel, auf dem Sie das problematische Thema notiert haben, abwechselnd an den Ort der Liebe und den Ort der Macht. Lassen Sie auf magische Weise, ohne daß Sie genau wissen und wissen müssen, wie dies möglich sein soll, das Problem sich mit den fehlenden Ressourcen auffüllen. Lassen Sie dem schöpferischen und heilenden Prozeß seinen Lauf. Bewegen Sie sich jedoch mit dem Zettel von Ort zu Ort, und finden Sie eine Metapher, ein Sinnbild der Integration. So können Sie sich etwa vorstellen, Sie »tränken und baden« das Problem in einem Wechselbad verschiedener Kraftfelder, die sich als zwei Extreme gegenüberliegen, sich jedoch auch überlappen und Überlagerungen bilden. In diesem Raum der Überlagerungen geschieht, was niemand erwartet hatte oder berechnen konnte: Etwas entsteht, was als Drittes seine eigene Gestalt hat. Erkennen Sie diese Gestalt, die sich Ihnen zeigen will.

Synergie und Charisma

Synergie ist ein Begriff, der immer häufiger dazu benutzt wird, um optimale Bedingungen des Zusammenarbeitens zu beschreiben. Die Energien aller Beteiligten wirken zusammen, statt sich gegenseitig auszuspielen, auszuschließen und aufzuheben. Synergie, ein Fremdwort, das sich aus dem griechischen Präfix *syn-* und Energie (als wirkende Kraft übersetzt) ableitet, bezeichnet zunächst die Energie, die für den Zusammenhalt und die gemeinsame Erfüllung von Aufgaben zur Verfügung steht. Von einem Synergieeffekt wird bei der positiven Wirkung gesprochen, die sich aus dem Zusammenschluß oder der Zusammenarbeit zweier Unternehmen ergibt. Synergismus ist das Zusammenwirken von Substanzen oder Faktoren, die sich gegenseitig fördern – ein Phänomen, das schon aus der Biologie bekannt ist. So sind etwa Synergiden die zwei Zellen der pflanzlichen Samenanlage, und Synergisten sind Muskelgruppen, die zusammenarbeiten (im Gegensatz zu Antagonisten).

Entgegen der landläufigen Meinung besteht das Prinzip der Evolution nicht im Sieg der Stärkeren, sondern in dem Überleben derjenigen, die sich besser angepaßt haben: »Fit« heißt nämlich nicht nur stark, sondern auch passend. Demnach geht es nicht um Konkurrenz, sondern um Synergie, denn gerade die Fähigkeit zusammenzuarbeiten hat sich in der Entwicklung des Lebens immer wieder bewährt. Elisabet Satouris etwa zieht eine Parallele zwischen der Evolution der Zellen und der Entwicklung der menschlichen Gesellschaft, wobei heutige Formen gesellschaftlicher Organisation ebenjene Synergie vermissen lassen, die die Gesundheit und Tragfähigkeit sozialer Beziehungen gewährleistet. Satouris meint, daß unser Überleben als Spezies davon abhängt, wie wir der Forderung zur Umwandlung der von Konkurrenzdenken und Ausbeutung geprägten Strategien zu einer kooperativen Synergie nachkommen können.

Diese These, die von der Gaia-Theorie (»die Erde ist ein lebendiger Organismus, der sich selbst stabilisiert, reguliert, und weiterentwickelt«) ausgeht, ist nicht nur für die globale Umweltschutzbewegung von größter Bedeutung. Sie ist auch ein wichtiger Hinweis für alle, die über den Wirkungskreis persönlicher Ausstrahlung hinausgehen und eine Botschaft im transpersonalen, globalen Sinn an ihre Zeitgenossen richten möchten. Charisma kann sehr eng gesehen werden – als persönlicher Charme, der beim Flirten zugute kommt. Für mich ist Charisma jedoch jene Fähigkeit, Menschen auf einer existentiellen Ebene anzusprechen, und dies, ohne sich aufzudrängen, ohne zu belehren, ohne zu bemuttern und zu bevormunden, sondern lediglich durch eine natürliche Kraft der eigenen Präsenz. Zu dieser Präsenz gehört nicht nur die Botschaft, die ausgesendet wird, sondern die Botschaft, die empfangen, beachtet, geschätzt und integriert wird. Der charismatische Prediger, der mit militanten Metaphern seine Gemeinde dazu aufhetzt, die Botschaft Gottes in der Welt durchzusetzen, ist das Auslauf-Modell eines Verhaltens, das dringend einer Revision bedarf. Die weiblich-weise Variante ist jene Fähigkeit, nicht nur Botschaften auszusenden und zu empfangen, sondern das Gebot der Synergie und Kooperation zu beherzigen. »Die Öffnung des Herzens«, von der so viele Menschen als dem intensivsten Erlebnis berichten und das oft mit traumatischen Erfahrungen, vor allem mit Nahtod-Erlebnissen zusammenhängt, ist das Erleben einer unglaublichen Öffnung für alles und alle, ohne Unterschied, Bewertung, Berechnung, ohne Hintergedanken der eigenen Nützlichkeit oder Vorliebe. Der Liebesstrom ist bedingungslos und zieht keine Vergleiche. Sicher – ein solcher Bewußtseinszustand läßt sich für den normalen Sterblichen nicht lange aufrechterhalten, und es ist auch nicht »gesund«, zu lange im Zustand der Öffnung zu bleiben. Aber ich frage mich, ob dieses Liebesbewußtsein, das aus der Erfahrung erwächst, nicht jene Fähigkeit ist, die zu lernen, zu fördern und zu entwickeln wir aufgerufen sind. Bei aller Anerkennung der Notwendigkeit, Kontrolle zu erlangen und aus der kindlichen Ohnmacht in die Verantwortung für die eigene Macht hineinzuwachsen, sehe ich darin doch etwas Vorläufiges, das sich eines Tages überholt haben wird.

Charisma ist ein Phänomen der sozialen Interaktion. Charisma ergibt sich aus der gegenseitigen Verstärkung zwischen Menschen. Manche Menschen scheinen mehr dazu befähigt, den Anfang zu machen und Charisma hervorzurufen. Aber wenn die Botschaft nicht ankommt, ist der Zauber wirkungslos. Und wenn der Zauber nicht verzaubert, liegt dies vielleicht auch daran, daß die Botschaften der Empfänger nicht beachtet wurden. Charisma als Zauber, der durch die

Ausstrahlung eines Menschen entsteht, ist ein Phänomen der Kommunikation. Und Kommunikation ist niemals eine Einbahnstraße. Die Botschaft, die eine Botschaft wirklich zur Botschaft werden läßt (so wie der Unterschied, der einen Unterschied ausmacht), bezieht immer beide Pole ein. Der Zauberer ist der Verzauberte, der sich auf den Zauber, der von seinen Zuschauern ausgeht, einläßt, um sie besser verzaubern zu können. Charismatische Führer und Verführer (wie Hitler oft gesehen wird) sind gefangen in dem Zauber, der von einer Gesellschaft, einer Epoche, einem »Geist«, sei es der Zeit oder der herrschenden Gedanken, ausgeht. Sie sind nicht Mitwirkende, Ausführende, die die Hauptrollen in einem Zauberstück spielen, das die Gesellschaftstrance ihrer Epoche geschrieben hat. Gerade wir Frauen sind dazu aufgerufen, ein besseres Stück zu schreiben als jenes, das die Vernichtung des Lebendigen zum Thema hat. Vernichtung als Preis für die persönliche oder kollektive Verewigung einer »Rasse« oder »Klasse« ist ein zu hoher Preis für die Ewigkeit.

Übung: Zugang zum eigenen Charisma durch Trance

In der folgenden Trance-Reise möchte ich Sie nicht dazu verleiten, sich paradiesische Zustände vorzugaukeln, wenn Sie Ihr Leben als eine Hölle erleben, oder in kosmischer Harmonie zu verweilen, wenn Ihr tatsächlicher Zustand von Konflikten und Widersprüchen geprägt ist. Auch sollten Sie nichts an Ihrem Selbstverständnis und an Ihren Glaubenssätzen ändern. In dieser Trance-Reise geht es tatsächlich um eine Reise. Eine Reise ist eine Fortbewegung, fort von dem Ort, wo Sie gerade sind, hin zu einem Ort, der vielleicht neu für Sie ist. Der »Als-ob-Rahmen« wird Ihnen helfen, die Reise als Experiment aufzufassen. Sie tun einfach »so als ob« und warten ab, was sich daraus ergibt. Sagen Sie sich folgenden Text vor und lassen Sie ihn auf sich wirken:

Stellen Sie sich vor: Die Welt ist Klang, ist Schwingung. Auch Ihr Körper ist Klang, ist Schwingung. Resonanz kann sich ergeben. Überall, jederzeit, auch jetzt. Es gilt, Klangräume, Resonanzräume sich durchdringen zu lassen, eigene Schwingungen aufzubauen und auszusenden. Auch Ihr Körper ist ein Klangkörper, ein Resonanzkörper, ein Raum, in dem es möglich ist, Schwingungen zuzulassen. Etwas in Ihnen will zum Klingen kommen, will strahlen, ausstrahlen, über die Grenzen des Körpers hinaus, schwellen... der Klangkörper wird zum Schwellkörper, der Schwellkörper wiederum zum Klangkörper, und der Klang steigert sich, eine Stimmung baut sich um Sie herum auf, so daß sie Sie umgibt wie ein Mantel, ein Kleid. Stellen Sie sich vor: wie Sie den Klang des inneren Feuers entzünden und in die Welt hinein tönen... Stellen Sie sich vor: wie die Welt in Ihnen widerhallt als Resonanz Ihres eigenen Brennens... Stellen Sie sich vor: die Schwelle zwischen Ihnen und der Welt... Stellen Sie sich vor: den Entschluß, den Sie jetzt fassen... Stellen Sie sich vor: wie Sie über die Schwelle gehen, jetzt, ganz von selbst, als wäre es das Natürlichste von der Welt – was es auch ist. Es gehört zu Ihren Möglichkeiten.

Stellen Sie sich vor: wie der oder die andere, mit dem oder der Sie zu tun haben, den Klang des inneren Feuers entzündet und in die Welt hinein tönt... Wie Leidenschaft sie oder ihn packt.

Stellen Sie sich vor: wie die Welt und auch Sie, die Begegnung mit Ihnen in ihm oder ihr widerhallt als Resonanz seines oder ihres leidenschaftlichen Brennens... Stellen Sie sich vor: die Schwelle zwischen dieser Person und der Welt, zu der auch Sie und Ihre Begegnung mit ihr gehören... Stellen Sie sich vor: den Entschluß, den diese Person jetzt faßt... wie sie über die Schwelle geht, jetzt, ganz von selbst, als wäre es das Natürlichste in der Welt, was es auch ist. Es gehört zu ihren Möglichkeiten, und es ist jederzeit möglich, daß sie sie nutzt und Leidenschaft eintritt, daß Präsenz leidenschaftlich wird.

Übung: Bilder und Vorstellungen für die Charisma-Trance

- Die gesamte Schöpfung besteht aus Schwingung.
- Ohne daß dies kausal-linear gedacht wird, beziehen sich alle Schwingungen auf einen Ur-Ton, von dem die Schwin-

gungen ausgehen. Dies ist jener Ton, der die Grund-Tonalität angibt. Dieser Ton ist nicht die (kausale, geschichtliche) Ursache, sondern die Wirkung, und damit etwas, das andauert. Der Ton wurde nicht einmal ausgesendet, sondern ist in seiner Auswirkung ständig präsent. Sie können darauf jederzeit Bezug nehmen.

- Alles in der Schöpfung kann als Konsonant (wörtlich: Mitschwinger) gedacht werden, das an der göttlichen Frequenz teilhat, indem es sich in Schwingung versetzen läßt und mitschwingt.
- Ihre eigene Schwingungsfähigkeit erfahren Sie verschieden – einmal erleben Sie sich als eher »dicht« und nicht aufgeschlossen für Resonanz, ein anderes Mal vibriert und pulsiert alles in Ihnen, so daß Sie sich in voller Resonanz erfahren. Beobachten Sie, welche Zustände Sie »dicht« werden lassen und welche Sie öffnen, berührbar machen, bewegen, Sie schwingen lassen.
- Wenn Sie den größtmöglichen Schwingungszustand in sich entdeckt haben, sei es durch Erfahrung, Erinnerung oder in der reinen Vorstellung, vergegenwärtigen Sie sich diesen Zustand JETZT.
- Halten Sie diesen Zustand in Ihrem Bewußtsein und schaffen Sie als Basis eine Resonanz-Situation. Stellen Sie sich vor, Sie wollen nun das Orakel befragen und befinden sich in einer Orakelsituation, in der Sie eine Frage stellen können. Es ist ein Abwägen: Sie vergegenwärtigen sich den Resonanz-Zustand, gleichzeitig beschwören Sie in Ihrem Bewußtsein eine Problemsituation herauf, konfrontieren sich also mit einer für Sie fraglichen, unklaren, zweifelhaften, besorgniserregenden, vielleicht ängstigenden oder Wut erregenden Situation. Wägen Sie nun diese zwei Situationen, die auch als zwei verschiedene Frequenzen oder innere Zustände erlebt werden können, in sich ab. Lassen Sie sie gegenseitig aufeinander reagieren. Etwas von der Resonanz-Fähigkeit des Resonanz-Zustandes wird überfließen in den Problemzustand. Dadurch wird das Problem transparenter, aber auch griffiger, klarer in der Form, in seinen Grenzen. Gleichzeitig gewinnt der grenzenlos sich verströmende Resonanz-Zustand durch die Herausforderung, die gestellte Aufgabe zu meistern, an Kontur. Die Aufgabe ist konkret, sie konkretisiert sich zunehmend, je mehr die beiden Zustände aufeinander einwirken. Gleichzeitig wird der Kontext, in dem das Problem an-

gesiedelt ist, sehr weit. Die Aufgabe, das Problem, die Herausforderung wird zum Text; der Lebenskontext wird zum Raum, innerhalb dessen sich Verwirklichung ereignen kann. Ohne diesen Raum wäre keine Manifestation möglich.

• Beziehen Sie sich nun mit Ihrem Problem auf sich selbst: einmal als eine Person, die den größtmöglichen Resonanz-Zustand in sich erzeugen kann, und ein anderes Mal als eine Person, die ein Problem hat. Während Sie einen tiefen Ton als Ur-Ton summen (oder denken zu summen) und sich davon durchdringen lassen, denken Sie an das Problem. Zunächst wird es Ihnen schwerfallen, die beiden Frequenzen – denn auch das Problemdenken hat eine eigene Schwingung – aufeinander abzustimmen. Doch dann wird sich eine dritte Stimme ergeben, dies wird die Stimme des Orakels sein. Diese Stimme berät Sie nicht nur, sie berührt und bewegt Sie, sie versetzt Sie in einen Schwingungszustand, der Sie zum Handeln führt. Motivation ist Mobilisation und umgekehrt. Es reicht nicht, nur an das Motiv zu denken, ebenso wie es nicht reicht, nur durch Emotionen mobilisiert zu sein. Das Leitbild verbindet beides. Der Selbstbezug ist eine Stimme und die Stimmung, die es bewirkt.

• Stellen Sie sich vor: Sie sind ein schwingendes System. Sie sind in Resonanz oder Interferenz mit anderen schwingenden Systemen. Alle Systeme sind durch Schwingung vereint und miteinander in Verbindung gebracht. Der Ur-Ton ist jener Bezugspunkt, der als gemeinsamer Nenner jene »Pulsschläge« und Vibrationen ausstrahlt, die jedes untergeordnete System, sei es Ihr eigenes oder ein fremdes, durchdringen. Konzentrieren Sie sich auf diesen gemeinsamen Nenner – stellen Sie ihn sich als Muster und Bild vor, als Rhythmus und Harmonie oder Körpergefühl der Verbundenheit.

• Finden Sie ein Symbol für sich als schwingendes System.

• Stellen Sie sich vor: Sie als schwingendes System sind bezogen auf die Ausgangsquelle der Schwingungen, ebenso sind Sie bezogen auf andere untergeordnete schwingende Systeme. Die Beziehung, die Sie aufbauen, hat Qualitäten, die noch vor jedem ausgesprochenen Dialog und Diskurs im Körper gespürt und empfunden werden können als Resonanz-Phänomen. Je nachdem, wie die Beziehung sich gestaltet, verändert sich die Resonanz-Qualität und dementsprechend Ihr innerer Zustand – fühlen Sie sich dicht oder flüssig, trübe oder klar, dunkel oder hell, undurchlässig oder durchlässig, zerrissen und zerstückelt oder durchgängig. Was braucht die *Beziehung* (nicht Sie und nicht der andere), um in einen guten Zustand zu kommen?

- Finden Sie ein Symbol für den anderen oder das andere, mit dem Sie es zu tun haben, als schwingendes System.
- Stellen Sie sich die Beziehung zwischen den beiden Systemen als Gefälle oder als fließenden Austausch zweier gleichwertiger Pole vor. Was braucht es, um die Pole miteinander in Kontakt kommen und ein gemeinsames Gleichgewicht erreichen zu lassen, so daß die Beziehung als Schwingung beide Pole gleichermaßen durchdringt? Stellen Sie sich die Beziehung neutral als eine Energie vor, als eine Kraft, eine Qualität: Was kann diese Schwingungsqualität in Richtung gegenseitiger Resonanz verbessern?
- Finden Sie ein Symbol für die unvollkommene, problematische Beziehungsqualität zwischen den beiden schwingenden Systemen. Es kann auch eine Metapher sein im Stil von »Das ist wie...« oder eine Geschichte:»Das ist so, als wenn...« oder»Das ist genau wie damals, als...« Sie können es als Muster sehen und zeichnen, als Geräusch hören und beschreiben bzw. lautmalerisch wiedergeben. Vielleicht gibt es auch ein bestimmtes körperliches Erleben, eine Erfahrung des Riechens oder Schmeckens.
- Was braucht der Fremde (das Fremde, z.B. ein Fremdkörper in Ihrem Körper) von Ihnen, um in Schwingung zu geraten und in Resonanz zu gehen? Was schenkt Ihnen der Fremde (das Fremde), das Sie in Schwingung und in Resonanz versetzt? Finden Sie ein Symbol für das, was Sie brauchen, was der andere braucht, für das, was Sie schenken, und was der andere Ihnen schenkt.
- Finden Sie ein Symbol für die neue Beziehungs-Qualität.
- Erzählen Sie eine Geschichte darüber. Was hat sich verändert? Und woran würden Sie merken, daß diese Ihre Vorstellungen sich zu verwirklichen beginnen? Welche Auswirkungen würden Sie darauf zurückführen, daß sich etwas verändert hat? Gestalten Sie die Geschichte so sinnspezifisch wie möglich – wie hören, sehen, schmecken, riechen, erleben Sie die Beziehung jetzt?

In Resonanz mit der Intelligenz und der Kreativität des Kosmos

Das folgende Gedankenexperiment verlangt von Ihnen nicht, an eine Kreativität des Kosmos oder eine Intelligenz als treibende Kraft in der Evolution zu glauben. Und doch ist der Gedanke gar nicht so abwegig, daß sowohl Kreativität wie auch Intelligenz nötig waren, um die weite Strecke einer von Meteoriten bombardierten Erde zu einer Welt voller Lebewesen, unter ihnen die Menschen, zurückzulegen. Schließlich haben die Menschen, bei allem Schaden, den sie anrichten, auch erstaunliche Leistungen vollbracht. Damit sind nicht jene Leistungen (von Männern) gemeint, die »Geschichte machten«, sondern die alltäglichen Leistungen, die Frauen erbringen, ohne daß dies besondere Anerkennung und Veröffentlichung fände.

Der Anfang dieser Übung besteht darin, an einen (inneren ebenso wie äußeren) Ort zu gehen, wo Sie sich vergegenwärtigen, was Sie als Frau leisten. Bitte denken Sie dabei nicht an die Leistungen, die Sie nicht geschafft oder sich nur unter großen Mühen abgerungen haben, weil es gegen »Ihre Natur« (was auch immer das genau heißen mag) war. Vergegenwärtigen Sie sich vielmehr gerade jene Leistungen Ihrer Natur, die Ihnen vielleicht nicht weiter auffielen, eben weil sie Ihnen so selbstverständlich sind. Denken Sie vor allem an die Leistungen Ihres weiblichen Körpers, Ihres weiblichen Organismus, und bedenken Sie, wie viele Schritte die Evolution machen mußte, um dorthin zu gelangen, wo Sie heute sind. Vergegenwärtigen Sie sich, wie intelligent all das ist, was Sie gerade tun – atmen, sich bewegen, verdauen, denken, lesen, wie weit Sie sich als Lebewesen entwickelt haben, um diese Zeilen lesen zu können! Nun nehmen Sie sich einen Augenblick einfach wahr und spüren den typisch weiblichen Merkmalen Ihres Organismus nach, allem, was dieser Organismus leistet, damit Sie sich als Frau fühlen können. Sollten Sie dieses Gefühl für Ihre Weiblichkeit aus irgendwelchen Gründen ablehnen, nehmen Sie die Gelegenheit wahr, nun als Experiment die Leistungen Ihres weiblichen Körpers anzuerkennen und zu spüren, wie sich die Intelligenz der Evolution darin ausdrückt. Es kann durchaus sein, daß Ihr Ich sich nicht mit dem Schicksal, eine Frau geworden zu sein, identifizieren mag. Doch lassen Sie das Ich einen Augenblick lang aus dem Spiel, und wenden Sie sich an Ihr Unbewußtes, das in Kontakt mit Ihrem Organismus ist und »weiß«, wie viele Informationen benötigt wurden, um all diese Funktionen eines funktionierenden Organismus auszubilden. Stellen Sie sich ganz auf den Standpunkt des Unbewußten, betrachten Sie aus dieser Perspektive Ihr Leben. An jedem Punkt Ihres Lebens war Intelligenz nötig, um weiterzuleben. Auch das Sterben ist »intelligent«, insofern es sich in einer organisierten und deshalb nachvollziehbaren Weise abspielt. Es ist der Abbau all dessen, was auf der Ebene der organischen Materie des Körpers und des Organismus aufgebaut wurde.

Sie betrachten also Ihr Leben unter dem Aspekt eines langen Lernprozesses, der schon vor Ihrer Geburt begann und sich mit Ihrem Tod fortsetzt, wenngleich Sie dies nicht erleben werden. Denn nur JETZT, im Augenblick der Vergegenwärtigung, mitten im Leben, können Sie Ihr Leben leben und es gleichzeitig betrachten. Sie sind ein Teil der Kontinuität, an der Sie jetzt, in diesem Moment, bewußt teilhaben können. Bewußte Teilhabe prägt Ihr Selbstverständnis, Ihr Ichbewußtsein, das sich abhängig weiß von all den Informationen, die im Unbewußten und im Organismus gespeichert sind. Das in dieser Weise aufgeklärte Ich weiß, daß es teil hat an den Informationen, die die Welt der Steine, der Pflanzen, der Tiere bestimmen. Das Ich weiß um die mineralischen, vegetativen und animalischen Komponenten seiner eigenen Existenz, auch wenn es manchmal meint, daß die Essenz das ist, was sich von der Natur lösen und gesondert weiterentwickeln könnte. Betrachten Sie Ihr Leben von der Perspektive eines Selbst aus, das seine eigene Geschichte mit der Geschichte des Lebens in Verbindung bringt. Dieses Selbst ist mit einem Unbewußten in Kontakt, das über die Bereiche des Persönlichen hinausgeht. Das Unbewußte besteht aus drei Schichten:

- Das persönliche Unbewußte, das Informationen zur Entwicklung der Person gespeichert hat
- Das kollektive Unbewußte, das Informationen über die Entwicklung eines Kollektivs, über die Geschichte einer Gesellschaft und einer Kultur gespeichert hat
- Das archaische Unbewußte, das Informationen besitzt, die mit der Evolution zusammenhängen

Erleben Sie den Augenblick Ihres Lebens bewußt als Schnittstelle zwischen Ihrer persönlichen Entwicklung und der des Kosmos, zwischen der »vertikalen« und »horizontalen« Geschichte, die einerseits von dem »geistigen« und andererseits von dem »organischen« Geschehen berichtet. Zu jeder Zeit Ihres Lebens sind Sie eingebunden in Prozesse des Zusammenspiels von Körper und Geist, Natur und Kultur, von Unbewußtem und Ichbewußtsein. All Ihre Gedanken, Gefühle, Handlungen, Entscheidungen und Entschlüsse sind davon bestimmt. Wenn Sie sich dies bewußt machen, wird es Ihnen leichter fallen, in wichtigen Situationen schnell zu erkennen, was es braucht, um dieses Zusammenspiel zu fördern. Was Sie für sich erkennen, können Sie als Erkenntnis vielleicht auf andere Menschen übertragen. So üben Sie sich in Ihrer Intuition, die Sie ständig erweitern. Der Fokus Ihrer Aufmerksamkeit ist auf die Ressourcen gerichtet, die gebraucht, aktiviert und integriert werden. Dadurch fördern Sie nicht nur all jene, die Sie mit einer solchen Aufmerksamkeit bedenken und deren Wohlgefühl Sie sich zur Herzenssache machen. Sie bewirken Synergie und befinden sich in einem Wirklichkeitsfeld, das kraftvoll aufgeladen den Fluß der Lebensenergie, des Informationsaustauschs, der gegenseitigen Anregung und Verstärkung fördert – statt hindert und hemmt, wie dies in einem ängstlichen, auf sich selbst beharrenden Verhalten der Fall wäre. Zudem ist Ihre Aufmerksamkeit auf Ressourcen ausgerichtet, auf die Lösung von Problemen und Konflikten, statt auf die Probleme und Konflikte selbst. Die Dynamik der Synergie bewirkt dort Veränderung, wo etwas (wieder) in Fluß kommt, und Lösungen vollziehen sich oft auf dieser Ebene eines Prozesses, der dem Ich nicht zugänglich und auch nicht einsichtig ist.

Im Kontakt mit dem, was ist und was werden kann – Die heilige Schlange

Die heilige Schlange, in Afrika und in den afro-amerikanischen Kulten unter vielen Namen bekannt, ist uralt. Sie existierte »noch bevor Himmel und Erde entstanden«. Die heilige Schlange wird in einem Tanz beschworen, der sich die Tänzer und Tänzerinnen in tiefer Trance wie elektrisiert durch den Raum bewegen, sich winden und wenden, sich drängeln und schlängeln läßt. Es entsteht der Eindruck, der Tanz löse die Grenzen zwischen Wirklichkeit und Möglichem auf und verbinde durch seine Kraft das, was ist, mit dem, was werden kann. Plötzlich eröffnet sich ein Raum nach dem anderen und ist immer JETZT und immer wirklich, insofern alles, was wirkt, Wirklichkeit wird. Die Schlangengottheit beherrscht den gleitenden, schnellenden, stoßenden und sich darin verwandelnden Wechsel wie keine andere Gottheit. Die Schlange als jenes Tier, das sich häutet und seine alte Haut hinterläßt wie ein leeres Gehäuse, das zwar auf seine Bewohnerin hinweist, aber deren Leben und Lebendigkeit davon nicht abhängen, ist als Symbol der Selbsterneuerung und als Versprechen des ewigen Lebens in das kollektive Unbewußte eingegangen.

Die afrikanische Schlangengottheit ist nicht auf ein Geschlecht fixiert. Mal männlich, als Regenbogen am Himmel erscheinend, mal weiblich, als Spiel der Lichtreflexionen auf der Wasseroberfläche auf den Wellen tanzend, wechselt sie ihre Gestalt und verspricht dem Menschen die Kraft, sich einerseits den Umständen gemäß anpassen und andererseits sich selbst bewahren zu können. Nicht umsonst ist Oshumaré in Brasilien der Patron des Glücks. Die Lottozettel tragen seine Farben des Regenbogens. Doch liegt das Glück in der Transsexualität?

Der Mythos von Oshumaré ist zunächst nur ein Hinweis darauf, daß das Zusammenfallen der beiden gegensätzlichen Geschlechter in der Gestalt einer Gottheit erstens ein sehr archaisches Thema ist und zweitens nicht die Aufhebung oder Auslöschung der Geschlechtlichkeit bedeutet,

129

sondern die Entstehung von etwas Neuem – von etwas, das Glück bringt. Das Ichbewußtsein mag sich aufgefordert fühlen, innerhalb einer Gesellschaft jene geschlechtsspezifischen Rollen anzunehmen und auszuspielen, sie zu verweigern oder sie absolut zu setzen, als gäbe es nichts anderes zu tun; aber das Unbewußte, das jenen Informationsstamm der innerhalb der Evolution gemachten Lernerfahrungen immer neu Form werden läßt, erkennt in der zweigeschlechtlichen Gestalt die Herausforderung, auch das Leben immer wieder neu Form werden zu lassen und nimmt das Motiv der Transformation auf, um das Spiel der Formen weiterzuspielen. Die Schlange wird zum Symbol der Transformation.

Sie werden sich fragen, was dies mit Ihnen zu tun haben soll. Lassen Sie sich überraschen. Ihr Ichbewußtsein mag voller Zweifel und Vorbehalte sein, aber Ihr Unbewußtes weiß schon sehr lange, daß es viele mögliche Formen des Lebens gibt.

Sie können nun das Ichbewußtsein für eine Weile »abschalten« und sich den inneren Bildern, die entstehen, hingeben. Sie können eine überraschende Erfahrung machen, wenn Sie sich darauf einlassen, das Gefühl, eine Frau zu sein, ganz in eine Ihrer beiden Hände hineinfließen zu lassen.

Übung: Was in Ihren Händen liegt

Geben Sie die Essenz dessen, was für Sie Frausein bedeutet, die Essenz Ihrer weiblichen Natur, in die eine Hand. Warten Sie, bis die Hand alles in sich aufgenommen hat, was mit Ihrer Erinnerung daran und Ihrem Bewußtsein davon, ein Mädchen geworden zu sein und als Frau auf dieser Welt zu leben, zu tun hat. Erst wenn die eine Hand sich eindeutig weiblich anfühlt lassen Sie dieses Gefühl dort und wenden sich mit Ihrer Aufmerksamkeit dem Gedanken zu, wie es sich anfühlen würde, ein Junge geworden zu sein und als Mann auf dieser Welt zu leben. Verfolgen Sie dieses Gefühl, gehen Sie dahin, wo es entstanden ist, konzentrieren Sie sich darauf, sammeln Sie dieses Gefühl ein, überall dort, wo es sich im Körper bemerkbar macht, und lassen Sie es in die andere Hand fließen.

Nun haben Sie eine weibliche und eine männliche Hand. Es ist als wenn Ihr Körper sich polarisieren und die beiden Pole in

130

Ihren Händen sich magnetisieren würden. Die beiden Pole fühlen sich magisch zueinander hingezogen. Geben Sie dem Zug, dem Sog nach und lassen Sie die beiden Hände sich finden. Fühlen Sie, wie sich das Energiefeld zwischen den beiden Polen in den Händen kurz vor ihrer Vereinigung auflädt und die Energie anwächst, so daß der Drang zur Vereinigung unwiderstehlich wird. Nun lassen Sie die Transformation, die sich ergibt, einfach zu. Warten Sie ab, was geschieht, wenn die beiden Hände sich berühren. Lassen Sie sich überraschen, lassen Sie sich zu einem Bad in der Flut der inneren Bilder einladen, auf eine innere Reise entführen.

Die Energie wird sich in Bewegung umsetzen. Wohin wird diese Energie Sie führen?

2. Übungen zur charismatischen Erweiterung des Selbst

Das Modell des multidimensionalen Selbst beruht auf dem Konzept des Selbst, das von der systemischen Familientherapeutin Virginia Satir entwickelt wurde. In diesem Modell ist das Ich ein Teil des Selbst – im Gegensatz zu der Theorie Freuds, derzufolge sich das reife, erwachsene Ich infolge einer Bewußtseinsentwicklung aus dem Unbewußten herausbilden und sich immer mehr Territorium aneignen, es übernehmen und beherrschen sollte nach der Maxime: »Wo ich Es war, soll Ich werden.«

Es handelt sich dabei um eine Art »innerpsychischen Kolonialismus«, der das Ich als »besser« über die unentwickelten Teile der Persönlichkeit bestimmen läßt, wobei die Sabotageakte aus dem Untergrund, zu dem das herabgewürdigte Unbewußte wird, zum Stoff des Experten, der das innerpsychische Geschehen analysiert, liefert. Da die Psychoanalyse ein wichtiger Teil unserer Kultur geworden ist, hat sie unsere Vorstellung und unser Denken beeinflußt, auch wenn wir nicht direkt zu jenen Experten gehören, die zur Analyse autorisiert worden sind.

Populärwissenschaftliche Abhandlungen haben das ihrige getan, Begriffe wie »Neurosen«, »Komplexe«, »Verdrängung« und »Projektion« in den Umlauf des allgemeinen Sprachgebrauchs zu bringen. Um diese inneren Bilder aufzulösen und durch neue Bilder von einem kooperierenden, sich selbst organisierenden und »weisen« Unbewußten zu relativieren, biete ich zwei Übungen an. Beide Übungen spielen mit den deutschen Worten »ich« und »selbst«, die in zwei möglichen Kombinationen auftreten, als »ich selbst« und »selbst ich«.

Diese Wort-Kombinationen werden – wie in vielen meiner Übungen – mit minimalen Bewegungen verbunden, so daß sich nicht nur dem Bewußtsein die neue Bedeutung einprägt, sondern sie auch körperlich gelernt wird. Die Bewegung, die in das Repertoire der persönlichen Körpersprache eingehen kann, wird als Verkörperung eines komplexen Lerninhalts alle Informationen bewahren, die durch die Lernerfahrung gemacht wurden.

Der Körper als Selbst

Legen Sie die Hand, die Sie mit Ihrem Ich assoziieren (meistens ist es die rechte) an die Körperstelle, wo Sie Ihr Ich am ehesten fühlen. Wenn Sie Ihr Ich nicht gleich lokalisieren können, lassen Sie die »Ich-Hand« über den Körper tasten und probieren Sie mehrere Positionen aus. Entscheiden Sie sich für eine, die Ihnen im Augenblick geeignet scheint, um die Ich-Position körperlich zu verankern. Sagen Sie mehrmals laut »Ich«, und legen Sie die Hand dorthin, bis das Ich-Gefühl sich dort »eingenistet« und »verwurzelt« hat. (Meist liegt die Ich-Position im Brust- oder Bauchbereich.)

Nun lassen Sie Ihre andere Hand den Raum um Sie herum ertasten. Während Sie ein Gefühl für den Raum um sich herum bekommen und sich einen Begriff davon machen können, sagen Sie laut »selbst«. Die tastende, begreifende Erfahrung des Raumes um Sie herum verbindet sich mit der Erfahrung, das Wort »selbst« auszusprechen. Ihr Unbewußtes hört und fühlt: »selbst« und Raum. Mit dieser Erfahrung weitet sich etwas in Ihnen, es wird Ihnen weit ums Herz, etwas in Ihnen geht auf, atmet auf – das enge, beengte Ich hat Raum bekommen.

Nun finden Sie einen Ort für Ihre »Selbst-Hand« auf Ihrem Körper, wo Sie die Hand »landen lassen« und ihr einen Platz, einen Ort geben. Probieren Sie mehrere Positionen aus, und wählen Sie diejenige aus, die Sie im Augenblick am meisten davon überzeugt, Ihr Selbst körperlich vertreten zu können. Selbstverständlich können beide Positionen sich verändern, so oft Sie diese Übung durchführen, und Sie werden erleben, wie sich die jeweilige Erfahrung von den vorhergehenden unterscheidet.

Spüren Sie nun nach, in welchem Verhältnis die beiden Hände zueinander stehen, und sprechen Sie laut: »Ich selbst«. Dies vermittelt Ihnen ein Gefühl, nicht nur über einen Fixpunkt zu verfügen, den Sie »ich« nennen, sondern auch Raum darum herum zu haben, wobei dieses Raumgefühl sich auf eine Position konzentriert und stellvertretend für alle anderen möglichen Positionen im Selbst-Raum das Selbst repräsentiert. Zunächst werden Sie wahrscheinlich eine Stelle wählen, die Ihnen vertraut ist und die Sie ohne weiteres mit sich selbst in Verbindung bringen können – etwa den unteren Teil des Bauches. Er ist zwar ein wenig vom Ich (angenommen, dieses ist im oberen Teil des Bauches oder im Brustbereich lokalisiert) entfernt, aber nicht zu weit. Befremdlicher und ungewohnter wird die Erfahrung, wenn das Selbst in den großen Zeh oder in einen Finger »rutscht«. Nach einiger Zeit werden Sie sich sicher mit dem Gedanken anfreunden können, daß tatsächlich auch dieser Teil Ihres Körpers zu Ihrem Selbst gehört. Sie entwickeln ein Gefühl dafür, was alles zu Ihnen gehört – was ein »Teil von Ihnen ist. Sie entwickeln ein eindeutiges Gefühl für »Zugehörigkeit«, »Teilhaberschaft« und »Teilnahme«. Auf diese Weise können Teile Ihres Körpers, die Sie aus dem einen oder anderen Grund »abgespalten« haben, das heißt, die in Ihrem Bewußtsein nicht vorhanden sind, weil sie vielleicht Träger von traumatischen Erfahrungen und destabilisierenden Informationen sind, sehr behutsam und sanft wieder »eingemeinden« und zurückholen in Ihr Selbst.

Die Natur als Selbst

Der nächste Schritt besteht darin, den Raum des Selbst zu erweitern. Nachdem Ihr eigener Körper Teil Ihres Selbst geworden ist, können Sie dazu übergehen, Ihr Selbstgefühl auch auf andere lebende Systeme und auf die Natur zu übertragen. Lernen Sie eine ganz neue Art von Wahrnehmung, wie Sie sie vielleicht seit Kindertagen nicht mehr erlebt haben. Sie können davon ausgehen, daß Sie als Kind unmittelbar mit allem verbunden waren, das Sie umgab. Viele Menschen berichten von Naturerlebnissen, die in ihrer Kindheit so dicht und intensiv waren, daß sie als geradezu mystisch in Erinnerung blieben. Gehen Sie in einen Garten, einen Park oder in einen Wald, in die freie Natur, in eine Landschaft, von der Sie wissen, daß Sie sich dort wohl und geborgen, »zu Hause« fühlen. Wählen Sie unter den Elementen Wasser, Feuer, Erde und Luft diejenigen aus, die für Sie positiv besetzt sind, mit denen sie gute Erfahrungen gemacht haben. Begeben Sie sich an einen Bach oder ans Meer, wenn Sie dies lieben, oder entzünden Sie ein Feuer in Ihrem Kamin, gehen Sie bei Sturm spazieren, oder lassen Sie sich von einer sanften Brise streicheln. Suchen Sie Berge, Felsen oder Höhlen auf, lassen Sie die Umgebung, die Sie gewählt haben, auf sich wirken. Atmen Sie tief ein, und denken Sie »ich«. Lassen Sie Ihren Blick in die Ferne schweifen oder in dem Anblick, der sich Ihnen darbietet, versenken. Vielleicht wollen Sie den Kopf ein wenig zur Seite drehen, während Sie tief einatmen, um noch mehr von dem, was Sie jetzt umgibt, in sich aufnehmen zu können. Wenn Sie sich vollgesogen haben mit dem Eindruck, der sich für Sie ergibt, atmen Sie aus, drehen den Kopf wieder in seine frontale Stellung, so daß Sie geradeaus schauen, und sagen »selbst« zu sich. Auf diese Weise verbindet sich das Einatmen mit dem »Ich«, und das Ausatmen mit dem »Selbst«. Durch die Kombination von »ich« und »selbst« entsteht das Gefühl von Raum und Weite einerseits, andererseits einem Mittelpunkt in Form des wahrnehmenden, aufnehmenden Bewußtseins. Es bündelt sich im Ich, auf das Ich läuft alles hinaus, und zu ihm kommt alles zurück.

Das Ich als Subjekt im Raum des Selbst

Bleiben Sie an Ihrem Lieblingsort, und vergegenwärtigen Sie sich das Modell vom Bogenschützen, der nicht von seinem Ziel getrennt, sondern innig damit verbunden ist, weil er sich im selben Raum befindet. Der Raum schließt beide ein, das Subjekt und das Objekt. Der Raum wird zu einem Kraftfeld, innerhalb dessen zwei Zentren aufeinander einwirken. Das Subjekt nimmt Beziehung auf zu seinem Objekt, das auf die Beziehung »reagiert«. Bei einer Zielscheibe ist das schwer nachzuvollziehen, aber bei lebenden Systemen in Form von Tieren oder Pflanzen bleibt es nicht nur bei der Vorstellung, sondern kann zu einer Erfahrung unmittelbarer Wahrnehmung führen.

Wählen Sie ein »Objekt« aus, mit dem Sie in der Natur in Beziehung treten wollen. Vielleicht ist es ein besonderer Baum, der Ihnen aufgefallen ist, und dessen Kraft Sie gern als Ressource für sich selbst nutzen möchten. Stellen Sie sich nun vor, wie Sie und der Baum in einem gemeinsamen Feld der Wechselwirkungen enthalten sind. Schauen Sie den Baum an, und nehmen Sie Verbindung auf, lassen Sie die »Essenz«, das Wesen dieses Baumes in Sie einströmen, atmen Sie die Ausdruckskraft des Baumes tief ein, bis Sie eins werden mit dem Baum und Sie mit dem Baum und durch den Baum zu atmen scheinen. Wenn die Verbindung hergestellt ist, denken oder sagen Sie laut »selbst«

und atmen dabei aus. Das Gefühl für Ihr eigenes Selbst kommt zu Ihnen »zurück« wie ein Echo. Aber es ist mehr als ein Echo – die Stimme des Baumes und das, was er Ihnen sagt, schwingt dabei mit. Bei dem nächsten Einatmen schauen Sie den Baum an und sagen »ich«, beim Ausatmen sagen Sie »selbst«. Das »Ich« zentriert Sie und hält in Ihnen ein Bewußtsein für Ihr Ich aufrecht, auch wenn Sie dabei eine Verbindung eingehen mit etwas, das außerhalb des Ichs ist. In Ihrem erweiterten Selbst ist Raum dafür. In Ihrem »Ich selbst« ist der Baum enthalten, den Sie anschauen, als wäre er ein Teil Ihrer selbst. Mit dem Aussprechen des »Selbst« kehrt Ihr Bewußtsein, das weit geworden ist und eine lange Leine der erweiterten Wahrnehmung ausgeworfen hat, zu dem Mittelpunkt zurück, so daß die Wahrnehmung bei aller Weichheit und Weite doch fokussiert ist. Zentrierung und Fokussierung ermöglichen dieses intensive Erlebnis von Unmittelbarkeit, ohne das normale Ichgefühl oder das alltägliche Selbstverständnis zu gefährden. Ich und Selbst werden mit der Zeit elastisch und können immer weitere Räume »bewohnen«, mit dem Ergebnis, daß die Welt immer mehr zu einem bewohnten und vertrauten Ort wird, an dem es gut ist, sich niederzulassen, und für den es sich lohnt, Sorge zu tragen.

Der Raum des Selbst und der Rückbezug auf das Selbst

Wählen Sie einen Ort in der freien Natur. Schließen Sie die Augen, und lassen Sie die Stimmung auf sich wirken. Nehmen Sie wahr, was gerade in der Natur vor sich geht – in welcher Jahreszeit befinden Sie sich, und woran merken Sie es? Nehmen Sie diese ganz bestimmte Qualität in sich auf wie eine Essenz, und Sie wissen, daß diese Essenz mit dem Geruch der Vergänglichkeit zu tun hat. Zu allen Zeiten und in allen Phasen des Jahres wird offenbar, daß nichts so bleibt, wie es ist, und sich alles im Fluß der Zeit befindet. In der Natur können wir dies am deutlichsten verfolgen – jeder Tag bringt eine leichte Veränderung, der Wechsel der Jahreszeiten veranschaulicht, wie die Zeit vergeht.

Richten Sie jetzt den Fokus Ihrer Aufmerksamkeit auf den Geruch der Vergänglichkeit, öffnen Sie die Augen, und betrachten Sie alles, was Sie sehen, unter dem Aspekt der Vergänglichkeit. Wenn Sie etwas hören, hören Sie es als eine Melodie, ein

Muster, das auftaucht und vergeht, verlöscht – so oft es sich auch wiederholen mag, etwa als Ruf eines Vogels. Jeder Ruf ist ein anderer, und jeder ist in sich einmalig. Öffnen Sie alle Sinne, um die Einmaligkeit und Unwiderbringlichkeit des Augenblicks zu erfassen. Sagen Sie zu jedem Augenblick »jetzt«, als gäbe es so etwas wie ein festes Jetzt. Sie wissen, daß auch dies nur eine Vorstellung und ein Hilfsmittel ist, um etwas zu begreifen, was sich nicht ganz begreifen und definieren läßt. Wo beginnt das Jetzt, wo hört es auf? Vielleicht gibt es aber ein körperliches Gefühl dafür, wie die Zeit vergeht, vielleicht erleben Sie es wie einen leichten Schlag, einen kleinen Schock. Alles, was Sie auf diese Weise als vergänglich, als einmalig und unwiederbringlich erleben, nennen Sie jetzt »selbst«. Sie gehen dazu über, sich »selbst ich« zu sagen – Sie nehmen wahr, wie es überall um Sie herum zugeht, wie alles durch den gemeinsamen Nenner der Vergänglichkeit verbunden ist, und Sie wissen, daß Sie keine Ausnahme bilden, auch wenn es etwas in Ihnen gibt, das sich dagegen wehren möchte. »Selbst ich« sagen Sie zu sich selbst und schauen sich um – die Vergänglichkeit hat ihren eigenen Reiz, ihre besondere Schönheit. Entdecken Sie diese Schönheit, und verbinden Sie sich mit ihr. Dies wird Ihnen helfen, sich mit der eigenen Vergänglichkeit anzufreunden. Wenn dies geschehen ist, werden Sie sich wesentlich stärker fühlen als zuvor, als Sie es nicht wahrhaben wollten und vielleicht davor flüchten mußten, um sich gut zu fühlen. Alle Energien, die Sie aufgewandt haben, um dies nicht zu fühlen, werden nun befreit und stehen wieder zur Verfügung. So sind Sie durch diese Erfahrung gestärkt und nicht geschwächt.

Die Ausdehnung des Selbst und die Integration »negativer Wirklichkeit«

Diese Übung sollten Sie erst dann durchführen, wenn Sie sich wirklich zu Hause in dieser Welt fühlen und sich entschlossen haben, auch das, was Sie »negativ« berührt, an sich herankommen lassen zu wollen. Mit der Entscheidung, sich freiwillig mit dem »Übel« zu befassen, und, mehr noch, sich damit zu identifizieren, als wären Sie dafür im weitesten Sinn verantwortlich, leisten Sie »Schattenarbeit«. Sie erlösen damit die Schatten, die durch die Abtrennung vom Licht entstanden sind und sich als abgetrennte Teile dem Bewußtsein entziehen. In jedem Fall sollten Sie diese Übung nur bei guter Verfassung vollziehen und nicht in Situationen, in denen Sie sich durch Schuldgefühle geschwächt fühlen. Es geht nicht um Schuld oder Unschuld, sondern um eine bewußte Teilhaberschaft an dem, was ist, auch wenn es nicht so ist, wie Sie es gern hätten. Gehen Sie also an einen Ort, an den Sie sonst aus Absicht nicht gehen, weil er Ihnen unangenehm ist und Sie es bisher einrichten konnten, ihn zu umgehen (eine belebte Straßenkreuzung zur Hauptverkehrszeit, eine Baustelle, die U-Bahn, ein Kaufhaus), oder in eine Gegend, die Sie sonst vermeiden (dies kann ein bestimmtes Stadtviertel sein, eine Siedlung, ein Schuttplatz, wüstes, ödes Gelände) und wo Sie sich nicht zu Hause fühlen, wo es nicht »gemütlich« ist – gehen Sie dorthin und spüren Sie dem nach, was die »Ungemütlichkeit«, das Unbehauste und Unwohnliche dieser Umgebung ausmacht. Machen Sie sich berührbar für dieses Fremde, das Sie anweht, atmen Sie es ein und wieder aus, bis es so sehr ein Teil von Ihnen geworden ist, daß Sie sich nicht mehr als Fremdkörper und im Ausnahmezustand darin fühlen, sondern es als Teil von sich selbst, als »selbst« bezeichnen können. Sagen Sie »selbst« zu dem Fremden, das Sie sich immer mehr aneignen und jetzt auf sich beziehen, indem Sie »ich« hinzufügen, so daß Sie inmitten des Fremden nicht nur »ich selbst« sind, sondern auch »selbst ich« sagen können. Sie nehmen das wahr, was Sie unterscheidet, Sie nehmen gleichzeitig aber auch wahr, was Sie verbindet. Durch diese neuen und ungewohnten Verbindungen erhalten Sie mehr Informationen, mehr Wissen, Ihr Bewußtsein, Ihr Selbst werden erweitert.

Für das erweiterte Selbst ist jede Erfahrung eine Ressource

In dem erweiterten Selbst gibt es viele verschiedene Dimensionen, die innerhalb eines übergeordneten Systems – Ihrer Persönlichkeit – nebeneinander koexistieren können, ohne sich gegenseitig behindern oder ausschließen zu müssen. Erinnern Sie sich auch daran, wie gut es getan hat, dem Fremden in Ihnen einen Ort außerhalb Ihrer selbst zu geben und das Fremde aus sich selbst heraus abfließen zu lassen, so daß Sie sich gereinigt und wie neugeboren fühlten.

Kehren Sie die Übung nun um – es wird jetzt darum gehen, Ressourcen von außen nach innen zu nehmen, sie zu verinnerlichen und sich anzueignen, so daß Sie durch diese Übung bereichert werden.»Ressourcen« sind Schätze in Form von Informationen. In einem ressourcevollen Zustand sind Sie bestens informiert – alle Informationen, die Sie brauchen, stehen Ihnen zur Verfügung. Dies können Informationen sein, die Sie selbst aus Ihrer Wahrnehmung und Ihrer Erfahrung »destilliert« haben, es können Informationen sein, die Sie von anderen Informationsträgern (Menschen, mit denen Sie sich unterhalten und ausgetauscht, Bücher, die Sie gelesen, Bilder und Modelle, die Sie studiert, Sätze, die Sie gehört haben) übernommen haben, oder Ideen, die Sie in Ihrer Vorstellung selbst entwickelt und weiter verarbeitet haben. Alle Informationen beruhen auf Lernerfahrungen, in welcher Form auch immer Sie sie aufgenommen und integriert haben. Dabei ist es weniger wichtiger, ob die Informationen aus Ihrer eigenen Erfahrung stammen und als Erinnerungen gespeichert wurden, oder ob Sie sich »fremde« Erfahrungen so angeeignet haben, daß sie als Vorstellungen, Ideen und Modelle für Sie präsent sind. Das Gehirn kann nicht zwischen der Art der Repräsentation unterscheiden – es kommt einzig und allein darauf an, wie die Lerninhalte »besetzt« sind, das heißt, welche Bedeutung und Wertigkeit sie in Ihrem Bewußtsein (oder als unbewußte Inhalte) in Ihrem Unbewußten haben.

Die Übung wird die verschiedenen »Orte«, mit denen die jeweiligen Inhalte assoziiert sind, anpeilen und die Informationen, die möglicherweise bislang isoliert und ungenutzt »brachlagen«, in Umlauf bringen, so daß sie weiter verarbeitet und als Wissen genutzt werden können. Sie lernen dabei eine neue Art des Denkens, die das logische Denken ergänzt. Es handelt sich um eine Form der »Erörterung«, in der Sie verschiedene »Orte« in Ihrer Vorstellung aufsuchen und sich dort informieren lassen, also die dort gebundenen Informationen »abholen«.

Beginnen Sie mit der Übung, indem Sie mehrere »Ressourcen-Orte« in einem Raum »einrichten«, das heißt durch Stühle, Kissen oder Zettel »markieren«. Geben Sie jedem Ort einen Namen, und vermerken Sie an ihm, zu welcher Erfahrung die Ressource, die Sie dort finden werden, gehört. Manchmal sind Ressourcen an ressourcevolle Momente (im Urlaub) oder an bestimmte positiv besetzte Bezugspersonen gebunden, manchmal sind es auch mehr Ideen, Visionen, Phantasien und Traumvorstellungen. Geben Sie diesen Ressourcen mythische, magische, märchenhafte Namen, finden Sie Symbole dafür. Vielleicht gibt es auch Figuren, Kunstabbildungen oder Idole, die genau den Phantasievorstellungen entsprechen und Sie in Verbindung bringen mit den gewünschten Ressourcen. Manchmal entpuppen sich aber auch Lernerfahrungen, die zunächst als negative Erfahrungen vermerkt wurden, im nachhinein als wertvolle Informationen, auf denen Sie aufbauen können, wenn Sie die alte Bedeutung neutralisieren oder durch Umdeuten transformieren. Wenn Sie Ihre »Ressourcenlandschaft« ausgelegt haben, begeben Sie sich von Ort zu Ort und holen die Ressourcen mit einem tiefen Atemzug in Ihr Bewußtsein. Führen Sie die Übung mehrmals durch, und nehmen Sie sich jedesmal ein neues »Ressourcen-Gebiet« (einen Lebensbereich oder Bereich Ihrer Lebensgeschichte) vor. Richten Sie Ihre Aufmerksamkeit immer wieder auf den Zweck dieser Übung, und verlieren Sie die Übersicht nicht, auch wenn einzelne Erfahrungen, Vorstellungen oder Wunschträume Sie abzulenken versuchen.

Kräfte und Ängste ausbalancieren

In dieser Übung geht es darum, negative und positive Erfahrungen in das erweiterte Selbst zu integrieren Das Ergebnis ist ein neues Gleichgewicht. Daraus erwächst Ihnen neuer Mut, der Ihnen als Gleichmut dazu verhilft, das Alltagsleben als Frau besser zu meistern. Die negativen Erfahrungen werden hier als Ängste bezeichnet, und möglicherweise gibt es Ängste, die mit Ihrer Weiblichkeit und Ihrem Frausein zu tun haben. Die positiven Erfahrungen hingegen zeichnen sich als Ressourcen dadurch aus, daß sie Mut machen und Kraft geben. Vielleicht können Sie auf Ressourcen zählen, die mit den Vorteilen und Freuden, eine Frau zu sein (und dazu zu stehen), zu tun haben.

Abstrahieren Sie nun aus den konkreten und vereinzelten Erfahrungen, die Sie gemacht haben und die Ihnen sowohl Angst als auch Mut gemacht haben, die Essenz dessen, was Sie in Ihrem Leben als Ressource verwenden können. Prüfen Sie, was Ihr Herz weit oder warm werden, aufgehen und weich werden läßt. Vergegenwärtigen Sie sich den Raum, der sich dadurch eröffnet hat. Wenn die sinnliche Erfahrung die einer Erwärmung war, vergegenwärtigen Sie sich die Möglichkeiten, die sich durch die Erwärmung eröffneten. Wenn die sinnliche Erfahrung die einer Öffnung war, betrachten Sie im Geiste die Tür, durch die Sie treten und eine Grenze überwinden. Wenn Sie auf eine dieser Arten einen Raum erfahren haben, bilden Sie – zunächst abstrakt und auf der Ebene der Sprache – symbolisch den Plural von Raum, sagen Sie also »Räume«, und fragen Sie sich, ob es nur einen Raum gibt, der sich Ihnen eröffnet hat, oder ob sich verschiedene Räume unterscheiden lassen, während Sie die Schwellen überschreiten. Machen Sie sich bewußt, daß es trotz oder gerade wegen aller Weiten ein Zentrum, ein Gefühl von Zentrum gibt, daß es trotz oder gerade wegen aller Räume ein Zentrum dieser Räume, ein Gefühl gibt, sich in der Mitte von allem zu befinden. Suchen Sie in Ihrem Bewußtsein diesen Ort auf, wo Sie sich im Zentrum, in der Mitte fühlen. Denken Sie daran, daß es immer eine Mitte gibt, auch wenn die Flächen der Räume sich scheinbar endlos dehnen, und daß es immer ein Gefühl von Zentrierung gibt, auch wenn die Situation gerade Gefühle von Unzentriertheit hervorruft. Stellen Sie sich vor, daß es eine Essenz von diesen Gefühlen, Vorstellungen und Erfahrungen gibt, und vergegenwärtigen Sie sich, wie es wäre, wenn es eine solche Essenz gäbe und Sie jetzt in Kontakt kämen mit ihr. Vergegenwärtigen Sie sich, daß diese Essenz in Form eines Anzeichens, eines Zeichens, eines Signals, einer Botschaft, eines Symbols, einer Metapher existiert. Stellen Sie sich vor, daß aus dieser Essenz eine Form von Medizin wird, die schon in minimalsten Dosierungen wirksam wird. Verschreiben Sie sich diese Medizin für genau die Situationen, in denen Sie sie brauchen. Nun vergegenwärtigen Sie sich, wie Sie jetzt schon, sozusagen vorbeugend, diese Medizin in sich aufnehmen können – vergegenwärtigen Sie sich dieses Gefühl, wie Sie genau die Kraft, die Sie brauchen, körperlich aufnehmen und integrieren.

Formen Sie einen Kreis, in dem diese Kraft gegenwärtig ist – einen Kraftkreis. Sie brauchen nur hineinzusteigen, und schon sind Sie im Wirkungsfeld dieser Kraft.

Treten Sie ein. Jetzt.

Treten Sie wieder heraus. Stellen Sie sich nun der Angst, die der Kraft entgegengesetzt ist, irgendeiner Angst – einer Angst, die Sie kennen und die Sie bewältigen möchten. Wenn Sie sich zu dieser Arbeit entschlossen haben, ist sie jetzt da. Formen Sie einen Bannkreis um diese Angst, und wenn Sie bereit sind, treten Sie in ihn ein. Sie kennen die Kraft, und Sie kennen die

Angst. Sie können mit dem einen Fuß in der Kraft stehen und sich den Situationen, in denen Sie Angst haben, stellen. Sie können gleichzeitig mitten in die Angst hineingehen, sich der Angst stellen und sich die Ressource der Kraft dazu holen. Stellen Sie sich vor, wie der Ressourcen-Kreis an den Bannkreis der Angst anschließt, so daß Sie mit dem einen Fuß in der Angst stehen und mit dem anderen, freien Fuß in die Kraft eintreten, die Ihnen, wie Sie wissen, als Ressource immer zur Verfügung steht. Sie stehen mit beiden Beinen fest auf dem Boden – der eine Fuß stellt sich der Angst, der andere Fuß holt sich Kraft und Mut. Indem Sie die gegensätzlichen Mächte in sich vereinigen und integrieren, übermittelt Ihnen Ihr weiblicher Körper, Ihr weiblicher Organismus, daß Sie den Anforderungen und Herausforderungen des Lebens gewachsen sind.

Integration durch Intuition

Sicher haben Sie schon Menschen von »weiblicher Intuition« sprechen gehört, und vielleicht haben Sie sich gefragt, was den Unterschied zu einer männlichen Intuition ausmacht. Auf welche Weise Sie »weibliche Intuition« bis jetzt auch bewertet haben – nun geht es darum, diesen Begriff neu zu definieren, um ihn in einem neuen Kontext einzusetzen und ihn auf eine neue Weise zu verwenden. Weibliche Intuition wird zu einem Ihrer wichtigsten Werkzeuge und Hilfsmittel werden, ohne andere Werkzeuge und Hilfsmittel, wie das logische Denken oder die rationale Informationsbeschaffung, auszuschließen. Intuition ist wie eine Dimension, ein Raum, den Sie betreten können, wenn Sie es wollen. In diesem Raum werden Ihnen Informationen zuteil, die Ihnen bzw. Ihrem Alltagsbewußtsein entgangen wären, weil sie keine besondere Bedeutung hatten und weil Sie diesen Informationen keine Bedeutung zumaßen. In dieser Dimension jenseits des Verstandes jedoch eröffnet sich ein Wissen, das viele Einzeldaten gleichzeitig betrachten und in einem einzigen Bild zusammenfassen kann, das sich Ihnen als Eindruck, Eingebung oder Gedankenblitz vermittelt. Schalten Sie dabei Ihre Vernunft nicht aus, sondern vergegenwärtigen Sie sich, daß die rationalen Funktionen Ihres Bewußtseins die ganze Zeit, die Sie im transrationalen Raum verweilen, erhalten bleiben, so daß Sie sich während der nun folgenden leichten Trance hellwach, heiter und gelassen selbst bewußt bleiben – oder sich noch mehr Ihrer selbst bewußt werden.

Der Atem beruhigt sich, er wird tief und weit. Die Gegenwart öffnet sich vor Ihnen, das Jetzt wird zu einem Raum, außerhalb oder inmitten der Zeit. Der Jetzt-Raum.

Im Jetzt-Raum bildet sich eine Luftblase, eine Zeitblase, eine Kugel, deren Mitte Sie spüren; Sie werden von dieser Mitte angezogen und bewegen sich dorthin. Sie spüren, wenn Sie in der Mitte angelangt sind. Es ist Ihre Mitte, die Mitte der Zeit. Mittendrin und doch außerhalb des Gewöhnlichen.

Dort lassen Sie sich nieder. Sie spüren die Stimmung, eine besondere Stimmung: Zeit, um eine Seelenkonferenz einzuberufen, Zeit, die Seelenanteile einzuladen. Sie wissen, daß es viele Persönlichkeiten innerhalb Ihrer Persönlichkeit gibt. Es gibt Seelenanteile, die ausgesprochen weiblich sind, andere sind vielleicht eher neutral, androgyn, so daß sich männliche und weibliche Anteile vermischen, und das Geschlecht keine Rolle spielt. Manche Anteile, manche Stimmen in Ihnen sind jedoch typisch männlich, und auch diese Seelenanteile (Ihren Animus oder Ihre Animus-Figuren) laden Sie nun zu dieser Seelenkonferenz ein. Auch die Seelenanteile, die Ihr Tierselbst und Ihr Schattenselbst repräsentieren, werden kommen. Das Tierselbst hat mit animalischen Fähigkeiten zu tun, das Schattenselbst zeigt verdrängte, abgespaltene Erfahrungen, die in »Feindbildern« gebunden sind. Sie haben für alle Gäste »Tischkarten« vorbereitet, so daß Sie wissen, wo sie sitzen werden. Sie bedenken auch das Geschlecht der Seelenanteile, als gelte auch für Seelenanteile die Regel lebendiger Wesen, nämlich entweder männlich oder weiblich zu sein. Sie gehen auf das Geschlecht Ihrer Gäste ein, während Sie sie willkommen heißen, Sie bedenken das Geschlecht in Ihrer Anrede. Auf diese Weise stimmen Sie sich auf das kommende Ereignis ein und erhalten die Gewißheit, daß Ihre Seele die Seelenanteile schon lange bedacht und eingeladen hat – niemand ist vergessen worden. Die Botschaft ging in alle Richtungen Ihrer Seelenwelt, die Einladung ist überall bekannt. Nun fühlen Sie schon die Antwort auf die Einladung – von überall her kommen Abgesandte und folgen ihr. Sie strömen zur Mitte, finden ihren Platz und lassen sich nieder, alles hat Platz, findet seinen Platz. Alles findet sich in einer »vorgewußten«

Ordnung ein. Sie übergeben die Gastgeber-Rolle Ihrer Intuition. Ihre Intuition weiß, wie sie all den Erwartungen, Hoffnungen, Ängsten, Wünschen und Bedürfnissen der Seelenanteile gerecht werden kann. Sie weiß, wie sie Ihren Seelenanteilen vermitteln kann, daß alle dazugehören, auch wenn Sie es nicht wissen, nicht wissen wollen oder es Sie nicht kümmert. Ihre Intuition kümmert sich darum. Sie ist die beste Gastgeberin, die Sie sich vorstellen können.

Die Seelenkonferenz beginnt. Sie übergeben Ihrer Intuition die Aufgabe, die Konferenz zu ihrem bestmöglichen Ergebnis zu führen. Sie ahnen die innerste und tiefste Absicht, mit der die Seelenkonferenz einberufen wurde, aber Ihre Intuition weiß genau, worin das Ziel und die Absicht bestehen – das Ziel hinter dem Ziel, und die Absicht hinter der Absicht.

Die Seelenkonferenz dauert fort. Teilergebnisse sind erzielt worden, Absichten deklariert und wieder verworfen, neue Absichten geäußert, neue Ziele angestrebt worden. Sie als Ich warten aus der Distanz ab, wohin dies führen wird, und Sie sind sich sicher, daß es zum Besten sein wird. Sie haben Vertrauen in Ihre Intuition.

Die Seelenkonferenz kommt zu ihrem Ende. Alle Anzeichen weisen darauf hin, daß ein Ergebnis, eine Einigung erzielt wurde. Sie, das Ich, wissen noch nicht genau, worin die Lösung besteht, aber Ihr Unbewußtes ist schon informiert.

Die Gäste verlassen den Ort des Empfangs, sie verabschieden sich und versprechen, in Kontakt zu bleiben. Die Intuition versichert ihnen allen, wie wichtig es war, daß sie gekommen sind, bedankt sich bei jedem einzeln, drückt ihre Wertschätzung und ihren Respekt aus und bleibt allein in der Mitte der Zeitblase zurück.

Die Intuition übergibt wieder an das Ich.

Das Ich löst die Zeitblase auf. Das Jetzt ist nun wieder ein flüchtiger Augenblick, einer unter vielen. Die Zeit fließt weiter.

Beenden Sie die Trance, indem Sie Ihrer Intuition danken und die nicht-alltägliche Dimension der Transrationalität verlassen. Sie finden sich in Ihrem Alltag wieder ein und freuen sich auf die Ergebnisse, die die Seelenkonferenz erbringen wird.

Mit Bauch, Herz und Kopf

In dieser Übung geht es um die Aktivierung der drei »Speicher« (Ausdruck aus dem Qi Gong). Bauch, Herz und Kopf sind hier nicht als Körperteile beschrieben, sondern als Orte psychischer Funktionen. Die Zuordnungen sind »archetypisch« und im kollektiven Unbewußten verankert. In den Speichern werden Erfahrungen und Informationen verankert, das Wissen und die innewohnende Kraft kann bewußt zugänglich gemacht werden, wenn wir von der Vorannahme ausgehen, daß es so etwas wie ein Körpergedächtnis gibt und dieses nach Archetypen bzw. in archetypische Felder geordnet ist. Das Körpergedächtnis kann sowohl personale als auch transpersonale Informationen erinnern, also Dinge, die einem selbst oder anderen Menschen widerfahren sind. Das Körpergedächtnis verfügt aber auch über »archaisches« Wissen, das heißt ein Wissen, das nicht nur Menschen betrifft, sondern auch anderen Lebewesen zugänglich ist. Was weiß eine Pflanze, ein Baum, ein Stern, ein Tier? Märchen und Mythen erzählen von der Weisheit, die in der Natur gespeichert ist und die zu uns »spricht«, wenn wir uns ansprechen lassen. Viele Metaphern spiegeln diese Weisheit, diese Fähigkeiten und Möglichkeiten wider – wir können auch auf der Ebene von Metaphern diesen Reichtum nutzen.

Diese Übung kann allein, zu zweit oder in einer Gruppe durchgeführt werden. Sie kann ein Brainstorming oder eine Improvisation innerhalb eines Kreativitätstrainings einleiten, sie kann aber auch als wichtiges Instrument der Energie-Arbeit eingesetzt werden. Da die Energie-Arbeit grundlegend für jede Erweiterung und Entfaltung von Intuition ist, dient sie hier als Technik, den Energien im Körper einen Ort zu geben, so daß sie einerseits verstärkt und verankert, andererseits »erörtert« werden können.

In der Übung gehen wir von folgender Einordnung und Zuordnung aus:

* Bauch – Selbst – Kraft – Bewahrung
* Herz – Andere – Liebe – Verbindung
* Kopf – größere Ganzheit – Wissen – Einordnung

145

Setzen Sie sich bequem, aber aufrecht hin. Ihre Hände liegen auf dem unteren Bauch, Sie spüren ihre Wärme und die leichte Bewegung des Atemstroms, der jetzt dorthin fließt. Je tiefer der Atem, desto stärker das Gefühl, daß Sie selbst ruhen. Die Ruhe ist kraftvoll, jeder Selbstausdruck schöpft aus dieser Quelle der Kraft. Der Bauch ist jener Speicher, der die Erinnerung bewahrt – jede Information kann dort »abgelegt« werden. Der Bauch entspricht dem Unbewußten.

Der Bauch-Raum kann sich erweitern, wenn sich mit dem Strom des Einatmens die Bauchdecke hebt und die Hände diese Bewegung des Hebens aufgreifen, indem sie sich ein wenig von der Bauchdecke abheben. Der Einatem folgt den Händen, als suche er nach seiner gewohnten, physisch gegebenen Grenze der Körperkontur. Das eröffnet einen Raum jenseits des Körpers, er wird mit dem Atem gefüllt und »verkörpert«. Der Raum kann zu einer Dimension werden, innerhalb derer wir nun Erfahrungen machen, wenn die Hände sich hin und her, hin zu und weg von der Bauchdecke bewegen und die Arme so weit ausgreifen, daß ein gemeinsamer Raum in der Gruppe eröffnet wird. Es ist jederzeit möglich, sich zurückzuziehen und dem Bedürfnis nach Selbstbewahrung nachzukommen. Es läßt sich jedoch auch ein gegensätzliches Bedürfnis erleben – nach Selbstverwirklichung und Ausdruck der Kraft in uns.

Lassen Sie die Hände nun wieder zurückkehren in den Schoß. Von dort aus wird eine Hand zum Herzen aufsteigen und sich auf das Brustbein legen. Welche Hand fühlt sich dem Herzen näher? Wie fühlt sich die Verbindung zwischen Bauch und Herz an? Lassen Sie beide Hände sich zum Herzen erheben und wieder zum Schoß zurückkehren. Spüren Sie dem nach, was diese zwei Orte für Sie bedeuten. Welche persönlichen Erfahrungen sind dort gespeichert? Erst wenn das Persönliche bewußt ist, gehen Sie dazu über, mythische Figuren und Symbole zuzuordnen – wenn es Ihnen ein Bedürfnis ist. Verankern Sie die Bedeutung, die Sie durch die Unterscheidung erfahren haben, in den zwei Orten. Beziehen Sie sich auf diese Orte, indem Sie Ihre Hände spielen lassen. Vielleicht entsprechen bestimmte Gesten und Gebärden der Hände Ihren Verhaltensweisen und Gewohnheitsmustern. Bringen Sie sie ins Spiel.

Beide Hände ruhen wieder im Schoß. Lassen Sie nun eine Hand zum Herzen aufsteigen und in dieser Höhe schweben. Die Hand wird den Rhythmus des Lebens übernehmen, indem sie sich öffnet und schließt und öffnet und schließt in einem weichen und zugleich starken Pulsieren, in einem flüssigen und doch bestimmten Wechsel, in ständiger Veränderung und doch von Kontinuität getragen. Konzentrieren Sie sich ganz auf das rhythmische Wechselspiel, dem Sie nun eine persönliche Bedeutung zumessen können, wobei das Schwingen zwischen zwei Polen ausschlaggebend ist:

- hin und her
- auf und zu
- auf und ab

Lassen Sie die »rhythmisierte« Hand wieder in den Schoß sinken, zurück zu der anderen, die dort wartet. Lassen Sie die Erfahrungen, die Sie gemacht haben, absinken in den Bauch. Stellen Sie sich vor, die »rhythmisierte« Hand würde der anderen von den Abenteuern des Lebens erzählen – was würde sie erwähnen, aufzählen, ahnen? Worauf würde sie anspielen? Was würde sie offenlassen? Spüren Sie den Unterschied zwischen der » Herzhand« und der Hand, die im Schoß ruhte. Was macht den Geschmack für Leben und Verbindung zu anderen Lebewesen aus? Entwickeln Sie ein Gespür für die Fähigkeit des Herzens, Kontakt zum Leben, zu allen Lebewesen aufzunehmen, spüren Sie dem Wort » lebendig« nach. Horchen Sie auf die Bedürfnisse des Herzens, die sich jetzt offenbaren wollen. Erstellen Sie eine Liste der Herzenswünsche.

Die Hände ruhen wieder im Schoß. Der Atem schwingt weit und tief und belebt mit der Weite und aus der Tiefe den neu eröffneten Herzensraum, der allmählich (oder auch ganz schnell) bewohnt wird. Nun wandern beide Hände zum Kopf und ertasten ihn, als wollten sie unbekanntes Gebiet erkunden. Lassen Sie eine Hand wieder zum Bauch absinken, und spüren Sie die Verbindung zwischen Kopf und Bauch, spüren Sie, was für einen Unterschied es macht, wenn beide Hände im Schoß liegen oder wenn sie auf der Höhe des Kopfes sind. Legen Sie nun eine Hand auf den Hinterkopf, während die andere im Schloß bleibt. Spüren Sie das ganz Eigene dieser Kopfregion, und wie sie sich für Sie zum Bauch verhält, wie die Verbindung sich anfühlt. Lassen Sie dann die Kopfhand in den Schoß sinken und die andere Hand aufsteigen, bis sie mit einem Finger leicht die Mitte der Stirn berührt. Spüren Sie die Verbindung zwischen Kopf und Schoß, die sich auf diese Weise gestaltet. Vielleicht haben die Finger Ihrer Kopfhand das Bedürfnis, wie Antennen auszufahren oder sich wie Fühler auszustrecken, den

Gedanken gleich zu wandern. Lassen Sie die Hand diesem Bedürfnis nachkommen und erforschen Sie den Raum in Kopfhöhe, als wollten Sie sich im Dunkeln vortasten.

Es gibt einige Gesten, mit denen Sie experimentieren können. Erlauben Sie sich, Ihr Fingerspitzengefühl zu entwickeln und einzusetzen. Lassen Sie die Finger erfühlen, was in der Luft liegt.

Führen Sie Suchbewegungen mit der ganzen Hand aus, beziehen Sie die Handflächen mit ein. Was kennen Sie, was ist neu für Sie?

Legen Sie die Hand auf die Stirn, so daß die Innenfläche der Hand nach außen gerichtet ist wie eine Satellitenschüssel, bereit, Programme zu empfangen. Halten Sie einen Finger in die Luft, als wollten Sie prüfen, aus welcher Richtung der Wind weht. Zeigen Sie mit einem Finger, als wüßten Sie den Weg.

Schließen Sie die Hand zu einer lockeren Faust, als hätten Sie die Lösung gefunden – was haben Sie in der Hand? Was haben Sie begriffen? Formen Sie mit beiden Händen die Gestalt, die Ihre Gedanken annehmen sollen. Umreißen Sie das Ganze, gliedern Sie es in seine Teile auf, dirigieren Sie die Abfolge der einzelnen Stücke – wie hängt alles zusammen?

Üben Sie leichten Druck mit Ihren Fingerkuppen auf die Mitte zwischen den Augenbrauen aus, als wollten Sie sich auf einen einzigen Gedanken konzentrieren. Legen Sie die andere Hand auf das Hinterhaupt, und lernen Sie, sich selbst in Ihrem Gedankenlauf zu unterstützen, Kontinuität und Halt zu geben.

Stellen Sie sich vor, Sie hätten einen visionären Traum, welche Haltung würden Sie einnehmen?

Nun, da Sie die drei Speicher kennengelernt haben, können Sie die Hände spielen lassen und zwischen den einzelnen Speichern Querverbindungen herstellen. Dabei ist zu beachten, daß es um der Stabilität willen eine Hierarchie der Speicher gibt. Ähnlich wie bei einem Stehaufmännchen sollte sich das größte Gewicht in dem untersten Speicher befinden. Es braucht Kraft, um Zugang zu den Speichern zu finden, ebenso wie es Kraft braucht, um in Kontakt zu treten mit der Außenwelt und alle Erfahrungen über die gemachten Begegnungen zu sammeln, um sie verarbeiten zu können. Es braucht auch Kraft und Eigenständigkeit, um die Informationen, die mit dem Kopf aufgenommen werden, behalten zu können. Deshalb ist es nach jeder Begegnung und jeder Aufnahme von neuem Wissen wichtig, die Informationen absinken zu lassen, bis sie in der untersten

Ebene des Bauches angelangt sind. Dort liegt der Schwerpunkt, der alles ins Lot bringt.

Mit einer Geste der Hand, die von oben nach unten entlang der Vertikale alles, was im Bereich des Kopfes oder des Herzens aufgenommen wurde, nach unten ableitet, beenden Sie die Übung der drei Speicher erfolgreich. Alle Informationen, alle Ressourcen stehen Ihnen zur Verfügung.

Verkörperung des Geistes, Begeisterung des Körpers

Obwohl der menschliche Körper entweder männlich oder weiblich ist, und obwohl wir den »Geist« nur in seiner verkörperten Form kennen bzw. sinnlich erfahren, denken wir uns »Geist« meist als eine Sache oder ein Wesen ohne Geschlecht. Auch die Idee des Göttlichen ist scheinbar nicht dem Geschlechtlichen unterworfen, als sei es tatsächlich absolut und als solches von allem Menschlichen abgelöst. Dennoch verbindet sich unwillkürlich das Bild einer Gottheit mit einem der beiden Geschlechter – Gott ist entweder Vater, also ein Mann, oder Mutter, also eine Frau. In den monotheistischen Religionen, in denen nur ein Gott herrscht, wird Gott männlich vorgestellt. Die Göttin als weibliche Form der Gottheit wird einer Kulturstufe zugeordnet, die vor der Entwicklung und Ausformung der monotheistischen Religionen liegt. Eine Anbetung Gottes in weiblicher Form käme also einem Rückschritt oder Rückfall gleich, eine bestimmte Entwicklung, die stattgefunden hat, soll wieder rückgängig gemacht werden. In ungefähr dieser Form wird es in jener religiösen Bewegung gefordert, die das Matriarchat zur Religion erheben will. Die feministische Theologie hingegen will dem männlichen Gottesbild des herrschenden Patriarchats zumindest für Frauen ein weibliches Gottesbild als Alternative anbieten, damit Frauen sich darin erkennen können. Im Buddhismus wird von Vater-Mutter-Buddha-Natur gesprochen. Damit ist sowohl dem Bedürfnis nach göttlichen Eltern als auch der Vertretung beider Geschlechter in Form von Vater und Mutter entsprochen. Tatsächlich macht es einen Unterschied, ob Gott als Vater oder als Mutter vorgestellt wird. Da aber zu jedem Kind beide Eltern gehören, bildet eigentlich die Heilige Familie das ideale Vorbild.

In den folgenden Übungen wird »Geist«, der sich verkörpert und begeistert, zunächst als Energie, als Quelle des Lichts visualisiert und dann in eine persönlich ansprechende Gestalt gebracht, so daß eine persönliche Beziehung dazu aufgebaut werden kann. Bei diesen Visualisationen ist es wichtig, von einer weiblichen Ich-Figur auszugehen, das heißt, sich bewußt zu sein und zu bleiben, daß »Geist« nur in einem Körper erfahren werden kann, und daß es sich in diesem Fall um einen weiblichen Körper handelt. Die Übungen sind am besten im aufrechten Sitzen durchzuführen, so daß Ihr Scheitel nach oben und Ihr Beckenboden nach unten zeigt.

Stellen Sie sich eine äußere Lichtquelle vor. Lassen Sie diese Lichtquelle sehr stark werden und weit nach oben wandern, so daß sie wie eine Sonne von oben auf Sie herabscheint. Sie spüren sie auf Ihrem Scheitel. Diese Lichtquelle ist unerschöpflich und stets zugänglich. »Über den Wolken scheint immer die Sonne.« Diese Lichtquelle könnte auch noch weiter entfernt sein als die Sonne – sie könnte z.B. ein Stern sein. »Die Ewigkeit der Gestirne.« Stellen Sie eine Verbindung zwischen sich und der Lichtquelle her, indem Sie körperlich nachvollziehen, wie das Licht Sie berührt und von Ihnen aufgenommen werden kann. Meist fühlt sich dies wie ein leichtes Ziehen im Kopf an.

Stellen Sie sich eine senkrechte Achse vor, die Ihren Körper durchzieht und eine Verbindung zwischen Sonne (Stern) und Erde schafft. Sobald diese Verbindung hergestellt ist, fühlen Sie eine mühelose Aufrichtung, die Ihren Körper durchzieht und Sie aufrecht hält. Das Rückgrat streckt sich auf natürliche Weise, die Wirbelsäule richtet sich darauf ein, der Energiefluß zwischen Oben und Unten reguliert sich von selbst.

Ihre Aufmerksamkeit bewegt sich entlang dieser Verbindungslinie der senkrechten Achse und setzt einen Lichtpunkt auf der Höhe des »Herzens«, jedoch auf der Achse liegend (und nicht links davon), ungefähr dort, wo sich die Thymusdrüse und das Brustbein befinden. Kaum ist dieser Punkt gesetzt, zieht er einen Lichtstrahl von oben an. Dieser verankert sich im Herzen und entzündet dort ein Licht.

Das Licht im Herzen ist zunächst eine ruhige kleine Flamme, die darauf wartet, sich ausbreiten zu können. Kaum haben Sie dies gedacht, geschieht es schon. Das Licht leuchtet auf und verbreitet sich im ganzen Körper. Das Licht dringt bis an die Grenzen des Körpers und breitet sich weiter aus, es geht über die Grenzen und Konturen des physischen Körpers hinaus. Einige Atemzüge lang lassen Sie dieses Licht erstrahlen, dann ziehen Sie es wieder zurück und lassen es klein werden – eine ruhige brennende Flamme, die sich jederzeit größer entflammen läßt. Beenden Sie diese Übung, indem Sie wieder die Konturen Ihres physischen Körpers wahrnehmen.

Zurückgekehrt an die »Oberfläche« des Wahrnehmbaren, fällt es Ihnen nun möglicherweise leichter, in jedem Widerschein und in jedem Widerhall den »wahren« Ursprung der Phänomene, sei es Licht, sei es Klang, zu erahnen. Es ist mehr als nur ein Gedanke, den Sie denken können – es ist ein Gefühl, das Sie in Ihrem Körper aufbauen als Verbindung zwischen dem, was Sie an der »Oberfläche« wahrnehmen und dem, was Sie »dahinter«, »darunter« oder »darüber hinaus« als Ursprung ahnen. Dieses ahnungsvolle Gefühl baut eine Brücke zwischen dem Sichtbaren und dem Unsichtbaren und lädt Sie dazu ein, die Brücke zu benutzen, wenn Sie immer mehr den fließenden Übergang zwischen dem einen und dem anderen erforschen, immer mehr das Dazwischen als Raum und Möglichkeit erkunden wollen.

Es gibt auch eine Lichtvisualisation, die am besten unter Frauen als Paarübung vollzogen werden kann. Sie läßt sich jedoch auch in der Vorstellung mit einem imaginären Partner (männlich oder weiblich) ausführen. In diesem Falle wird der Partner bzw. die Partnerin als inneres Bild in der Vorstellung auftauchen, während der gesamten Übung wird diese Vorstellung aufrechterhalten werden.

Das Paar sitzt sich aufrecht gegenüber, den Abstand zwischen sich bestimmen die Partnerinnen je nach Belieben.

Konzentrieren Sie sich auf den Lichtfunken in Ihrem Herzen. Lassen Sie den Funken zu einer Flamme werden und in Ihrem Herzen brennen. Lassen Sie das Licht Ihren ganzen Körper erfüllen. Bleiben Sie für einige Augenblicke in diesem Zustand der Erfülltheit, bis Ihr Körper sich daran gewöhnt hat und bereit ist, weiterzugehen. Diese Bereitschaft ist ein körperliches Gefühl. Warten Sie auf ein Zeichen Ihres Organismus, vielleicht ein sanftes Drängen und Ziehen. Erkennen Sie dieses Zeichen als Erlaubnis, nun über die Grenzen und Konturen des Körpers hinaus ausstrahlen zu dürfen.

Das Licht geht vom Herzen aus und breitet sich aus. Es umhüllt Sie. Es sucht den Funken im anderen, es sucht das Gemeinsame, von dem es sich angezogen fühlt. Diese Suche kann in breiter Streuung erfolgen oder wie ein gerichteter Strahl. Mit diesem suchenden Licht begegnen Sie dem oder der anderen, und er oder sie begegnet Ihnen. Der Kontakt kann viele Formen annehmen – als Lichtwolke, als leuchtende Verbindungslinie von Herz zu Herz oder als gemeinsam entfachtes Feuer, das in einer gemeinsamen Flamme brennt.

Nach einiger Zeit lassen Sie das Licht wieder in Ihr Herz zurückfließen und als kleine ruhige Flamme dort leuchten. Legen Sie eine Hand oder beide Hände auf Ihr Herz und »versiegeln« Sie diese Erfahrung, d.h. beenden Sie sie, indem Sie Ihre Konturen und körperlichen Grenzen spüren und sich ganz auf sich selbst, auf Ihre eigene Lebenserfahrung beziehen.

Notieren Sie sich die Eigenheiten dieser Erfahrung, und tauschen Sie sich mit Ihrem Gegenüber und/oder mit anderen Frauen aus, die diese Übung gemacht haben. Achten Sie darauf, was für Unterschiede sich ergeben, wenn Sie diese Übung im vollen Bewußtsein Ihrer Weiblichkeit vollziehen. Welche Qualität erhält »Geist« für Sie, wenn er sich durch Sie in Ihrem weiblichen Körper verkörpert?

Die Entdeckung der Essenz

Diese Übung baut ebenfalls auf den Übungen der Lichtvisualisation auf.

Stellen Sie sich nun vor, dieses Licht, das Sie und Ihren Partner oder Ihre Partnerin erfüllte, sei ein Klang, der sich im Raum ausbreitet. Irgendwo gibt es eine Quelle, von der dieser Klang ausgeht. Sie machen sich auf die Suche nach dieser Quelle. Dabei suchen Sie weniger den zeitlichen oder räumlichen Ursprung dieser Kraft, sei es des Lichts, sei es des Klangs, sondern mehr den inneren Zustand, die Haltung, die es Ihnen ermöglicht, in Kontakt zu treten mit der Kraft. Stellen Sie sich vor: Es gibt einen solchen Bewußtseinszustand, es gibt eine solche Haltung, und jetzt, da Sie sich entschieden haben, diesen Zustand herzustellen, diese Haltung einzunehmen, sind Sie dabei, in Kontakt zu kommen mit etwas in Ihnen, was Sie erfüllt, was in Ihnen wirkt und sich in Ihnen ausbreiten möchte. Diesem Etwas geben Sie nun Raum und Zeit. Sie nennen es »Essenz«. Sie spüren, daß Sie mit etwas in Kontakt sind, das sehr wichtig für Sie ist. Es ist wichtiger als alles andere im Moment. Es ist wesentlich. Es ist essentiell. Ohne dieses Etwas würden Sie sich hohl und leer, unerfüllt und ohne Sinn im Leben fühlen. Sie wären ohne inneren Leitfaden, ohne Orientierung. Im Kontakt aber mit Ihrer Essenz gewinnen Sie Sinn und Orientierung. Nehmen Sie sich öfter im Alltag Zeit, um kurz innezuhalten und diesen für Sie so wesentlichen Kontakt aufzunehmen. Sie müssen keine Worte für die Qualität dieser Erfahrung finden, Sie können wortlos diesen Kontakt genießen, nähren und intensivieren.

Vielleicht ist »Essenz« für Sie ein bestimmtes Körpergefühl. Dann rufen Sie konzentriert und entschieden mehrere Male dieses Körpergefühl herbei, so daß Sie über die willentliche Einstimmung auf diesen körperlichen oder gefühlsbetonten Zustand in Kontakt mit dem treten, was für Sie »Essenz« bedeutet.

Oder aber Sie sagen sich das Wort »Essenz« vor und lenken die Aufmerksamkeit Ihres Gedankenflusses auf dieses Wort. Sie denken »Essenz« – und durch das Denken richten Sie sich auf die Essenz aus. Dadurch »machen« Sie sich nicht Gedanken, sondern lassen zu, daß die essentiellen Gedanken etwas mit Ihnen und Ihrem Lebenszusammenhang machen. Die Orientierung an dem, was essentiell ist, bewirkt in uns eine Art von Neuorientierung und Neuorganisation.

Die Entdeckung des höheren Selbst

Auch diese Übung baut auf den Übungen der Lichtvisualisation auf.

Stellen Sie sich wieder die vertikale Achse vor, die Ihren Körper durchzieht und aufrichtet. Nehmen Sie sich Zeit, um diese Achse einzurichten, falls sie verkrümmt, zerstückelt oder abgebrochen sein sollte. Nehmen Sie sich Zeit, die Achse als Verbindungslinie zwischen Oben und Unten körperlich zu erfühlen bzw. durch das Gefühl als inneres Bild zu erzeugen. Oder setzen Sie an dem inneren Bild an, das eine durchgehende Linie abbildet. Zeichnen Sie diese Linie nach, verstärken Sie sie, nehmen Sie wahr, wo Bruchstellen sind, die Sie mit Ihrem inneren Stift der Vorstellung überbrücken, nehmen Sie eventuell die Krümmungen wahr, die Sie nun glätten. Erzeugen Sie ein Körpergefühl, mit dem Sie die Vertikale sanft nachfahren, an ihr entlangstreifen und sie ausstreichen.

Gehen Sie mit Ihrer Aufmerksamkeit nun wieder zu der äußeren Lichtquelle, und spüren Sie die Kraft der Einstrahlung, die es notwendig macht, eine Zwischenschaltung außerhalb des Körpers einzubauen. Diese Station des Zwischenschaltens, Umschaltens und Herunterschaltens nimmt die Form einer leuchtenden Kugel an.

Diese Kugel schwebt in einigem Abstand über Ihrem Scheitel und ist mit Ihrem Herzen durch eine feine leuchtende Schnur verbunden.

Erspüren Sie den Unterschied, den es macht, wenn Sie bewußt mit dieser Position der leuchtenden Kugel verbunden sind. – Stellen Sie diese Verbindung jetzt bewußt her, indem Sie sich die Verbindung bildlich vorstellen und erfühlen, hören, wie sie klingt, wie sie sich körperlich auswirkt usw. Experimentieren Sie mit dem Gefühl/inneren Bild/Klang, wenn diese Verbindung aus irgendeinem Grund verstellt, abgebrochen oder verstopft ist. Finden Sie dazu entsprechende Gefühlszustände, die Ihnen signalisieren:

• Die Linie ist verstellt oder verknotet.
• Die Verbindung ist brüchig oder abgebrochen.

- Der Kanal ist verstopft oder verschmutzt.

Nun wird die Bedeutung der leuchtenden Kugel festgelegt. Legen Sie sowohl das Bild wie auch die Bedeutung für sich so fest, daß es für Sie stimmt. Die leuchtende Kugel ist das höhere Selbst. Folgende Eigenschaften werden für das höhere Selbst definiert:

Das höhere Selbst hat alles Wissen, das die Person braucht, um ihr Leben entsprechend ihrer innersten Intention, gemäß ihrem möglicherweise unbewußten Lebensentwurf und Plan gestalten zu können. Das höhere Selbst ist weise. Das höhere Selbst weiß auch, daß manchmal alles Wissen auf einmal zu viel ist, und dosiert deshalb das Wissen in kleine Portionen von Lernerfahrungen. Aus der menschlichen Perspektive heraus betrachtet, bzw. erfahren, können diese Lernerfahrungen manchmal sehr schmerzvoll sein. Das höhere Selbst jedoch weiß um ihren letzten Sinn.

Sie können eine Verbindung zum höheren Selbst schaffen, indem Sie sich darin üben, das höhere Selbst in sich anzusprechen und es sich als Partnerin, als weibliche Bezugsperson vorzustellen. Es kann auch ein innerer Ort oder eine Kraft in Ihnen sein.

Einen Dom aus Licht bauen

Folgende Übung, die den Kontakt zum eigenen höheren Selbst ebenso wie zum höheren Selbst anderer (anwesender oder abwesender) Personen herzustellen hilft, kann im Sitzen oder Stehen, allein oder als Partner- und Gruppenübung durchgeführt werden. Am besten ist es, die Übung in dieser Reihenfolge zu üben: allein – mit einem Partner oder einer Partnerin, der oder die anwesend ist, mit einem Partner oder einer Partnerin, der oder die vorgestellt wird, und in einer Gruppe (von Frauen), die im Kreis sitzen.

Sie sitzen oder stehen und konzentrieren sich auf die vertikale Achse, die durch Ihren Körper läuft, ihn aufrecht hält. Sie spüren die Ausrichtung der Vertikale, die sich über Ihrem Scheitel zu der leuchtenden Kugel verdichtet, wenn Sie sich dies vorstellen. Nun lösen Sie diese Vorstellung wieder auf und lassen die Vertikale nach oben ins Unendliche verlaufen. Sie erhalten durch diese Vorstellung ein Gespür für die Unendlichkeit. Wenn Sie dieses Gefühl der vertikalen Weite ohne Grenzen in sich gefunden haben, lassen Sie Ihre Vertikale eine leichte Krümmung erfahren, so daß sie letztlich auf andere Vertikalen im unendlichen Raum stoßen wird. Aus all diesen Vertikalen formt sich die Kuppel eines Doms. Sie erfahren diese Formung möglicherweise als einen Kontakt, als ein Stoßen an Grenzen, als würden Sie sanft mit dem Scheitel an etwas anstoßen und dadurch Kontakt herstellen mit etwas, das anders ist als das Eigene. Dennoch ist es verwandt – es ist etwas, das verbindet, das man teilt, und das sich durch das Teilen verstärkt. Sobald der Kontakt einmal hergestellt ist, bleibt er erhalten, auch wenn er nicht bewußt ist. Er ist im Unbewußten als Möglichkeit verankert. Finden Sie ein Bild, eine Metapher, ein Körpergefühl, ein Wort, mit dem Sie diese Erfahrung des Kontakts jederzeit wieder abrufen und sich bewußt machen können.

Lösen Sie die Spannung, die vielleicht in Ihrem Körper entstanden ist, wieder auf, indem Sie sich auf die Klarheit im Kopf, die Flamme, die in der Weite des Herzens brennt, und die Kraft im Bauch besinnen. Sammeln Sie sich, indem Sie die Hände auf den Bauch legen und den Atem dorthin fließen lassen.

Finden Sie Zugang zu dem höheren Selbst eines anderen Menschen, einer Gruppe, oder der Menschheit, indem Sie zunächst Ihre Vertikale ins Unendliche verlängern, dann leicht krümmen und in Kontakt mit anderen Vertikalen kommen lassen. Lassen Sie die Weisheit, die dort, in dem Punkt der Berührung und Verbindung, gespeichert ist, zu sich sprechen. Besinnen Sie sich auf das Gemeinsame, das Sie mit einem, mit vielen oder mit allen Menschen teilen. Stellen Sie sich vor, daß dieses gemeinsame Wissen die Form, in der es zustande gekommen ist, überdauert. Entwickeln Sie in sich bewußt ein Gespür oder einen »Geschmack« für Unsterblichkeit.

Finden Sie nun Zugang zu dem höheren Selbst eines Menschen, der vor Ihnen sitzt (oder den Sie sich vor sich sitzend vorstellen), indem Sie Ihre Vertikale aus dem Körper über den Kopf aufsteigen und sich suchend nach oben verlängern lassen, bis Sie auf den Kontakt mit der anderen Vertikalen Ihres Partners stoßen. Lassen Sie das gesammelte Wissen, das dort gespeichert ist, zu sich sprechen. Erfühlen Sie das Bedürfnis nach Mitteilung, und warten Sie ab, was das höhere Selbst dieses Menschen Ihnen von sich aus sagen will. Seien Sie sich bewußt, daß das normale Bewußtsein und auch das Unbewußte eines Menschen sich von dem höheren Selbst unterscheiden, insofern das höhere Selbst einen umfassenden Überblick hat. Entwickeln Sie in sich bewußt Ehrfurcht, und schließen Sie die Übung mit Respekt ab.

Gemeinsam Essenz erfahren

Erlauben Sie sich, innerhalb einer Ihnen vertrauten Gemeinschaft die Erfahrung von Essenz zu machen. Schlagen Sie dieser Gemeinschaft vor, sich in einer kurzen Pause auf das zu besinnen, was für jeden wesentlich ist. Regen Sie dabei die Vorstellung an, daß es über das persönliche Essentielle und die persönliche Erfahrung von Essenz hinaus etwas gibt, das gemeinsam besteht und das geteilt werden kann, wenn sich vielleicht auch keine Worte für eine Mitteilung finden lassen. Leiten Sie eine kurze Besinnungsphase ein, in der nichts besprochen werden muß. Stellen Sie den anderen diese Phase als eine Gelegenheit vor, die genutzt werden kann, um auch im gewöhnlichen Alltag immer mehr empfänglich zu werden für die Botschaften, die aus jenem Kern der Essenz kommen. Regen Sie die Gemeinschaft auch dazu an, dieser gemeinschaftlich gefühlten Essenz zu vertrauen. Achten Sie darauf, daß Sie nicht vorgeben, was genau diese Essenz sein könnte. Vermeiden Sie, andere zu belehren oder missionieren zu wollen. Die Essenz kann sich nur mitteilen und verbreiten, wenn es auf jeden einzelnen und seine eigene, essentielle Erfahrung ankommt. Stülpen Sie den anderen keine Meinungen oder Glaubenssätze über, sondern lassen Sie sich selbst überraschen, wie die Essenz sich innerhalb einer Gemeinschaft auswirkt.

Der weite Bogen der Unendlichkeit

Stellen Sie sich vor: Die Unendlichkeit ist keine unendliche Verlängerung vereinzelter Linien, sondern ein Raum, der entsteht, wenn viele Linien sich verlängern und in dieser Verlängerung treffen. Der Raum selbst ist leer, die Grenze eine Schwelle, auf der Schwelle spüren Sie, wie die Fäden des Wissens sich durchziehen, ineinanderweben, ergänzen, erweitern.

Sie können diese Übung in Ihrer Vorstellung oder konkret mit anderen Frauen ausführen.

Eine Gruppe von Frauen sitzt oder steht in einem Kreis. Alle konzentrieren sich auf die Vorstellung einer Vertikalen, die den Körper durchläuft, nach oben über den Scheitel aufsteigt und sich mit den anderen Vertikalen trifft. Es kann auch von der Vorstellung eines Energiedoms, der sich über den Köpfen der Gruppe aufbaut, ausgegangen werden – manche werden diesen Zugang leichter finden, andere »bauen« lieber selbst. Je mehr die Vorstellung von der ganzen Gruppe geteilt werden kann, desto mehr Energie zirkuliert und kann am Anfang körperlich spürbar werden als Ziehen am Kopf, leichtes Ohrensausen usw. Später gewöhnt sich der Körper an diesen Zustand und reagiert weniger heftig. Trotzdem sollte die Vorstellung, die diesen Zustand auslöst, nie zu lange aufrechterhalten, sondern wieder »abgebaut« oder »eingepackt«, »zusammengefaltet« werden. Jede der Teilnehmerinnen sollte ihre eigene Metapher dafür finden, daß diese Übung zu einem gelungenen Ende kommt.

Das Wissen, das sich durch diese Übung vermittelt hat, läßt sich oft nicht in Worte kleiden. Trotzdem ist es wichtig, sich nach der Übung über die Erfahrung auszutauschen. Manchmal gibt es auch sehr präzise Eingebungen und Erkenntnisse, die durch diese Übung ausgelöst werden. Manchmal vermittelt sich das Wissen auch in Form von Träumen und Visionen. In welcher Form dieses Wissen auch zustande gekommen ist – Sie wissen, daß dieses gemeinsame Wissen die Form, in der es zustande gekommen ist, überdauert.

Entwickeln Sie durch diese Vorstellung, in der Sie sich allein, zu zweit oder gemeinsam üben können, bewußt ein Gespür für Unsterblichkeit, und machen Sie sich bewußt, daß Sie diese Gewißheit mit allen teilen, die diese Erfahrung mit Ihnen gemacht haben.

Geistige Führung erlangen

Für eine Frau ist es wichtig, ihren eigenen Bezug zu einem geistigen Leben und zum »Geist« zu finden. Da der biologische »Auftrag« einer Frau immer noch in dem Gebären und Aufziehen von Kindern gesehen wird, ist die erste Lebenshälfte von Frauen oft durch diesen Auftrag geprägt. Viele Frauen entziehen sich ihm heute und widmen sich ganz ihrer Bildung und Ausbildung, ihrer Karriere und ihrer Spiritualität. Das Ticken der biologischen Uhr wird als Bedrohung aus dem Hintergrund erlebt, die Wechseljahre jedoch, die eine Befreiung von dem biologischen Auftrag mit sich bringen könnten, werden wiederum als Ende einer existentiellen Funktion, die sich nur schwer durch etwas anderes, Gleichwertiges ersetzen läßt, als Mangel und Defizit erlebt. Die Sexualität der Frau findet ihren Ausdruck in der »Anlockung« des Partners, *sex appeal* steht im Auftrag der Fruchtbarkeit. Die Fähigkeit, begeistern zu können und sich begeistern zu lassen, beschränkt sich oft auf diesen engen Funktionskreis der gelebten Sexualität. Spirituelle Praktiken wie etwa die des *Tantra* haben versucht, die biologische Funktion der Begeisterung auf den spirituellen Bereich zu übertragen. So können jene Kräfte und Energien durch die Stimulation sexueller Begierden zu einer wahren Begeisterung führen.

Folgende Übung ermöglicht Ihnen einen Einstieg in diese Art von Begeisterung.

Denken Sie an eine Zeit, da Sie Begeisterung erlebt haben. Konzentrieren Sie sich auf dieses Gefühl der Begeisterung. Wie fühlt es sich an, begeistert zu sein? Lassen Sie das Gefühl der Begeisterung anwachsen, sich in Ihnen ausbreiten, über Sie hinauswachsen, alles erfassen.

Sie werden in begeisternden Erinnerungen schwelgen, und entweder werden es »wahre« Erinnerungen sein, oder Erinnerungen an Ihre Träume und Sehnsüchte – und Sie wissen, daß es keinen Unterschied macht, ob Sie es wirklich erlebt, ob Sie es geträumt, gewünscht, herbeigesehnt haben, oder ob Sie jetzt diese begeisternden Träume träumen, diese Vorstellungen erschaffen. Die Wirkung ist die gleiche. Begeisterung wird jetzt einen heilenden, erlösenden Einfluß auf Sie haben.

Erinnern Sie sich an einen Augenblick, oder stellen Sie ihn sich vor (und es macht keinen Unterschied, ob es sich um eine reale Erinnerung oder eine aktuelle Vorstellung handelt), in dem jemand, Ihre Eltern oder andere frühe Bezugspersonen, auch Lehrer und Lehrerinnen oder Bekannte Sie voller Liebe angesehen haben und Sie den Geist der Liebe in diesem Blick erlebt haben.

159

Sie spüren jetzt, wie der Geist der Liebe Sie begeistert, und Sie sehen sich selbst mit den Augen der Liebe voller Begeisterung an.

Dann erinnern Sie sich oder stellen sich vor: den Augenblick, da ein Geliebter oder eine Geliebte Sie voller Liebe angesehen hat, und Sie den Geist der Liebe gespürt haben.

Sie spüren, wie der Geist der Liebe Sie begeistert, und Sie sehen sich mit den Augen der Liebe voller Begeisterung an. Sie spüren in Ihrem Körper, wie die Begeisterung sich ausbreitet, je mehr die Liebe erwidert wird. Es ist eine einzige gemeinsame Flamme der Begeisterung, die sich in diesem Blick – Sehen und Gesehenwerden – vereint.

Und während die Begeisterung Sie ganz erfaßt, tauchen in Ihrer Vorstellung weitere Gestalten auf, von denen Sie wissen, daß es Ihre Begeisterung ist, die Gestalt angenommen hat. Vielleicht sind es Menschen, die Sie verehrt haben, die für Sie Vorbilder gewesen sind, die Sie begeistert haben, vielleicht sind es Persönlichkeiten, die Sie aus der Geschichte kennen und die Ihnen nahe sind. Vielleicht sind es Idole oder Ideale. Sie nehmen Gestalt an, sie haben Augen, und aus den Augen der Liebe schauen sie Sie an. Sie merken, daß die Begeisterung wechselseitig ist, daß auch sie von Ihnen begeistert sind, indem sie etwas in Ihnen erkennen, was ihre Begeisterung auslöst. Sie fühlen: Ja, Sie sind gemeint. Sie fühlen sich angesprochen, verstanden, angenommen, anerkannt, geliebt. Die Begeisterung ist wie ein inneres Feuer. Sie spüren, wie es brennt, wenn es einmal entfacht wurde. Konzentrieren Sie sich immer mehr darauf, das Innerste dieser Begeisterung zu erfassen, das Wesen, die Essenz, auf die es ankommt. Es ist eine Idee, jenseits aller Inhalte, aller Bedingungen. Bedingungslos. Sie fühlen bedingungslose Liebe, und mit den Augen dieser Liebe schauen Sie sich selbst an und erkennen sich – vielleicht zum erstenmal, erkennen, wer Sie wirklich sind. Die Idee von sich selbst, diese Idee, die Sie begeistert – sie ist schon lange vor Ihnen dagewesen, lange bevor Sie existiert haben, gab es diese Idee bereits, mit der Sie sich jetzt verbinden. Sie sind diese Idee, und diese Idee, das sind Sie. Dieses Ideal, das höchste Ideal – Sie nehmen Kontakt auf mit dieser Idee, mit diesem Ideal – lassen Sie Ihren Geist sie finden, indem Ihre Begeisterung sucht nach einem angemessenen Inhalt, der begeistert. Und Sie wissen, daß die höchste Idee ohne Inhalt ist – reiner Geist. Feuer. Die Flamme sucht das Feuer und geht darin auf. Vielleicht ist diese höchste Idee, die Sie von sich selbst gewinnen und jetzt manifestieren, in dem Sie sie denken, jene Kraft und Möglichkeit, die Sie immer schon im Hintergrund gespürt haben, vielleicht wie ein Stern am Himmel, der jetzt nach vorn in Ihr Blickfeld kommt, ein flammender Stern, der Sie anzieht und leitet, Ihr Leitstern.

Die Worte im Herzen erlösen

Mit dem Herzen ist hier nicht das physische Organ gemeint, sondern jener Ort im Körpererleben, an dem bestimmte archetypische Erfahrungen und Fähigkeiten gespeichert sind. Redewendungen weisen darauf hin. Beispiele:

> Da geht mir das Herz auf.
> Da wird mir warm ums Herz.
> Das geht mir zu Herzen.
> Etwas im Herzen bewegen.
> Etwas spricht mir aus dem Herzen.
> Aus dem Herzen sprechen.
> Mit dem Herzen sehen.
> Mit dem Herzen denken.
> Das Herz auf dem rechten Fleck haben.
> Das Herz sieht, was der Verstand nicht begreift.

Das Herz ist die Mitte und Verbindung zwischen Kopf und Bauch.

Das Herz stellt Verbindungen her, das Herz ist mit allem verbunden.

Das Herz beachtet die größere Einheit, innerhalb derer Beziehungen stattfinden.

Das Herz drängt danach, in der größeren Einheit aufzugehen.

Das Herz »denkt« systemisch, insofern es alles in sich aufnimmt, als Einfluß integriert und verarbeitet, und erst nach einem Prozeß eine Antwort findet. Der Prozeß wird beschrieben als:

> Im Herzen bewahren
> Im Herzen bewegen

Die Antwort, die aus dem Herzen erfolgt, ist verantwortungsvoll. Kopf und Bauch haben die Tendenz, auf einen Reiz direkt mit einer Reaktion zu antworten.

Im Bauch ist es die motorische oder emotionale Reaktion – der Impuls.

Im Kopf ist es die mentale Reaktion – das Gegenargument.

Das Herz antwortet in Anbetracht aller Verbindungen, Zusammenhänge, Wechselwirkungen, und im Dienste der möglichen Vereinigung.

Das Herz bringt zusammen, was getrennt ist, und verbindet, was vereinzelt war.

Das Herz denkt in großen Zusammenhängen.

Martin Buber beschreibt einen Traum, in dem das Echo, das aus dem Wald, in den er hineingerufen hatte, herausschallt, zu einer eigenen Stimme geworden ist. Diese Traumerfahrung bildet den Gegensatz zu dem Sprichwort:»Wie man in den Wald hinein ruft, so schallt es auch aus ihm heraus.« Der »Bubersche Wald« soll als Metapher für die Transformationsfähigkeit des Herzens stehen. Ich nehme etwas in mein Herz, bewege es dort, und es wird sich verwandeln. Die Antwort, die ich aus dem Herzen gebe, wird voller Verantwortung sein. Sie wird stimmig sein – für mich, und für den, den sie angeht.

Die Antwort, die aus dem Herzen kommt, ist Liebe.

Die Liebe hat die Fähigkeit zu verwandeln und zu erlösen. Welche Eigenschaften und Verhaltensweisen auch immer auf Unerlöstes in einem Menschen hinweisen – wenn sie ins Herz genommen und dort bewegt werden, kann Erlösung geschehen.

Die Liebe erlöst. Manchmal geschieht dies weder freiwillig noch bewußt – wie uns viele Märchen erzählen.

Vergegenwärtigen Sie sich, wie Worte als Widerschein und Widerhall des Eigentlichen, des Wesentlichen das Geistige, das sie begeistern kann, abbilden. Worte sind Abbilder, Hörbilder und Repräsentationen in Ihrem Inneren. Sie repräsentieren etwas, das »außen« bleibt, die Wirklichkeit erreicht Sie immer schon in Form einer Übersetzung. Alle Worte, die Sie verstehen, verstehen Sie aufgrund dieser grundlegenden Übersetzung, die von der benennenden Wahrnehmung selbst schon geleistet worden ist – eine Leistung, die meist unbewußt und unbeachtet bleibt, außer Sie konzentrieren sich darauf.

Richten Sie nun Ihre Aufmerksamkeit nach innen, dorthin, wo die Worte, Namen und Benennungen, die Sie für die Wirklichkeit gefunden haben, wie auf einer Leinwand erscheinen oder als Hörbilder eine Resonanz schaffen. Was auf keine Resonanz stößt bzw. keine schafft, wird nicht verstanden. Es bleibt stumm und taub, undurchdringlich, unberührt. Es verschließt sich dem inneren Auge, dem Ohr, dem Gefühl. Resonanz schaffen heißt: Verbindung herstellen, Kontakt und Verbindung aufbauen. Sie können es unbewußt geschehen lassen, oder Sie können diesen Prozeß bewußt auslösen und steuern.

Jedes Wort, das Sie erreicht, hat eine Wirkung auf Sie – ob diese unbewußt bleibt oder Sie sich ihrer bewußt werden. Diese Wirkung wird »semantische Reaktion« genannt. Wenn etwas Sie nicht erreicht, weil es auf keine Resonanz stößt, gibt es keine Wirkung. Somit ist die Botschaft, die das Wort enthält, keine Information. Es sagt Ihnen nichts und deshalb bewirkt es auch nichts. Eine semantische Resonanz löst etwas aus, bringt etwas zum Klingen – was genau das ist, hängt davon ab, wie die Botschaft interpretiert wird. Worte sind Zeichen (*semen* = Zeichen), wobei das Zeichen selbst keine Garantie enthält, daß es so verstanden wird, wie der Sender es verstanden wissen wollte. Oft benutzen wir Worte, die ganz anders »ankommen«, als wir meinten oder wollten. Worte lösen eine »semantische Resonanz« aus, sie schaffen Brücken über die Abgründe des Unnennbaren und der Sprachlosigkeit, der Isolation.

Übung: Der Prozeß der Erlösung

Die nächste Übung beschäftigt sich mit Worten, die einen unangenehmen Beiklang für Sie haben können. Diese Worte bringen Sie in Kontakt und Resonanz mit etwas, das Sie als »unerlöst« bezeichnen würden. Das Wort »Erlösung« kann sehr verschieden verstanden und gefühlt werden.

Sie beschäftigen sich mit dem Wort »Erlösung« bzw. »erlöst«, lassen es in sich nachklingen und formen dann das Gegenteil, die Verneinung »unerlöst«. Sie schaffen eine Brücke zu all jenem in Ihrer Umwelt, in Ihrer Vorstellung, was außerhalb des Kreises bleibt, der »Erlösung« und »erlöst« umschreibt. Sammeln Sie Eigenschaften und Verhaltensweisen, die auf etwas »Unerlöstes« hinweisen bzw. auf Sie in dieser Weise wirken und diese semantische Resonanz in Ihnen auslösen. Schreiben Sie die Worte auf. Lassen Sie sich von dem Klang der Worte leiten, denken Sie nicht allzulang darüber nach. Viele Worte sind durch das Präfix ver- als »unerlöst« ausgewiesen. Beispiele: verdorben, verfallen, verzweifelt usw.

Dabei fällt Ihnen möglicherweise etwas ein, das Sie gern verändern möchten, weil Sie es als unerlöst erleben und sich Erlösung wünschen. Dieses Etwas kann direkt mit Ihnen zu tun haben und damit, daß Sie eine Frau sind. Es kann aber auch etwas sein, das Ihnen gerade in den Sinn kommt und sich mehr auf andere Menschen (Männer wie Frauen), die Sie kennen oder die Ihnen begegnet sind, bezieht. Denken Sie nicht darüber nach, welche Rolle Sie spielen, ob Sie dafür zuständig sind oder nicht, und ob es in Ihren Bereich der Verantwortung fällt. Schreiben Sie nur die Worte auf, erstellen Sie eine Liste. Sie werden bemerken, wie gut es tun kann, diese Worte mit ihrem schweren Gewicht aus sich herauszusetzen und auf ein Blatt Papier zu bannen. Wenn Ihnen nichts mehr einfällt, atmen Sie tief aus und lassen das Gewicht ganz aus sich herausfließen.

Nehmen Sie dann ein neues Blatt Papier, und malen Sie ein Symbol, ein Zeichen, das den »Buberschen Wald« andeutet. Malen Sie einen Kreis, der in Ihrer Vorstellung den Wald mit seinen vielen Bäumen enthält. Sehen Sie die vielen Stämme vor sich: Sie deuten auf die feste Verwurzelung hin. Wie fühlt es sich an, als Baum tief und fest in der Erde verwurzelt zu sein? Sehen Sie die großen runden Baumkronen vor sich, hören Sie das Rauschen. Stellen Sie sich vor, daß sich die Antwort jetzt vorbereitet. Das »Rauschen« symbolisiert den Prozeß der Verwandlung und Erlösung, das Klangbild wird zu einem Sinnbild. Hören Sie es rauschen, und schreiben Sie auf, was Ihnen als Gegensatz zu den Worten, die etwas Unerlöstes ausdrücken, einfällt. Was geschieht, wenn Verfallenheit rückgängig gemacht wird, wenn Verzweiflung einen Ausweg findet, wenn Verdorbenes wieder frisch und heil ist? Wie fühlt es sich an, wenn Sie jetzt auf der anderen Seite der Liste des Unerlösten Worte auflisten, die die Erlösung ausdrücken?

Legen Sie das Blatt mit den Worten und das Blatt mit dem Kreis des »Buberschen Waldes« vor sich hin. Vielleicht möchten Sie auch den »Buberschen Wald« auf den Boden legen, so daß Sie sich in den Kreis hineinstellen können. Nehmen Sie sich ein wenig Zeit für dieses Experiment. Gehen Sie dem Gefühl nach, was in Ihnen angerührt, ausgelöst und bewegt wird, wenn Sie sich an einen inneren Ort der Erlösung begeben, indem Sie sich symbolisch auf eine markierte Stelle (Kreis auf dem Papier am Boden) stellen. Was kann jetzt anders werden? Beginnen Sie, sich durch den Raum zu bewegen. Die Hände der locker schwingenden Arme fangen an, den Raum zu ertasten. Sie fahren aus, um Unerlöstes, das »in der Luft liegt«, aufzugreifen, zum Herzen zu bringen, im Herzen zu bewegen, wobei die Hände auf dem Herzen für einen Augenblick ruhen. Es kann sein, daß die rechte Hand aktiver ist als die linke, um Unerlöstes in Erfahrung zu bringen, während die linke Hand vom Herzen die Antwort gibt, die Erlösung bringt.

Sie können sich von der Liste der »unerlösten Worte« Stoff abholen, indem Sie die Worte mit der Hand berühren, die Hand zum Herzen nehmen, so daß das Unerlöste zu Herzen und ins Herz genommen wird. Dort wird es beherzigt, »im Herzen bewegt«. Gehen Sie zu dem inneren Ort, an dem Erlösung möglich ist. Um diesen inneren Ort zu finden, stellen Sie sich auf den äußeren Ort des Kreises, der ein Symbol ist. Führen Sie die Geste aus, die Sie an die Kraft Ihres Herzens erinnert. Lassen Sie die Antwort aus dem Herzen kommen. Schreiben Sie auf, was sich in Worte fassen läßt.

3. Der heilsame Umgang mit Urbildern

Urbilder sind jene Archetypen, über die C.G. Jung sagt, sie seien leere Formen, die als eine Art Vakuum eine Anziehungskraft entwickeln, so daß sie sich mit dem Inhalt füllen wollen, den das Leben der Menschen bereitstellt. Auch im modernen Leben wirken die Archetypen magnetisch. Sie sind der Stoff, aus denen Ideale (etwa politischer Art) und Idole (z.b. Filmdiven und Popstars) gemacht sind. Urbilder oder Archetypen spielen in jeder Kultur und Gesellschaft eine Rolle. Es wurde immer wieder spekuliert, woher sie kommen, was sie uns sagen, und wie wir damit am besten umgehen können, um Nutzen aus ihnen ziehen zu können, anstatt ihre Wirklichkeit verdrängen zu müssen.

Urbildern wurde eine Vermittlerfunktion zugewiesen. Sie vermitteln zwischen Form und Energie, zwischen Materie und Geist. Da wir in einer Welt leben, in der Materie und Geist, Form und Energie (Energie wurde aus dem Altgriechischen übersetzt als »wirkende Kraft«) sich mischen, sind wir auf jene Vermittler angewiesen, die uns lehren können, zwischen den verschiedenen Welten und Dimensionen hin- und herzugehen. Nur so ist es uns möglich, ein optimales Gleichgewicht in der durch Lebensumstände bedingten, persönlichen Mischung zu finden. Es gibt kein Entweder-Oder, nur ein Und-Und. Die Struktur des Entweder-Oder hat sich als »unheilsam« erwiesen, da das Heil in der Ganzwerdung liegt, und die nötige Einigung nicht durch die Entscheidung für das eine oder das andere gegeben ist, sondern allein durch den Entschluß, immer wieder Vereinigung, auch des Gegensätzlichen, anstreben zu wollen.

In den Urbildern – so können wir es uns vorstellen – materialisiert und manifestiert sich Geist. Die Materie wiederum wandelt sich und erkennt sich in jenen Formen, deren Inhalt reine Energie ist, und die die Kraft haben, Materie zu verwandeln. Urbilder sind Mittel der Transformation. Ich als Geist manifestiere mich in der Form. Ich als Materie werde begeistert durch die Urbilder und »vergeistige« mich durch sie. »Vergeistigen« heißt: Ich erkenne mich als einen Teil des Geistes, der durch mich Form gewinnt. Dabei verhilft mir diese Art von Begeisterung und Vergeistigung dazu, einen Ausdruck zu finden, der über meine persönlichen, ichhaften Anstrengungen hinausführt und durch den Geist selbst, dessen Kraft in mir wirkt, gespeist wird. Dies ist ein Ausdruck, den nicht das Ich will, sondern den das Selbst geschehen und sich zeigen läßt.

Im Charisma-Training hat die Arbeit mit Urbildern eine große Bedeutung. Führen Sie die folgenden Übungen unter dem besonderen Aspekt Ihres Frauseins für sich durch und wiederholen Sie sie, bis sich der gewünschte Effekt einstellt. Die Wirkung der Urbilder bezieht sich auf eine Gestaltung und Formung der Inhalte, die in Ihrem Unbewußten darauf warten als Informationen abgerufen zu werden. Durch diese Übungen verschaffen Sie sich das Gefühl, immer mehr in Kontakt mit sich selbst zu kommen, ohne die Kontrolle (des Ich über das Es) gleich ganz aufgeben zu müssen. Diese Übungen sind auch eine gute Einführung in die Arbeit mit Trance-Zuständen, denn jedes Urbild, dem Sie aus sich heraus zu seiner gestalteten Manifestation verhelfen, belohnt Sie mit seiner spezifischen Wirkungskraft. Die auf diese Weise erwirkten Kräfte, die nun zu Ihrer Verfügung stehen, sind Ihre wichtigsten Ressourcen, auf die Sie sich verlassen können. Sie müssen sie nicht »erfinden« oder sich von außen »aufpfropfen« – diese Kräfte sind immer schon da als etwas, das Ihnen ganz eigen und vertraut ist.

Das große Runde

Nehmen Sie ein großes Blatt Papier und zwei Kohlestifte, einen für jede Hand. Beginnen Sie die Übung, indem Sie die Stifte zunächst zur Seite legen, die Augen schließen und mit beiden Händen die Fläche des Papiers ertasten. Achten Sie darauf, daß Sie bequem sitzen und für die Dauer der Übung (zehn Minuten) ungestört bleiben. Konzentrieren Sie sich ganz auf das Gefühl, das in Ihren Händen entsteht. Wechseln Sie die Hände ab, und stellen Sie sich vor, Sie würden »alles« in den Griff bekommen. Die rechte Hand begreift dabei wahrscheinlich anders als die linke, und es bilden sich »Begriffe«, die noch vor jeder Wortgestalt eine sinnliches Gefühl für »Gestalt« vermitteln. Jetzt geht es um das »große Runde«, das Sie erfahren und umfahren, umkreisen und einkreisen. Noch bevor Sie einen einzigen Strich mit der Kohle ausführen, nehmen Sie sich die Zeit, mit dem Feld, auf dem die Gestalt in den Vordergrund treten wird, und mit dem Hintergrund, von dem sich die Gestalt abhebt und herauslöst, als »etwas Besonderem« in Kontakt zu treten. Etwas sondert sich ab von dem Rest, etwas unterscheidet sich zunehmend von dem »Ununterschiedenen«, mit dem Sie begonnen haben, als Sie mit tastenden Handbewegungen über das Papier strichen. Möglicherweise gab es am Anfang noch keine Verbindung, die mit einer kontinuierlichen Strichbewegung einen Kreis schuf. Vielleicht war es Stückwerk, das Sie Stück für Stück zusammenfügten, so daß erst nach und nach unter Ihren Händen die Gestalt eines Kreises entstand. Erst wenn der innere Eindruck eines Kreises vor dem inneren Auge entstanden ist, legen Sie in ihn all das hinein, was Sie gern besser begreifen und in den Griff bekommen möchten, z.b. Ihr »Frausein«, Aufgaben, die sich damit verbinden, Probleme, die daraus entstanden sind, Wünsche und Ziele, Visionen. All dies legen Sie in den Kreis, der sich nun füllt und als das »große Runde« alles aufnimmt. Das »große Runde« umfaßt die Fülle Ihres Lebens in seiner Vielfalt, in seiner Widersprüchlichkeit, in seiner Schönheit, aber auch in seiner Fragwürdigkeit und Verletzlichkeit. Legen Sie alle Zweifel, alle Ressentiments, alle Enttäuschung mit hinein in den Kreis, der alles in sich aufnimmt und zu einem großen Ganzen verbindet. Diese Verbindung, die von selbst geschieht, sobald der Kreis sich geschlossen hat, sagt Ihnen: »Und all dies gehört dazu. All dies gehört zu mir. Das bin ich.«

Erst wenn unter Ihren Händen eine geschlossene Gestalt entstanden ist, nehmen Sie die Stifte zur Hand und geben der Gestalt eine Kontur, die sich auf dem Papier abzeichnet. Die äußere Gestalt auf dem Papier ist nun das Abbild des Urbilds, und dieses Abbild kann sich jeden Augenblick verändern, während sich das Gefühl dafür verstärkt, daß auch Abbilder Kraft geben. Die Kraft des großen Runden liegt in seiner Beständigkeit und Kontinuität. Dieses Urbild gibt Halt und einen festen Rahmen. Sie setzen selbst den Rahmen fest und können die Grenzen jeden Augenblick wieder neu definieren, aber konstant bleibt die

Tatsache, daß es einen Rahmen gibt und daß dadurch auch Grenzen gesetzt werden. Sie wissen, daß »alles« stets ein vorläufiges »Alles« ist. Es gibt immer etwas, das draußen bleibt und ein »mehr« ist. Draußen ist der unendliche Raum. Aber hier vor Ihnen liegt, was Sie sich als Übungsfeld vornehmen. So wie Sie dies »alles« nun wahrnehmen, ist es hier vergegenwärtigt. Es ist »nur« eine Repräsentation, aber diese Repräsentation ist weit genug, um alles zuzulassen, was nun von Bedeutung für Sie werden könnte. Andererseits ist dieses »alles« nicht endlos weit, sondern hat seine Grenzen. Sie haben in Raum und Zeit eine Gestalt geschaffen, die Sie durch ihre Beständigkeit (im Raum) und durch ihre Kontinuität (in der Zeit) darin unterstützt, Ihr Leben zu meistern. Es ist eine Form, die Sie durch Räume und Zeiten hindurchtragen wird. Unter Ihren Händen mit den immer sicherer werdenden Strichen, die sich überlagern, wächst diese Gewißheit als ganz konkretes, sinnliches Gefühl, das Sie in Ihrem Körper selbst lokalisieren können. Sie können die Gewißheit mehr im Bauch fühlen oder auch in den Armen, den Händen, den Beinen oder den Füßen. Es kann ein Gefühl sein, das Ihren ganzen Körper erfüllt. Beenden Sie die Übung, wenn diese Gewißheit endgültig geworden ist bzw. ein vorläufiges Ende gefunden hat.

Halbmond, Schale, Tropfen

Sie können die folgende Übung an die vorhergehende anschließen oder neu mit ihr beginnen. Wichtig ist: Nehmen Sie sich Zeit für diese Übung, und bleiben Sie kurz mit geschlossenen Augen vor dem leeren Bogen Papier sitzen.

Beginnen Sie, die Gestalt eines liegenden Halbkreises vor Ihrem inneren Auge zu beschwören, und gestalten Sie das Bild einer Schale in sich. Vergegenwärtigen Sie sich die Qualitäten eines Gefäßes, in dessen runde Tiefe und Höhlung Sie sich einschwingen können. Führen Sie die Bewegung des Schwingens und Schaukelns als innere Bewegung aus, lassen Sie diese Bewegung zu einem Gedanken werden. Kommen Sie über die gedachte Bewegung zu einem bewegten Denken, denken Sie »Ich schwinge mich ein in mich selbst«, und fühlen Sie dabei, wie die schwingende Bewegung Sie wie von selbst von einem Rand der Schale zum anderen trägt, während Sie in der Tiefe die Mitte durchqueren. Erst wenn Sie ein sicheres Gefühl für Ihre innere Mitte entwickelt haben, das Gefäß sich ganz mit Ihrer eigenen Tiefe angefüllt hat und sich in der Mitte – Ihrer Mitte – sammelt, erst dann greifen Sie zu den bereitliegenden Stiften, fahren der inneren Gestalt des Gefäßes nach und lassen sie zu einer äußeren Form finden.

Am Anfang mag das Gefäß unausgeglichen auf Sie wirken. Konzentrieren Sie sich deshalb mehr auf die innere Bewegung und die ideale, gedachte Bewegungsgestalt, statt die äußere Gestalt ausbessern zu wollen. Lassen Sie die vielen schwingenden, schaukelnden Hin- und Herbewegungen der Strichlinien sich überlagern, bis sich aus der Vielzahl der Linien das »Wesen« eines Gefäßes abhebt. Sie werden es sofort erkennen als ein Gefühl, das Sie körperlich lokalisieren können. Stellen Sie sich vor: Ihr Unterleib ist das Gefäß und zugleich sein Inhalt, tiefster Punkt ist Ihr Beckenboden, den Sie jetzt erspüren als Kontakt mit der Sitzfläche. Lassen Sie sich mehr und mehr in die Tiefe tropfen, gewinnen Sie mit jedem Tropfen an Tiefe und Sammlung in Ihrer Mitte. Stellen Sie sich vor, wie alle Tropfen sich als Grundwasser sammeln und einen Strom der Lebensenergie in Ihrer Tiefe bilden. Mit jedem Atemzug, den Sie ruhig zählend begleiten, können Sie sich sammeln und in Ihre Mitte, in Ihre eigene Tiefe kommen.

Aus diesem Körpergefühl heraus lassen Sie das innere Urbild eines runden Gefäßes, einer Schale in sich entstehen, aus sich herausfließen und auf das Papier kommen. Fühlen Sie, wie die innere Gestalt nach außen kommt und Ihnen signalisiert: »angekommen« und »da«. Alles was überflüssig ist, kann in diese Schale einfließen und durch sie abfließen in die Ausdrucks-Gestalt. Gleichzeitig füllt sich die Schale mit »Wesentlichem«, als würde die Seele das Gefäß, das ihr bereitgestellt worden ist, ausfüllen. Die Seele breitet sich in der Form aus, macht ihren Inhalt aus. Nichts anderes hat Platz – die Seele atmet im Körper und ergreift von ihm Besitz. Die Seele bewohnt jenen Teil des Körpergebäudes, in den der Atem fließt und der sich als Gefäß anbietet.

Diese Übung können Sie auch während des Tages als kurze Meditation durchführen. Vergegenwärtigen Sie sich Ihren Körper, vor allem Ihren Unterleib als Gefäß, und pendeln Sie sich in Ihrer Mitte ein. Besonders im Sitzen fällt die Übung leicht, sie kann aber auch im Stehen oder Liegen vollzogen werden.

Die Welle, der Tanz

Diese Übung sollte nur im Anschluß an die vorhergehende durchgeführt werden, denn sie baut darauf auf.

Erst wenn Sie sich in Gedanken und auf dem Papier einge-schwungen haben, führt sie der Rhythmus, der sich durch das Hin und Her aufgeschaukelt hat, weiter. An den Rändern ent-steht eine abgerundete »Umkehr«, die als sanftes Kippen in Form einer Achterbewegung wieder zurückführt in die Schale, nur um sich daraus hervorzuschrauben, abzustoßen, mit der Welle zu tanzen und sich selbst wieder einzufangen. Finden Sie innere Bilder und Metaphern – Achterbahn fahren, Schlingen auswerfen, Windungen abfahren, Kurven nehmen, Schleifen binden, Wellenreiten —, die diesen Tanz repräsentieren. Finden Sie den Punkt, an dem der Impuls gesetzt wird und Sie führt, lassen Sie sich gleiten, lassen Sie den Tanz zu, der von selbst seine Gestalt findet. Entdecken Sie die Musik, die Sie innerlich dazu hören und die den inneren Tanz begleitet, noch bevor er auf dem Papier durch die vielen Stricheinheiten seine wahre Gestalt offenbart. Setzen Sie das Zeichen für die Unendlichkeit, die Acht, und fahren Sie damit fort, die Unendlichkeit nachzu-zeichnen, nachzuvollziehen – reiner Rhythmus, reiner Tanz, ein Perpetuum mobile.

Der Strahl, die Flamme, Pfeil und Aufbruch

Lassen Sie nun aus dem gefundenen Rhythmus (Organisation der Zeit) und seiner Gestalt in Form der Acht (die Acht als Zei-chen für Unendlichkeit deutet auf eine Organisation des Raumes hin) etwas entstehen, das über die Organisation von Zeit und Raum hinausgeht. Lassen Sie die Impulse, die Ihnen bis jetzt geholfen haben, Rhythmus und Gestalt zu finden, zu einem neuen Einsatz finden, der sowohl den Rhythmus als auch die Gestalt sprengt und etwas ganz Neues in Ihren ge-wohnten Bewußtseinshorizont einbringt. Der Strahl, der auf-leuchtet, die Flamme, die auflodert, der Pfeil, der aus der ge-

171

spannten Sehne abgeschossen wird, der Aufbruch, der von einer alten, gewohnten Ordnung in eine neue Ordnung führt, die noch nicht als Ordnung bekannt und gewohnt ist – dies sind Formen der Grenzüberschreitung, des Überschlags, der Verbindung zum Neuen.

Für viele von uns ist es schwer, diesen Impuls zu entwickeln oder, sollte er schon dasein und sich bemerkbar gemacht haben, ihm nun auch zu folgen. Er führt weg vom Bekannten, hinein ins Unbekannte, er führt heraus aus dem Bereich des Vertrauten und hinein in ein offenes Feld der Möglichkeiten. Nichts ist gewiß. Es gibt nichts, woran festgehalten werden könnte – der Impuls ist reine Bewegung, Bewegung, die in weitere Bewegung übergeht und so weit verläuft, bis sich die Energie des Bewegungsimpulses verlaufen hat. Der Verlauf hinterläßt eine Spur – dies ist der Weg, den die Bewegung aufgezeichnet hat. Doch jeder Impuls ist eine neue Bewegung und hinterläßt einen neuen Weg als Spur.

Gehen Sie aus von den vorhergehenden Formen der Organisation, dem Rhythmus und dem Zeichen der schwingenden Acht. Sie stoßen sich nun aus dem ruhenden Pol der Mitte ab und lassen sich von dem Impuls, der die Formen sprengt, weitertragen. Wohin werden Sie geführt? Verbinden Sie den Impuls mit dem Ausatem, lassen Sie sich mit dem Ausatem von innen nach außen tragen, lassen Sie diese Form von elementarem Ausdruck sich selbst entwickeln und gestalten. Lassen Sie die Kraft des Ausatems wirken, nutzen Sie sie für sich, indem Sie viele Ansätze und Formen des Aufbruchs sich auf dem Papier gestalten lassen. Manche fühlen sich überzeugender an als andere. Vielleicht ergibt sich ein Zögern, ein Versacken. Vielleicht empfinden Sie es als »Niederlage«, die Sie davon abbringen will, in das offene Feld der neuen Möglichkeiten vorzustoßen. Lassen Sie sich nicht entmutigen. Setzen Sie immer wieder neu an. Finden Sie immer wieder neuen Mut in dieser Übung, die Sie mit dem Impuls zur Veränderung und Neuorganisation vertraut macht.

Mit Hilfe dieser Übungen bekommen Sie ein Gefühl für neue mögliche Wege, die Sie in eine offene Zukunft führen. Alles geschieht zunächst auf dem Papier, es bleibt beim Experiment, das zunächst keine Konsequenzen für Ihr wirkliches Leben hat. Aber in Ihrem Bewußtsein bahnen sich neue Vorstellungen, Bilder, Gefühle, Impulse, Möglichkeiten an, die nun ihre Gestalt finden und sich Ihnen zeigen. Das Zeichen, das unbewußt gesetzt wurde, kann vom Bewußtsein gelesen werden. Prozesse der Klärung und Entscheidung bereiten sich vor, um dann in Ihr Bewußtsein zu treten, wenn sie von der selbstregulierenden Weisheit Ihres Unbewußten als »reif« angesehen werden.

Afroamerikanische Göttinnen und ihre Tänze als Archetypen weiblicher Erfahrung

Als ich mich in Brasilien mit den Kult-Tänzen des Candomblé beschäftigte, machte ich eine Erfahrung, die für mein Leben von größter Bedeutung werden sollte. Zum ersten Mal erfuhr ich mich in verschiedenen Aspekten meiner Weiblichkeit, je nachdem, welche weibliche Kraft ich im Tanz verkörperte. In den afro-amerikanischen Kulten, zu denen auch der Voodoo gehört, wird nicht von Göttern oder Göttinnen und nicht von Gottheiten gesprochen, sondern von Kräften. Diese Kräfte – wir können sie auch Energien nennen – nehmen eine menschliche Gestalt an, wenn ein Mensch ihnen erlaubt, Besitz von ihm zu ergreifen. Die Kräfte bleiben so lange als Geister ungebunden und unsichtbar, so lange sie kein Gefäß für ihre begeisternde Wirkung gefunden haben. In dem Augenblick, da sie sich verkörpern – »inkorporieren« –, werden sie sichtbar, fühlbar, sinnlich erfahrbar. Das gilt nicht nur für den Tänzer, der sich oft in tiefer Trance durch eine Amnesie nicht über das bewußt ist, was innerhalb des Kultes als Gottesdienst geschieht – sondern insbesondere für die Gemeinde, die Zeuge dieser verkörperten Begeisterung bzw. begeisterten Verkörperung wird.

In der Tradition dieser Kulte selbst ist es üblich, jedem Menschen schon kurz nach seiner Geburt eine bestimmte Energie zuzuschreiben. Meist sind es zwei Kräfte, die im Kopf eines Menschen wohnen (*orisha*, der Ausdruck für diese Kraft, leitet sich von *ori*, Kopf, ab) und das geistige Schicksal bestimmen. Diese Zuordnung hat die Funktion, geistige Orientierung zu geben. Allerdings ist sie nicht sehr individuell ausgerichtet – manche Dörfer haben denselben Patron,

173

ungeachtet der einzelnen Personen und ihrer Schicksale. Hier wird noch kollektiv gedacht und gehandelt.

Meiner Erfahrung gemäß ist das Modell der Kräfte, die im Kopf wohnen, durchaus auch auf die westliche Zivilisation übertragbar. So ergänzt dieses Modell in hervorragender Weise das Modell der »inneren Familie«, das von der Familientherapeutin Virginia Satir entwickelt und therapeutisch eingesetzt wurde. Es entspricht auch dem Modell des Multi-Mind nach Robert Ornstein. Im Candomblé habe ich allerdings Erfahrungen von einer energetischen Stärke gemacht, die in ihrer Intensität alle anderen Eindrücke, Vorstellungen und Erinnerungen geradezu auslöschen. Im Vergleich zu den tiefenpsychologischen Zuordnungen von Frauentypen zu den antiken Göttinnen (wie bei der Jungianischen Analytikerin Jean Shinoda Bolen) bin ich im Candomblé einer aktuellen, leibhaftigen Präsentation von positiver Geist-Besessenheit begegnet. Letztlich ist Enthusiasmus nichts anderes und heißt wörtlich: verinnerlichter Gott, Gott in dir.

Die Verinnerlichung und Verkörperung weiblicher Archetypen – unter dem Decknamen »Archetypen« habe ich die *orisha* einem westlichen Publikum vorgestellt – hat mich in einer einzigartigen Weise bereichert, wobei ich, entgegen der traditionellen Auffassung, nie das Gefühl hatte, mich für die eine oder andere der Gestalten entscheiden zu müssen. Sie schlossen sich nicht gegenseitig aus, sondern repräsentierten verschiedene Alternativen der Lebenserfahrung, die ich nachvollziehen und in verschiedenen Kontexten als Ressourcen nutzen konnte. Diese Ressourcen stehen zur Verfügung, wenn die Gestalt, die Bewegung, das innere Abbild als Urbild vergegenwärtigt werden kann. Sie sind nicht das Eigentum einer jener Traditionen, die sie entwickelt hat, denn sie können nicht besessen, sondern nur im Augenblick (durch Trance) zugänglich und (im Kult) vergegenwärtigt werden.

Es handelt sich um Informationen, die durch persönlich abgestimmte (westliche) Trance-Induktionen abrufbar sind und sich durch persönliche Rituale in das individualistische, westliche Weltbild integrieren lassen. Sie werden dadurch zu Ressourcen, die (auch) im Alltag wirken und von großem Wert sind.

Wie ich anfangs betonte, geht es nicht darum, die Wahrheit von »Urbildern« (Archetypen) beweisen zu wollen, sondern ihre Energie zu aktivieren und sie als Mittel zum Zweck zu gebrauchen. Urbilder, Vorbilder, Leitbilder und Wunschbilder sind nur so brauchbar wie das Ziel, zu dessen Erreichung sie als Mittel eingesetzt werden. Manche Ressourcen sind in bestimmten Zusammenhängen (kontextabhängig) besser geeignet als andere, um in einen ressourcevollen Zustand zu versetzen. Was wann wem wie nutzt, ist durch die Person, die Aufgabe und den Zusammenhang bestimmt. Es gibt keine allgemein verbindliche Gültigkeit oder Wahrheit von Ressourcen, sie sind wie Geld, das in einer entsprechenden Währung geprägt ist und müssen sich bewähren. Auch dann sind sie nicht als »bare Münze« zu nehmen. Es geht nicht darum, eine einzige, wahre und ewige Lösung zu finden, sondern ein ganzes Set von Lösungsalternativen zu entwickeln, also mindestens drei Lösungen zur Verfügung zu stellen, so daß sowohl der Bewußtseinshorizont als auch das Handlungsrepertoire erweitert wird.

Die Erdgöttin Nana Buruku

In Brasilien weiß man wenig über Nana. Sie ist eine rätselhafte, ein wenig bedrohliche Gestalt, die bei den Festen für den Klagegott Omulu als dessen Mutter auftritt. Ihre Farbe ist ein lächerliches Babyrosa, ihr Gehabe das einer alten Frau. Ihr Tanz besteht aus schlurfenden Schritten in Pantoffeln, die Leichtfüßigkeit verhindern, ihre Gesten wirken bedächtig und werden als die typischen Handlungen einer Köchin erklärt. Sie hantiert mit dem Stößel, formt Klopse, rührt im Brei. Der scheint ähnlich wie die italienische Polenta stundenlang vor sich hin zu brodeln, um gar zu werden. Von Anfang an war meine Vermutung, daß mehr dahintersteckt, denn als ich den Tanz unterrichtete – zugegebenerweise beinhaltete ihr Erscheinungsbild alles, was ich in meinem Leben immer vermieden hatte –, überkam mich ein erstaunliches Gefühl der Ruhe, der Sicherheit, der Macht, und der Zeitlosigkeit. Sollte das Hausfrauentum doch ungeahnte

Vorteile besitzen? Was wußte Nana, und wessen war sie sich so gewiß, daß diese ungebrochene Kraft auf mich und überhaupt auf alle, die diesen Tanz vollführten, überging? Ich suchte nach Mythen – und fand sie in Afrika. In Brasilien wird nur gemunkelt, Nana habe Omulu verstoßen, weil er zu häßlich war, worauf das Haßpotential diesen äußerst unangenehm wirkenden Gott als Gott der Pocken (und zugleich der Heilung!) erklärt. In Brasilien ist Nana eine schlechte Mutter – dies erklärt, wie das Übel in die Welt kam. Aber in Westafrika weiß man: Nana war ursprünglich eine Schöpfungsgottheit von zweigeschlechtlicher Natur, möglicherweise auch eine Mondgottheit.

Ein Mythos der Kabylen (aus Zentralafrika) erzählt davon, daß es am Anfang, als Himmel und Erde noch ungetrennt waren, keineswegs feststand, wer oben und wer unten, wer männlich und wer weiblich sein sollte. Es gab einen Urstreit, der mit klaren Verhältnissen endete: Der Himmel war oben und männlich, die Erde unten und weiblich. Bald darauf verließ der Himmel die Erde unter dem Vorwand, sie langweile ihn. Auf die empörten Ausrufe »Was wird dann aus mir?« antwortete der sich entfernende Himmel, der nun als Vaterfigur auch in den verschiedenen Traditionen der Verehrung und den Stammbäumen der von ihm abstammenden Nachkommen viele Namen erhielt, der Erde: »Ich werde dir alles schicken, was du brauchst.« Darauf verschwand er. »Dann werde ich auch fortgehen!« sagte die Erde und wand sich. Da lachte Gott im Himmel und rief herunter: »Das kannst du nicht.« Die Erde bäumte sich auf, aber es half ihr nichts, sie war dazu verdammt zu bleiben. Manchmal bebt sie vor Zorn darüber, das sind dann Erdbeben; doch im Tanz weist nichts auf ihr Leiden hin.

Das Motiv der Verbannung des Weiblichen in die Erde – aus einer Laune, als Willkür oder auch zur Strafe – ist uns aus dem Mythos der Nymphe Echo bekannt und erhält hier eine neue Note: Aus dem mehr oder weniger zufälligen Verschwinden einer Nymphe wird ein archetypisches Ereignis, das am Anfang der Weltgestaltung steht. Die Wertungen werden verteilt: hier oben und männlich, der Himmel, Geist; dort unten und weiblich, die Erde, (tote) Materie oder der

176

Auftrag der Fruchtbarkeit, um die Schöpfung (des Geistes und Gottes) fortbestehen zu lassen. Hier der lebendige Ausdruck und Kreativität. Dort die Verbannung in eine passive Haltung der Aufnahmebereitschaft, aus der es keinen Ausweg gibt. Hier die Ewigkeit, die über der Fruchtbarkeit steht, dort die Endlichkeit und Vergänglichkeit all dessen, was sich materialisiert und konkret wird.

Der Tanz der Nana vermittelt jedoch nicht das Opferbewußtsein der Unterlegenen, sondern eine Erinnerung an (vergangene) Fähigkeiten und Kräfte, an denen wir noch heute teilnehmen können, auch wenn das Schicksal der Nana uns »ungerecht« und bemitleidenswert erscheint. Der Tanz verlangt eine Verlangsamung, die uns schwerfallen mag. Die Schritte sind einfach und haben große Bodenhaftung. Es entsteht das Gefühl, nicht vom Fleck zu kommen. Aber statt in Panik zu geraten, tritt Ruhe ein. Es gibt nichts, was außerhalb zu suchen wäre, alles ist da: innerhalb der gelebten Zeit, innerhalb des Lebensraumes, in einer Körperzeit, in einem Körperraum.

Der Schwerpunkt fällt tief, bis in die Füße, und weiter, in die Sohlen, scheinbar bis zur Mitte der Erde, um dort eine Verbindung aufzunehmen, die wir meist nicht mehr spüren und derer wir uns nicht bewußt sind. Die Schwerkraft ist unsere Führerin, Begleiterin, Lehrerin.

Was geschieht, wenn alles so schwer wird, als würde uns der Erdboden verschlucken? Das große Runde, in dem alles aufgehoben ist und als Energie zirkuliert, polarisiert sich. Am anderen Ende bleibt etwas wach, das sich von der Schwere und dem tiefen Erdenschlaf abhebt. Manche sehen ein Auge, andere ein Licht. Es bleibt hell, wo alles im Dunkeln versinkt, und es wird heller, leuchtender, je mehr die Dunkelheit und Schwere zunimmt. Etwas im Körper wird leicht, je mehr die Schwerkraft sich auswirken kann. Ist dies noch ein Körpergefühl, oder ist es ein Gedanke, an den ich mich halten kann, wenn ich zu sterben glaube? Manche schweben aus dem Körper heraus und betrachten diesen von oben. Etwas polarisiert sich im Körper – die Erfahrung von Geist ist eine körperliche Erfahrung. Sie geht davon aus, daß es etwas gibt, das gegen die Schwerkraft ankommt. Im Spiel mit der Schwerkraft entsteht ein Gefühl für diesen anderen Pol. Der Tanz trägt weiter durch seinen monotonen Rhythmus, Schritt für Schritt, durch sein gebremstes Tempo, das jeden Schritt im Boden verankert. Er vermittelt das Zeiterleben der Kontinuität und das Raumerleben einer großen runden Einheit, die geschlossen ist und in sich ruht.

Für viele Frauen ist es eine erstaunliche Erfahrung, nichts zu verlieren, wenn sie zu kämpfen aufhören und sich tragen lassen. Leben ist (auch) einfach dasein. Das Wort Ergebenheit erhält in diesem Zusammenhang für viele eine neue Bedeutung, die sie nicht ablehnen müssen. Diese Erfahrung gehört dazu, sie ist eine von vielen möglichen Erfahrungen, die wir als Frauen machen können, aber sie ist nicht die einzige. Aus der Kraft und Ruhe heraus finden wir neue Impulse, unser Leben bewußt zu gestalten.

Die Salzwassergöttin Yemanja – eine Trance-Reise

Stellen Sie sich ein aufgewühltes, tosendes Meer vor. Sie stehen am Strand und schauen hinaus. Sie lassen sich hinausziehen, dorthin, wo der Blick in die unendliche Weite des Horizonts entschwindet. Sie sehen beides: die Unendlichkeit und Weite, und die Bewegung der Wellen, der Brandung, der Gischt. Sie fühlen den Rhythmus und gleichzeitig die Stille in der Tiefe des Meers. Und dann, wenn Sie dazu bereit sind, werden Sie selbst das Meer. Sie sind die Bewegung, Sie sind die Stille. Yemanja ist leidenschaftlich und beherrscht zugleich, mütterlich bewahrend, umsorgend, und bedrohlich fordernd. Ihre schwimmende, rudernde Armbewegung glättet die Wogen, ihre Füße wirbeln um die eigene Achse, die Fliehkraft übt einen unwiderstehlichen Sog aus. Yemanja will weiter und weiter werden – in Brasilien wird vor ihr gewarnt, denn ihr Geist ist so groß, daß er in keinen Kopf hineinpaßt. Der Mensch droht verrückt zu werden, er kann Yemanja nicht fassen, ihrem Anspruch nicht folgen.

Der Mythos erzählt davon, daß ihr Vater, der Ozean, schon vor der Hochzeit wußte, daß die Ehe nicht lange halten würde, und er gab seiner Tochter eine kleine Flasche Salzwasser mit. Die sollte sie auf den Boden werfen, wenn sie heimzukehren wünschte. Schon bald stellten sich Unstimmigkeiten ein und Yemanja hielt es nicht aus. Das Fläschchen zerbrach, und Meerwasser strömte aus, nahm Yemanja, die sich auf den Boden warf und zu Wasser wurde, mit zurück, dorthin, woher sie gekommen war. Es ist ein kühles Meer, in dem Yemanja zu Hause ist. Sie selbst wirkt kühl, entfernt, durch Sehnsucht an ein Nicht-Hier gebunden, frei und doch verpflichtet. Sie gilt als unnahbar, der Mythos erzählt von einer tiefen Wunde, einer Verletzung, die nicht heilen will. Ihr Geschlecht ist verschlossen und hart, nachdem der eigene Sohn sie vergewaltigte, verfolgte, als sie schwanger war, und ihr so sehr zusetzte, daß sie stolperte, fiel. Aus ihrem Bauch quollen die restlichen Götter, die noch geboren werden mußten. Nun entzieht sie sich. Ihr Tanz führt ins Unbekannte. Sie spüren, wie sich in Ihrem Nacken eine Tür öffnet, die hinter Ihnen hinausführt. Mit einem tiefen Einatem lehnen Sie sich zurück, schwanken Sie zurück, nur ein wenig, und sogleich wird sich ein nie gekanntes Terrain der Tiefe offenbaren. Wenn Sie ausatmen, schwanken Sie zurück auf die vollständig und gleichmäßig belasteten Fußsohlen. Sie stehen nun fest auf der Erde. Von dort aus wagen Sie sich auf das hohe Meere hinaus, das gleich hinter Ihnen beginnt. Sie spüren die Flut, hören das Rollen und Rauschen, werden getragen von den Elementen, Sie sind mittendrin. Die typische Geste der Yemanja: Sie streicht sich mit dem Handrücken über die Stirn und läßt den Arm in weitem Bogen über die Seite nach hinten gleiten, als entsinne sie sich all dessen, was hinter ihr liegt, der Weite und Tiefe ihres Horizonts.

Die Süßwassergöttin Oshun

Alles wird ihr geschenkt, kommt ihr von selbst zu, sie wird verwöhnt, sie ist reich, schön und großzügig und verschenkt sich selbst. Sie badet an Quellen und Seen, spielt mit den Tropfen, wirft sie hoch, besprengt sich damit, schüttelt sie aus dem Haar, dem Handgelenk, ihr Leben ist Spiel, sie lacht. Sie ist eine Kindfrau, eine laszive Verführerin, die sich träge windet und dreht, ihr eigenes Spiegelbild bewundert. Ihre hohe Kunst besteht darin, sich fallenlassen zu können. Ein kurzes Aufseufzen und langer Genuß, der darauf folgt; kurzes Aufsetzen der Füße, der lange Atem eines Selbstbewußtseins, das weiß, wie es Wirkung erzielt und seiner Ausstrahlung gewiß ist; dazu kommen die Bewegungen eines Körpers, der sich kennt und liebt, sich ausbreitet und verschwendet.

Die Sturmgöttin Yansa

Von ihr wird gesagt, sie sei schneller als der Blitz, immer auf dem Sprung und im Aufbruch, voller elektrischer Spannung. Sie stürmt herab, die Wolken sind ihre aufgebauschten Röcke. Durch ihren Tanz bringt sie das reinigende Wetter, einen Umsturz der Verhältnisse, Durcheinander, Chaos. Sie ist eine Rebellin, die alten Staub aufwirbelt, die Gewohnheiten zerstört, sich ankündigt durch eine frische Brise, einfährt wie ein kräftiger Wind. Nichts bleibt so, wie es gewesen ist, alles muß sich neu einfinden. Typisch für sie: die Sprungbereitschaft in den Füßen, die schnippische Haltung, die sich über alles erhebt, mit den Fingern fortschnippt, was überflüssig geworden ist, eine lockere Hand, die auch schnelle, leichte Schläge austeilt; das rasante Tempo ihres Vorgehens.

BodyDreaming: Der Körper erträumt sich ein neues Selbst

Eine Trance-Reise durch den weiblichen Körper

Sie liegen auf dem Boden und fühlen Ihren Körper mit all seinem Gewicht in Kontakt mit dem Boden, der Sie trägt. Sie können sich ihm anvertrauen, so wie Sie sind. Die Erde nimmt Sie an. Dies ist Ihr Körper, Sie spüren ihn. Vielleicht ist er Ihnen fremd, vielleicht auch wohl vertraut, und möglicherweise wechseln die Gefühle für Ihren Körper so schnell wie Stimmungen, die Sie erfassen und wieder verlassen. Was ist dies für eine Stimmung, in der Sie sich jetzt selbst erfahren? Wie sind Sie in diesem Moment? Diese Frage ersetzt die Frage: Wer sind Sie eigentlich? Gehen Sie vom Augenblick aus, vom JETZT. Ihr Körper hat ein Gewicht, und es hilft Ihnen, schwer zu werden, alle Muskeln, die das Gewicht halten mußten, zu entspannen, einen nach dem anderen. Etwas bleibt wach in Ihnen, während alles andere sich schlafen legt. Etwas bleibt aufrecht, wenn alles andere in wohltuender Weite versinkt. Die senkrechte Achse bleibt erhalten, auch wenn der Körper sich in der Horizontalen ausrichtet. Dieses Etwas ist Ihr Blick – Ihr wacher, liebevoller

Blick, mit dem Sie betrachten, was geschieht. Je »tiefer« Sie sinken, desto mehr steigt er auf und erblickt Sie von außerhalb, von oben. Er sieht Sie an – liebevoll, begeistert. Dieser Blick würdigt Ihren Körper, wie er ist. Nun senkt er sich wieder, um mehr über Sie zu erfahren, um mehr zu fühlen, um ganz einzutauchen in das Leben, das Sie JETZT sind. Ihr Blick legt sich schwer auf die Augenlider, er ist nach innen gerichtet, fast fühlt es sich an, als hätten Sie Ihre Augen heruntergeschluckt, so daß sie nun, zu einem einzigen Auge, zu einer Sonde verschmolzen, Ihren Körper erkunden wollen.

Dieser Blick, diese Sonde, ist offen für alles, was der Körper zu erzählen hat. Der Körper hat seine Geschichte, denn mehr alles andere ist er der Zeit unterworfen und erlebt, wie das Leben in eine Zeitrichtung verfließt. Etwas in Ihnen ist wach und hat Worte für das, was der Körper erzählt. Vielleicht sind es nur Wortfetzen und keine ganzen Sätze. Möglicherweise macht es keinen Sinn, was Sie sich notieren, und trotzdem tun Sie es, weil es der Beginn einer Übersetzung ist. Sie werden Ihren Körper immer mehr verstehen, immer mehr auf ihn hören, seinen Geschichten zuhören, sie verstehen, sie niederschreiben, merken und bemerken, ihnen Aufmerksamkeit und Beachtung schenken. Sie achten Ihren Körper, je mehr Sie seine Ausdrucksweise kennen und es Ihnen wichtig ist zu verstehen, was er Ihnen sagen will. Am Anfang mögen die Übersetzungen mühsam und holprig sein, mag der Körper Ihnen signalisieren, daß er keinen Wert auf Vermittlung legt, weil er gewohnt ist, sich unmittelbar auszuleben und seiner (unbewußten und unvermittelten) Wege zu gehen. Aber je mehr Ihr liebevoller und achtsamer Blick dabeibleibt, die Signale des Körpers aufnehmen und in die Straße des Bewußtseins einschleusen zu wollen, desto mehr liefert Ihr Körper Ihnen Material, mit dem Sie umgehen können. Es wird spannend, diesen Geschichten zuzuhören. Es ist eine Unterhaltung der ganz besonderen und intimen Art.

Nachdem Sie Muskeln und Organe, Körperzonen und Knochen haben sagen lassen, was sie zu sagen hatten, und nachdem Sie jene Zonen des Leidens und Mangels zu Wort haben kommen lassen, richtet sich nun Ihre Aufmerksamkeit auf jene Körperteile, die mit Ihrem Geschlecht zu tun haben. Sie lassen sie ihre Geschichte erzählen. Lassen Sie sich von Ihrem Schoß erzählen, wie das Leben ist. Geben Sie das Wort an ihn und notieren Sie, was er an Informationen für Sie bereithält.

Zellgedächtnis und Bewußtsein des Gewebes

Stellen Sie sich vor: Ihr Körper hat ein Gedächtnis. In jeder Zelle ist Erinnerung gespeichert, und letztlich ist es die Erinnerung an das organische Zusammenspiel, das den Organismus aufrechterhält. Leben heißt, sich daran zu erinnern, was es heißt, lebendig zu sein. Diese besondere Qualität und Fähigkeit ist nur schwer in Begriffe zu fassen, dennoch kann ein Bewußtsein darüber entstehen, wie wunderbar und gleichzeitig »selbstverständlich« es ist zu leben. LEBEN, buchstabieren Sie dieses Wort, und lassen Sie es als Klang durch Ihren Körper tönen. Die Antwort ist weder Tod noch Ewigkeit. Es ist Sterben. Leben und Sterben gehören zusammen. Jede einzelne Zelle weiß es. Sie können davon lernen. Jedes Gewebe erzählt Ihnen gern jene Geschichte seiner Selbsterneuerung, das im Vergehen endet – oder neu beginnt. Werden und Vergehen bilden einen Kreislauf, nahtlos in sich geschlossen, bis der Tod einen endgültigen Punkt setzt. Der Tod, wie Wittgenstein sagt, ist nicht denkbar, weil er nicht zur Übermittlung des Lebendigen gehört. Der Tod hat keine Sprache, er erzählt uns keine Geschichte. Das Sterben hingegen ja. Das Vergehen ist ein Teil des Lebendigen und des Erlebens dessen, was es heißt, am Leben zu sein.

Lassen Sie sich von Ihrem Körper erzählen, wie er wird und vergeht, wie er sich auf- und abbaut.

Lassen Sie sich von Ihrem Geschlecht erzählen, wie es sich »herstellt« und wie es sich wieder löscht, wie es sich bemerkbar macht und wie es dem Bewußtsein entschwindet.

Begeisterte Verkörperung einer Idealgestalt

Lassen Sie sich nun von Ihrer Idealgestalt erzählen, wie Sie sein könnten und wie Sie sich immer gewünscht haben zu sein. Erschaffen Sie durch Ihre Erzählung (eine von vielen) ein Ideal, das weiblich ist. Auch wenn es kein Vorbild gibt, auch wenn Sie bislang Ihre Ideale an männlichen Gestalten ausgerichtet haben – erschaffen Sie jetzt ein weibliches Idol, das zu sein Sie sich in Ihren kühnsten Träumen nicht vorzustellen gewagt hätten. Wagen Sie es JETZT. Entwickeln Sie dieses berauschende grenzüberschreitende Gefühl der Begeisterung, und finden Sie jenen Geist darin auf, der Sie trägt, beflügelt, inspiriert, fordert. Es ist eine Herausforderung. Nehmen Sie sie an. Erschaffen Sie das Idol unter Ihren tastenden Händen unsichtbar in der Luft.

Dieses Idol ist mehr als ein Ideal oder eine Idee, es ist nicht sichtbar und dennoch spürbar unter Ihren Händen. Wenn es Gestalt angenommen hat, stellen Sie sich hinein in jenes Feld der Kräfte, die Sie beschworen haben.

Spüren Sie, wie Ihr Körper bereit ist, neue Ideen als Richtlinien der Entwicklung anzunehmen.

Danken Sie Ihrem Körper für seine Fähigkeit, so schnell und unmittelbar die geistige Anregung, die Sie eben erfahren, und die Begeisterung umzusetzen in ein Gefühl, das sich verkörpert. Die Begeisterung erhält einen Körper, und dieser Körper fühlt sich neu, wie neu geboren, jung und elastisch, frisch, unschuldig und vorbehaltlos an. Dieser Körper ist bereit, neue Erfahrungen zu machen, JETZT neu zu beginnen zu leben – ein neues Leben, Ihr Leben.

Dialog zwischen Real-Ich (altem Ich) und Ideal-Ich (neuem Selbst)

Nennen Sie das alte Leben und das alte Lebensgefühl Ihr »Real-Ich«, und wissen Sie, daß Sie immer darauf zurückkommen können. Nennen Sie Ihr neues begeistertes Ich Ihre Vision, Ihr Ideal-Ich, und wissen Sie, daß es ein Teil von Ihnen ist.

Richten Sie sich zwei Orte ein – den Ort, in dem das Real-Ich wohnt, und den Ort, in dem das Ideal-Ich zu Hause ist. Gehen Sie zwischen den beiden Orten hin und her, und empfangen Sie die Signale, die Sie als Informationen bereichern werden. Gehen Sie vom Real-Ich aus und verankern Sie es an einem Ort, so daß Sie von dort aus in eine visionäre Zukunft gehen, aber auch wieder zur gewohnten Realität zurückkehren können. Beginnen Sie also am Ort des Real-Ichs mit Ihren Händen eine Idealfigur zu formen, lassen Sie sie unter Ihren Händen entstehen und immer mehr »Fleisch«, immer konkreter werden. Sie können konkret sehen (innerlich), hören (innerlich), riechen und schmecken (als ganzkörperlicher Eindruck), wie es sich anfühlt, dieser Ihrer Vision eine Möglichkeit zur Verwirklichung in Ihrem Leben einzuräumen. Der Raum, den Sie sich einräumen, ist ganz nahe bei Ihnen, er liegt vor Ihnen, Ihre Hände können hineinlangen und ihn begreifen, während Ihr Körper noch fest in der Realität verankert ist.

Nun erlauben Sie sich, mit einem tiefen Atemzug einen Schritt vorzutreten, hinein in den Ideal-Raum zu gehen. Geben Sie Ihrem Körper Zeit, sich dort zurechtzufinden und sich Ihrem Ideal anzupassen. Ihr Körper ist es gewohnt, sehr flexibel auf Umweltveränderungen zu reagieren und Anpassungsleistungen zu vollbringen. Geben Sie ihm die Zeit und die Chance, sich an Ihre Ideale anzupassen und sie nachzuvollziehen. Vielleicht erhält er jetzt die Chance, eine bestimmte Entwicklung nachzuholen und das »aufwachsen« zu lassen, was bislang nicht wachsen konnte oder durfte. Möglicherweise fühlt es sich aber auch so an, als wenn dieser Fortschritt in einem Rückschritt besteht und Sie in eine Zeit zurückgehen, in der Sie Ihre Ideale besser verwirklichen konnten als jetzt. Nehmen Sie sich die Zeit, Ihre Ideale organisch zu integrieren und Ihren Organismus durch Ideale zu begeistern. Ihr Organismus wird Ihnen deutliche Signale geben, wenn der Zustand der Begeisterung sich über den Körper verteilt und ihn ganz und gar erfaßt hat. Ihr Körper gibt Ihnen ein Zeichen: So fühlt es sich an, wenn sich Ideale verkörpern!

Nun erst, als gelungene Verkörperung Ihrer Ideale, drehen Sie sich um und sehen sich gegenüber jenem Ort, an dem Ihr Real-Ich gestanden hat. Die Verkörperung Ihrer Ideale hat sicher eine Botschaft an Ihren Realkörper, also senden Sie vom Ideal-Ich aus diese Botschaft, wechseln den Platz, drehen sich um, so daß Sie dem Ideal-Ich gegenüberstehen, und empfangen diese Botschaft als Real-Ich, hören sie.

Fühlen Sie, was diese Botschaft für Sie bedeutet. Aus dem Gefühl der tiefen Verbindung zwischen Realität und Inspiration durch Ideen senden Sie nun auch eine Botschaft Ihres Real-Ichs an das Ideal-Ich. Steigen Sie wieder ein in Ihr Ideal-Ich, drehen Sie sich um, so daß Sie dem Real-Ich gegenüberstehen, und empfangen Sie die Botschaft. Fühlen Sie, was diese Botschaft für Sie bedeutet. So können Sie hin- und herwechseln und dabei immer mehr fühlen, um was es geht in diesem innigen Austausch zwischen Realität und Inspiration. Fühlen Sie, wie sich die beiden Bereiche mehr und mehr überlagern und gegenseitig befruchten, bis sie zu einer inspirierenden, aber auch realistischen und realisierbaren Lösung kommen.

Beenden Sie den Prozeß mit einer kleinen Verneigung vor beiden Ichs, die zuständig sind für Ihr Ichbewußtsein. Wenden Sie sich auch kurz an Ihr Unbewußtes, und bedanken Sie sich für alle Prozesse der Integration, die unbewußt ablaufen konnten. Dann steigen Sie aus den Ich-Positionen aus und finden einen Ort außerhalb, von dem aus Sie einen Überblick über das Geschehen haben (Meta-Position). Bitten Sie alle Beteiligten aus dieser Perspektive und mit einem gewissen Abstand um weitere Unterstützung, und nehmen Sie wieder die Position des Real-Ichs ein. Finden Sie sich ganz in der Realität ein, die sich jedoch ein wenig verändert haben mag. Vielleicht fühlt sie sich ein wenig leichter, beschwingter und fließender an und fordert Sie dazu auf, sich auch in der Realität mehr zu erlauben und das Leben als Spiel zu nehmen.

Die Zeit ist ein Fluß, ein Meer

Stellen Sie sich vor: Wenn Sie die Augen schließen, fließt vor Ihnen die Zeit wie ein Strom von links nach rechts, von der Quelle zur Mündung im Meer. Die Informationen, die Sie durch Lernerfahrungen gewonnen haben, sind nacheinander angeordnet und begründen sich: zuerst die Quelle, dann die Mündung, die den Fluß im Meer aufgehen läßt; zuerst ein kleiner Bach, dann ein großer Strom, dann Auflösung.

Stellen Sie sich vor: Hinter Ihren Augen, dort, wo das Hinterhaupt eine Schale bildet, die eine offene Weite umfaßt, beginnt das Meer der Zeit: Vergangenheit und Zukunft mischen sich darin, und jeder Einfluß teilt sich dem ganzen System mit. Eine vergiftete Vergangenheit beeinflußt die Bedeutung, die die Zukunft erhält und damit die Identität der Gegenwart bestimmt.

185

Vergegenwärtigen Sie sich: Was immer geschieht, hat Auswirkungen auf alles.

• Die Auflösung des Kleinen im Großen beeinflußt das Große, das nicht größer, aber anders wird.

• Die Manifestation eines Teils des Ganzen bestimmt das Ganze, das nicht dadurch ergänzt, sondern verändert wird.

Vergegenwärtigen Sie sich: Alles Wissen geschieht gleichzeitig. Der Eindruck von Gleichzeitigkeit überwiegt die zeitliche Abfolge der Ereignisse. Ein Bild, eine Gestalt entsteht. Dies wird das Symbol für Gleichzeitigkeit (Synchronizität) sein.

Zeitreisen und Körperhaltungen

Trance ist weniger ein bestimmter Zustand als mehr ein Prozeß, durch den verschiedene Bewußtseinsräume erreicht oder durchschritten werden können. Angenommen, Trance wäre nicht ein einziger Aufenthaltsort, sondern mehr eine Reise, die durch verschiedene Phasen und Dimensionen eines Bewußtseinsprozesses hindurchführen würde, und angenommen, es ginge in der Trance-Arbeit weniger darum, in Trance zu geraten, sondern eher darum, durch das Vehikel der Trance auf eine Reise zu gehen, jeweils entsprechend der geistigen Orientierung oder den Bedürfnissen sei es der Person oder des Kollektivs, so könnte diese Art des Reisens durch bestimmte Hilfsmittel erleichtert werden.

Archäologisch geborgene Kult-Figuren weisen oft Haltungen auf, die ihre Schöpfer ihnen nicht zufällig zugeordnet haben können, sondern die eine kultische Bedeutung hatten. In archaischen Zeiten und Kulturen – so sehen wir es heute aus der Perspektive der kulturanthropologischen Forschung – wurde die Lebens- und »Weltbewältigung« durch die Veränderung von Bewußtseinszuständen bewerkstelligt. Trance-Techniken, z. B. von Schamanen, sollten dafür sorgen, Verbindung zu den geistigen Kräften herzustellen, die hinter den Naturerscheinungen vermutet wurden. So wurden wahrscheinlich jene trance-einleitenden »Reisehaltungen« entdeckt, entwickelt und gelehrt. Diese Haltungen sollten ermöglichen, die Trance und damit die Reise zu steuern.

Die körperliche Art der Haltung erleichterte dabei wahrscheinlich nicht nur den Eintritt in die geistige Bewegung des inneren Reisens, sondern führte den Reisenden auch in die jeweiligen Dimensionen, in denen der heilende Kontakt zu den Geistern gewünscht bzw. notwendig war. So unterscheiden Kulturanthropologen z.b. eine »Jäger-Haltung«, eine »Wahrsager-Haltung«, eine »Heiler-Haltung«, eine »Seelenführer-Haltung«, eine Haltung, die in die Obere Welt reisen, und eine Haltung, die auf den Meeresboden hinabtauchen läßt. Die Haltungen werden durch die Funktion der Trance, die sie einleiten und bestimmen, gekennzeichnet. Die Haltung selbst wird zum Vehikel, das benannt wird nach dem Ziel, das es ansteuert.

In späteren Epochen der Kulturgeschichte tritt das archaische Erleben des unmittelbaren Kontakts mit den geistigen Kräften immer mehr in den Hintergrund und wird durch Mythen, Symbole, Metaphern Allegorien analoges Denken und schließlich die Logik ersetzt. Das Erleben tritt an die Stelle des Glaubens und wird zu einer Institution erhoben. Der Kontakt mit den Geistern bzw. mit dem Geist wird immer mehr verwaltet und verordnet. Körperhaltungen werden als Ausdruck von psychischer, emotionaler Befindlichkeit gedeutet und sind Merkmale des Charakters, der wiederum eine bestimmte Geisteshaltung zum Standard erhebt. Körperhaltungen werden als Stereotypen erkannt und »verstanden«, d.h. als spezifische Zeichen gedeutet, die auf einen Inhalt des Unbewußten verweisen sollen.

Diese Art von Deutung des Körperlichen findet man in den immer noch beliebten Abhandlungen und Nachschlagewerken über die sogenannte Körpersprache. Trotz der möglichen Mißverständnisse, die durch diese standardisierten Deutungen gegeben sind, ist es interessant, von den Körperhaltungen auszugehen und das Augenmerk darauf zu legen, am eigenen Leibe zu erleben, was sie uns über uns selbst zu sagen haben.

Von diesen selbst erfahrenen Aussagen können wir eventuell ausgehen, um sie zu verallgemeinern. Selbstverständlich müssen diese Verallgemeinerungen immer neu hinterfragt werden.

Wir wollen annehmen, daß Körperhaltungen seelischen und geistigen Haltungen entsprechen. Diese Annahme ist experimentell, die Übung, die daran anschließt, ist ein Experiment. Es hat den Zweck, am eigenen Leib und für sich selbst herauszufinden, welche Einstellungen, Glaubenshaltungen, Werte und Lebensweisen gerade vorherrschen und sich ein bewegtes und bewegendes Bild davon zu machen, inwieweit Körperbefinden und Geistesverfassung sich gegenseitig beeinflussen. Jede Körperhaltung, die sich aus dem Bewegungsfluß ständiger Veränderung ergibt, ist eine Momentaufnahme innerer Verhältnisse, die sich zu einem Bild verdichtet, um wieder aufgelöst zu werden und in das nächste Bild überzugehen.

Zeitreisen durch die Lebenshaltungen

Trance ist eine Reise durch Bewußtseinszustände und Stadien des Lebensprozesses. Die Reise, die als Exkursion oder Expedition ins eigene Innere vorbereitet wird, vollzieht sich auf drei Ebenen:

1. auf der Ebene des organischen, vegetativen und instinkthaften Körpererlebens,
2. auf der Ebene des emotionalen, gefühlsbetonten und stimmungsabhängigen Erlebens von Resonanz (Schwingungserleben),
3. auf der Ebene des mental erfaßten und Identität durch Kontinuität schaffenden Erlebens der vielfältigen Formen und Gestalten innerhalb des Bewußtseinsstroms.

Selbstverständlich beeinflussen sich die drei Ebenen auch gegenseitig. Jede Veränderung auf einer Ebene bewirkt direkt oder indirekt eine Veränderung auf den anderen Ebenen und des Verhältnisses der Ebenen zueinander. (z.B. Kongruenz oder Inkongruenz).

Diese drei Ebenen werden durch folgende Fragen angesprochen:

1. In welchem Kontext erlebe ich das, was ich erlebe? In welchem Zustand befinde ich mich?

2. Wie fühle ich mich dabei?
3. Wer bin ich (jetzt)?

Dabei können Bilder, Eindrücke, Erinnerungen und Gedanken einen inneren Film ablaufen lassen. Der innere Film zeigt auf, wie die innere Reise verläuft und wohin sie führt.

Stellen Sie sich vor: Es ist wie bei einem altmodischen Radio, bei dem Sie durch Drehen an einem Knopf den Sender einstellen können, der genau das Programm empfängt, das Sie hören möchten. Jede Haltung, die Sie einnehmen, entspricht einer bestimmten Frequenz, auf die sich Ihr Körper einschwingt. Manche Frequenzen empfangen Programme, andere nicht. Und manche Programme, die Sie auf diese Weise empfangen können, interessieren Sie, andere wiederum nicht. Begeben Sie sich nun in einen Bewegungsfluß, in dem Sie von einer Haltung zur anderen übergehen, bis Sie die Haltung finden, die ein für Sie interessantes Programm beinhaltet bzw. in Ihnen auslöst. Es ist, als ob Sie durch das Verharren in dieser Haltung in einen Film einsteigen würden, der sich in Ihnen abspielt. Kaum verändern Sie die Haltung, verändert sich das Programm, und Sie steigen wieder aus.

Gehen Sie »auf Empfang«, indem Sie bewußt Ihren Bewegungsfluß dazu benutzen, von einer Haltung zur anderen zu gelangen und Ihre Bewegungsfreiheit zu genießen.

Halten Sie den Bewegungsfluß an, und wählen Sie eine bestimmte Haltung aus, in deren Programm Sie einsteigen möchten. Wählen Sie einen Sender aus, und stellen Sie ihn durch »Feinabstimmung« so klar ein, daß er sich von allen anderen möglichen Programmen unterscheidet. Geben Sie diesem Programm einen Namen, und seien Sie sich bewußt, warum Sie diesen Sender empfangen möchten.

Nach dem Anhalten kommt das Innehalten – verharren Sie in dieser Haltung, die ein bestimmtes Programm in Ihnen auslöst, und lassen Sie den dazugehörenden inneren Film ablaufen. Seien Sie sich bewußt, daß Sie sich durch diese Haltung auf eine bestimmte Frequenz einschwingen. Sie empfangen nicht das dazugehörende Programm, sondern gehen mit allen anderen Programmen, die ähnlich gestimmt sind, in Resonanz. Lösen Sie die Haltung auf, indem Sie aus ihr aus- und wieder in den Bewegungsfluß einsteigen. Lassen Sie die Bewegungen sich schließlich ausschwingen und in Ruhe übergehen, so daß die Übung damit beendet ist.

Trance-Reise durch den weiblichen Monatszyklus

Stellen Sie sich den Aufbau und Abbau innerhalb des weiblichen Monatszyklus vor. Auch wenn Sie keinen Zyklus mehr haben, stellen Sie sich die einzelnen Phasen des Zyklus vor, die Zustände, die dazugehören, die Gefühle, das unterschiedliche Erleben Ihrer selbst. Vielleicht werden Sie einwenden, daß Ihr Monatszyklus keinen Einfluß hat oder gehabt hat auf Ihre Identität, da Ihre Identität etwas Übergeordnetes ist, daß all diese Erfahrungen auf der vegetativen, instinkthaften, organischen Ebene stattfinden und diese Erfahrungen Ihrer weiblichen Körperlichkeit nicht Ihr Gefühl für Ihr Ich und Ihre Identität berühren. Doch wenn Sie sich mehr Zeit nehmen, dies zu überprüfen, kann es sein, daß Sie sehr unterschiedliche Geistes- und Bewußtseinszustände mit den unterschiedlichen Körperzuständen entsprechend den Phasen des weiblichen Organismus bemerken. Geben Sie diesen verschiedenen Erlebensarten und Seelenanteilen eine Gestalt, lassen Sie sie zu Personen werden, so daß Sie mit ihnen in Verbindung treten können. Sprechen Sie sie an und hören Sie, was sie Ihnen zu sagen haben. Der Atem geht ruhig und tief. Versetzen Sie sich in einen Zustand der Großherzigkeit, in dem Sie gern zu sich einladen und bewirten.

Die Person, die Sie sind, lädt alle Teilpersönlichkeiten, die zu Ihrer Integrität gehören, zu sich ein. Suchende Handbewegungen, tastend, fühlend, ausgehend vom Ichgefühl, wissend um Teile, die sich verloren haben oder im Untergrund leben, die »geraubt« wurden oder in Vergessenheit gerieten, nicht beachtet werden – holen Sie sie mit dem Einatem zu sich und legen Sie sie mit dem Ausatem in der Gegenwart ab.

Spüren Sie, wann Sie das Gefühl haben, »komplett« da zu sein. Fühlen Sie die Bedeutung, die folgende Worte für Sie haben:

– Vollkommenheit
– Erfüllung
– Ganz da sein

190

Füllen Sie die Bedeutungen mit Ihrem Atem, und lassen Sie sie
auf sich wirken, so daß sie Wirklichkeit werden können.

Weiß-Rot-Schwarz – mythische Gestalten der weiblichen Lebensphasen

Die drei Phasen im Leben einer Frau können als drei Personen gesehen werden – das Mädchen, die geschlechtsreife
Frau, die unfruchtbare Frau nach dem Klimakterium. Oft
werden diese drei weiblichen Daseinsformen als Gottheiten
personifiziert und Farben zugeordnet.

Das Mädchen ist die jungfräuliche Träumerin. Sie ist offen
und unschuldig, sie ist empfänglich für das, was jenseits des
biologischen »Auftrags« existiert, oft fühlt sie sich zur Die-
nerin Gottes, zur Prophetin und Orakelpriesterin bestimmt.
(Kore – Weiß)

Die Frau in ihren empfänglichen und fruchtbaren Jahren
ist die Liebende, die sich hingibt, die Lockende, die Verführerin. Sie handelt im Auftrag der Fruchtbarkeit, die Fortset-
zung, Kontinuität und Wiederkehr will. Fortpflanzung auf
der biologischen Ebene ist eine Ausdrucksart der Kreativität.
(Aphrodite – Rot)

Die Alte ist die Frau, die auf ein langes Leben zurückblickt
und weise geworden ist. Sie hat den Auftrag, ihr Wissen als
Lehrerin weiterzugeben und Menschen in die Mysterien des
Übergangs und der Transformation einzuführen. Sie wird
oft als die Herrin der Unterwelt identifiziert, manchmal
zeigt sie sich als Tod, jedoch als Tod, der das Bewußtsein
nicht auslöscht, sondern erweitert und das Ich als Teil der
Natur erleben läßt. (Hekate – Schwarz)

Manche Frauen bleiben immer Mädchen, obwohl sie
mehrfache Mutter geworden sind. Manche Frauen sind noch
jung und haben schon das Bewußtsein einer alten Frau.
Manche Mädchen entdecken die Aphrodite in sich noch vor
ihrer biologischen Geschlechtsreife. Manche Frauen bewahren sich das Wesen von Aphrodite bis ins hohe Alter.

Keine Göttin ist besser oder höher als die andere, keine
Phase in einem Frauenleben schöner oder leichter als eine

andere, obwohl jede Kultur ihre Wertungen verteilt. Es geht auch nicht darum, sich für eine Art des Frauseins zu entscheiden und alle anderen Arten auszugrenzen, weil sie nicht zum Selbstbild passen. Im Gegenteil – alles gehört dazu. Je mehr von dem, was zum Leben und zum Frausein gehört, bewußt gemacht und integriert werden kann, desto reifer ist die Persönlichkeit.

Ich habe mit Frauen aller Altersstufen gearbeitet, und gemeinsam kamen wir zu dem erstaunlichen Schluß, daß das tatsächliche Alter nicht mit dem Reifegrad und dem Lebenswissen übereinstimmen muß. Sehr junge Mädchen konnten sich mühelos in die Sichtweise alter Frauen hineinversetzen und umgekehrt. Dabei wurden die Phasen mehr und mehr zu unterschiedlichen Lebensaufgaben und Bereichen, zu verschiedenen Funktionen und Perspektiven, sie wurden auch zunehmend »unpersönlich«, insofern sie als Archetypen eine transpersonale, die Persönlichkeit und das Ego überschreitende Wirkungskraft entfalteten. Am besten konnten sie tatsächlich als Gottheiten vorgestellt werden. Jede Gottheit erhielt ihren Raum, wobei dem äußeren Raum ein innerer Bewußtseinsraum entsprach. Indem wir von einem Raum zum anderen gingen, entdeckten wir, wie Teile unseres Selbst manchmal übermächtig waren, während andere Teile wenig Beachtung fanden oder bis dahin negativ besetzt worden waren. Wir hießen alle Teile, die wir in den Räumen aufsuchten, willkommen und luden sie in unser multidimensionales Selbst ein.

Es half uns bei dieser Integrationsarbeit, ein von diesem Schema abgeleitetes Modell zu verwenden, um über spezifische »Frauenprobleme« hinaus unser Leben neu und besser zu organisieren. Das Mädchen als Träumerin wurde zur Muse, zur Inspiration, zu unserer Vision. Die reife Frau als große Liebende wurde zur entschlossenen und mutigen Vorkämpferin, die sich leidenschaftlich für eine Sache einsetzen konnte und zum Handeln aufforderte. Die Alte in uns wurde zur Denkerin, die imstande war, mit Abstand und einem großen Überblick die vielfältigen Mosaiksteine des Lebenslabyrinths zusammenzufügen.

4. Rituale innerhalb des Charisma-Trainings

Ein Ritual ist eine bedeutungsvolle Handlung, die eine gewünschte Veränderung auf symbolischer Ebene vollzieht. Es geht darum, ein maßgeschneidertes Ritual zu erstellen, dessen Wirkung sich im Alltag vollzieht. Weiterhin geht es um die Einbindung und Einlösung der Inhalte, die durch die Intuition ins Bewußtsein gebracht wurden. Dies können neue Gewichtungen, Wertungen oder auch Visionen sein. Der Bewußtwerdung des Neuen geht eine intuitiv vollzogene Entscheidung voraus – es fühlt sich an, als habe sich etwas in einer Frau für eine bestimmte Sache entschieden. Dieser Entscheidung folgt ein Entschluß. Beides geschieht meist auf der unbewußten Ebene und vermittelt sich als (zunächst diffuses) Gefühl. Das Gefühl nimmt nicht nur wahr, was ist, sondern gibt Rückmeldung darüber, was sein soll bzw. wofür wir uns innerlich entschieden haben.

In einem Ritual wird die gewünschte Wirklichkeit durch bedeutungsvolle Handlungen symbolisch inszeniert, in einer gesprochenen Trance-Induktion nach Milton Erickson wird diese gewünschte Wirklichkeit durch Worte heraufbeschworen.

»Maßnehmen« für Ihr persönliches Ritual

* Was ist das Thema?
* Was soll anders werden?
* Woran würden Sie merken, daß sich etwas verändert hat?
* Finden Sie den entscheidenden Unterschied zur jetzigen Situation, zum jetzigen Zustand.

Alltagskontext:

* Gewohnheiten sind wie Wohnhäuser. Eine Veränderung von Gewohnheiten ist wie ein Umzug von einem Wohnhaus in ein anderes. Was unterscheidet das neue Wohn-

haus vom alten – z.B. durch seine Größe, seine Lage, seine Mitbewohner?

- Woran würden Sie als erstes merken, daß Sie sich dafür entschieden haben umzuziehen?
- Was wäre das erste, woran Sie merken würden, daß es losgeht? Finden Sie eine konkrete Handlung oder Haltung, eine Gebärde, einen Satz, vielleicht auch nur einen Gedanken.
- Was brauchen Sie, was braucht es, um die gewünschte Veränderung bewirken zu können? Zu welchem Anteil können Sie selbst die Veränderung bewirken? Konzentrieren Sie sich nun ganz auf diesen Anteil, den Sie beitragen können.

Inszenierung des Rituals

- Finden Sie eine Handlung als Wechsel von Haltungen, Gebärden und Mienen, die auf symbolischer Ebene den entscheidenden Wechsel von der alten zu einer neuen Ordnung durchspielt bzw. repräsentiert.
- Finden Sie einen bedeutungsvollen Satz, der die Handlung begleitet. Der Satz kann gedacht, gesprochen oder auch geschrieben werden. Er beschreibt und begleitet eine Handlung, die zugleich vollzogen wird. Der Satz beginnt mit HIERMIT und wird durch die Handlung unterstützt.
- Bestimmen Sie die Art von Handlungen, die in Ihrem Ritual durchgespielt werden soll:

Geht es um das Lösen alter Muster und Verbindungen?
Geht es um das Knüpfen und Verknüpfen neuer Verbindungen?
Soll ein Vertrag gekündigt werden?
Soll ein Auftrag erteilt werden?
Soll ein Antrag gestellt werden?
Geht es um ein Versprechen?
Geht es um einen Bannspruch?
Geht es um Reinigung oder Schutz?
Geht es um Ermächtigung?

- Finden Sie einen Gegenstand, der als Requisit im Ritual eingesetzt werden kann. Stellen Sie sich vor, Sie könnten Gegenstände magisch aufladen, und seien Sie sich bewußt, daß diese Magie auf inneren Entscheidungen und Entschlüssen beruht. Welche Wirkungen möchten Sie erzielen? Vollziehen Sie die magische Aufladung des Gegenstandes mit der gewünschten Wirkung.
- Legen Sie die Chronologie und Choreographie des Rituals fest. Was kommt zuerst, was ist das Kernstück, was bedeutet das Ende?
- Woran würden Sie merken, daß Ihr Ritual vollständig ist und Sie zufriedenstellt?
- Abschiedsformel: Bedenken Sie in einem Satz die ökologische Verträglichkeit der Auswirkungen Ihres Rituals und bekunden Sie Ihre Absicht, allen anderen Lebewesen Gutes zu wünschen, z.b.»Mögen alle Lebewesen glücklich sein, Frieden finden«.

Fragenkatalog zur Erstellung eines Rituals

Benutzen Sie den Fragenkatalog zu Ihrer Information darüber, was in dem Ritual oder in den Trance-Induktionen beachtet werden soll. Der Katalog kann wie eine Checkliste oder eine Vorgabe zur Selbsterforschung dienen.

- *Ich nehme wahr*
  Element Erde, Geruchssinn, Symbol: Quadrat, Farbe: Rubinrot, Chakra: Wurzelchakra, Kontext: Wo bin ich, mit wem, zu welcher Zeit?
  Was nehme ich wahr?
- *Ich werde mir meines Verhaltens bewußt.*
  Element Wasser, Geschmackssinn, Symbol: Kreis, Farbe: Orange, Chakra: Bauch, Verhalten: Was tue ich, was passiert hier? Was ist meine Rolle?
  Wie verhalte ich mich? Wie reagiere ich?
- *Ich erinnere mich meiner Fähigkeiten und handle.*
  Element Feuer, Sehsinn, Symbol: Dreieck, Farbe: Sonnengelb, Chakra: Solarplexus

Fähigkeiten: Was will ich? Was kann ich tun? Wie handle ich? Wann werde ich aktiv? Zu welchen Aktionen entschließe ich mich?

- *Ich setze Werte und entscheide mich.*

Element Luft, der Sinn des Fühlens, Symbol: liegender Halbmond oder Schale, Farbe: Grün, Chakra: Herz, Denkgewohnheiten, Urteile, Glaubenssätze und Wertvorstellungen.

Werte: Was ist mir wichtig? Was ist mir etwas wert? Wann und wo und mit wem geht mir das Herz auf? Was macht mir das Herz warm und weit? Was möchte ich beherzigen?

Wie muß ich mich entscheiden, um einen wirklichen Unterschied zu erwirken und an einer Wirklichkeit mitzuwirken, zu der mein Herz ja sagen kann? Was muß ich glauben wollen, um eine solche Wirklichkeit möglich zu machen (selbsterfüllende Prophezeiungen)?

- *Ich höre auf mich und übernehme Verantwortung.*

Element Raum, Hörsinn, Symbol: Punkt, Farbe: Türkis, Chakra: Hals.

Identität: Wer bin ich, wenn ich dies alles – was ich wahrnehme, wie ich mich verhalte, was ich will und wie ich handle, wofür ich mich entschieden habe – in Einklang bringe? Womit möchte ich mich identifizieren? Wann fühle ich mich »stimmig« mit mir selbst? Welchen Ausdruck findet meine Identität? Was für eine Stimme gebe ich mir? Wann erhebe ich meine Stimme? Wofür spreche ich mich aus?

- *Ich denke aus dem Geist, der mich bewegt, in eine Richtung, in die ich gehen will.*

Farbe: Nachtblau, Chakra: Stirn.

Zugehörigkeit und Spiritualität: Zu welchem größeren Ganzen fühle ich mich zugehörig?

- *Ich bin ein Teil eines größeren Ganzen, und ich habe teil daran, wenn ich mich meiner Zugehörigkeit erinnere. Ich nehme ständig daran teil.*

Farbe: Violett, Chakra: Scheitel, Kronenchakra.

Spiritualität: Wie kann ich meine Anteilnahme verwirklichen? Welche Konsequenzen hätte dies auf alles, was ich wahrnehme, auf mein Verhalten, meine Fähigkeiten, meine Werte, meine Identität? Wie würde es sich auswirken, wenn ich dem größeren Ganzen, dem anzugehören ich erkannt habe, mehr Einfluß gebe? Welchen Einfluß hätte diese Entscheidung auf mein Leben?

Die Elemente im Ritual

WASSER – Stellen Sie sich vor: Etwas in Ihnen kommt ins Fließen, die Zeit dehnt sich, bleibt stehen, ist aufgehoben, wie die Schwere, und Sie erleben sich selbst als aufgehoben in diesem Element. Die Widerstände treten in den Hintergrund, im Vordergrund ist das Fließen und Treiben, die Bewegung, die Sie trägt. Sie fließen dem Meer entgegen, lösen sich darin auf. Im unendlichen Ozean sammelt sich das Wissen von allem, was je geschehen ist und was geschehen könnte. Diese Bilder vermitteln Ihnen ein Gefühl von Lösung, von Weite, von Freiheit jenseits der Notwendigkeiten, der Sachzwänge und Beschränkungen, der festgelegten Grenzen und Konturen, jenseits der gewohnten Definitionen. Die Wirklichkeit wird weich, fließend, unbestimmt, Ihre geistigen Poren wollen sich öffnen, das Neue, das Sie als Möglichkeit umgibt, aufnehmen. Sie können in all den Möglichkeiten baden. Dieses Glück ist ein Aufgehen in einer Aktivität, die als kreativ erlebt wird. Die meisten Menschen kennen solche Glückszustände der Selbstvergessenheit. Dieses »Im-Fluß-Sein« ergibt sich aus einer bestimmten Art des Daseins, des Lebens, Handelns. Im Fluß verschmilzt das eigene Bewußtsein so vollständig mit der Handlung, daß Sie in seine Bewegung eintauchen, begleitet von dem unerklärlichen Gefühl der Gewißheit, in jedem Moment das Richtige zu tun. Wenn Sie im Fluß sind, bringt jedes Tun die nächste Tat von selbst hervor, und es geht mühelos. Wir alle kennen dieses Gefühl.

Am besten erinnern Sie sich an vergangene »Fluß-Erlebnisse« und lassen sie so in sich gegenwärtig werden, daß Ihr Körpererleben ganz davon ausgefüllt wird. Welche unter den vielen Möglichkeiten, etwas zu tun, und welche unter den vielen Arten, wie etwas getan werden kann, müßten Sie auswählen, um sich wieder so zu fühlen, wie damals, als Sie im Fluß waren. Als unmittelbare Antwort auf diese Fragen spielen Sie innerlich mehrere Verhaltensmöglichkeiten durch und achten auf Ihr

Körpergefühl. Was fühlt sich jetzt stimmig an, was vermittelt Ihnen ein Aha-Erlebnis – ohne daß Sie genau wissen, um was es eigentlich geht? Innerlich haben Sie schon eine Entscheidung, eine Auswahl getroffen. Das leitet Sie weiter zum Element Erde.

ERDE – Stellen Sie sich vor, Sie kommen aus dem Wasser und fühlen wieder feste Erde unter den Füßen. Sie können sich von einem Ort zum anderen bewegen, und von jedem Ort aus eröffnen sich neue Perspektiven und neue Horizonte. Dank Ihrer Bewegungsfreiheit können Sie unterschiedliche Umgebungen ausprobieren, und dank Ihrer Wahrnehmungsfähigkeit können Sie Unterschiede bewirken. So entsteht in Ihnen ein Bewußtsein, zuerst nur ein Gefühl für die Verschiedenheit der Lagen, für Haltungen, Stellungen, Standpunkte. All diese Orte stehen Ihnen zur Verfügung, indem Sie hin- und hergehen, sich in andere Positionen und Lagen »versetzen«, »verstehen« wollen, um was es eigentlich geht. Sie bekommen einen Blick dafür, wo und wer was braucht und welche Möglichkeiten sich für Sie auftun, wenn Sie auf die Bedürfnisse anderer Menschen achten. Was wird gebraucht?

Sie beginnen, darauf zu hören, was andere Ihnen mitteilen, Sie horchen auf die verborgenen Botschaften. Sie spüren, was jetzt richtig und wichtig wäre, und sammeln Informationen zum Thema, mit dem Sie sich auseinandersetzen. Was gibt es schon, was wurde schon versucht, was hat bei anderen nicht funktioniert, und warum? Sie entwickeln ein Problembewußtsein, wobei es die mögliche Lösung ist, die Sie reizt. Vielleicht hilft es Ihnen, einen Tag lang zu wandern und das Problem, die Aufgabe, das Ziel oder auch den Wunsch oder die Vision, also das, was Sie im Element Wasser erträumt haben, in sich zu bewegen. Äußere Bewegung hilft dabei. Sie bringt einen innerlichen Abstand, gleichzeitig bringt sie Sie Ihrem Ziel näher. Vielleicht gibt es eine Flut von Informationen, die Ihnen zur Verfügung stehen, und die Sie erst verarbeiten müssen. Manchmal verwandelt sich etwas in Ihnen, etwas fällt Ihnen ein, das jetzt wichtig und notwendig ist. Etwas schlägt um: Es ist nicht mehr beliebig, sondern notwendig. Sie schwimmen nicht mehr, sondern gehen entschlossen einen Weg. Und wenn sich nicht beim ersten Versuch etwas ergibt, das sich für Sie wie ein Ergebnis anfühlt, dann tun Sie einfach so als ob – tun Sie so, als ob Sie schon ein Ergebnis hätten, und wenn es nur ein Teilergebnis ist. Dies verstärkt die Lösungsorientierung in Ihnen, die Sie weiterführt. Prüfen Sie jedes Ergebnis, ohne es von vornherein abzuwerten oder sich übertriebene Hoffnungen zu machen. Meist kommt der Erfolg nicht auf einmal, sondern nach und nach. Haben Sie Geduld, und gehen Sie Schritt für Schritt weiter. Auch wenn sie sich auf unsicherem Boden befinden und nichts eindeutig ist, wissen Sie, daß Sie auf dem richtigen Weg sind, denn gerade das macht Kreativität aus. Ganz bewußt gehen Sie das Risiko ein, Fehler zu machen, dies gehört dazu. Es ist wichtig, die Zweifel und Bedenken, die sich einstellen, wahrzunehmen, sie gleichzeitig aber hintenanstellen zu können. Kreativ sein heißt, sich auf ein Experiment einzulassen.

FEUER – Stellen Sie sich vor, das Feuer, Ihr inneres Feuer unterstützt Sie darin,»dranzubleiben«, dabeizubleiben. Es nährt Ihre Leidenschaft, Ihre innere Beteiligung. Sie spüren es, sehen es, Sie sehen eine Flamme in sich, Sie hören das leise Lodern. Feuer ist wie Hunger. Es gibt eine bestimmte Art der Unzufriedenheit mit dem Gewohnten, die es verhindert, in satter Selbstzufriedenheit zu enden und sich mit Routine abspeisen zu lassen. Diese Unzufriedenheit, die den Ansporn gibt, kreativ werden zu wollen, ergibt sich aus einem labilen, nervösen Gleichgewicht zwischen Langeweile und Überforderung. Dies schafft die nötige Spannung, die Erregung das Engagement, die Fähigkeit, sich vollkommen einzulassen. Da ist sicher auch viel Reibung. Wie schaffen Sie es, Ihre Flamme auf ein Maß einzustellen, das Sie weder in Ihrem Elan erlöschen noch sich aufreiben und verzehren läßt? Stellen Sie sich vor, mit jedem Atemzug wird Ihr Lebensfeuer genährt. Es brennt ruhig und stetig. Es wärmt Sie, ohne zu verbrennen, es strahlt, ohne zu blenden.

LUFT – Stellen Sie sich vor, wie die Luft als leichte Brise oder auch als Sturm Ihnen hilft, immer wieder zwischendurch aufatmen und an etwas anderes denken, Abstand gewinnen und einen Zwischenraum, Freiraum schaffen zu können. Der Wind bringt Veränderung und Aufbruch mit sich, das Neue kündigt sich an, der Wind verbreitet aber auch Informationen und läßt sie öffentlich werden.

Sie übergeben dem Wind Ihre Idee oder Ihren Wunsch, und er trägt den Samen mit sich fort. Nur so kann die Idee fruchten, der Wunsch in Erfüllung gehen. Der Same muß auf fruchtbaren Boden fallen, um sich zu entfalten. Die Idee muß auf Resonanz stoßen, um Wirklichkeit zu werden. Stellen Sie sich vor, Ihre

Idee hat Erfolg und wird zum Allgemeingut. Nur so hat die Idee eine Chance. Doch was ist mit Ihnen – fühlen Sie sich frei genug loszulassen? Vielleicht überkommt Sie Angst über das Ausmaß der Wirkung, die Sie in die Welt gesetzt haben. Vielleicht wollen Sie genau an dieser Stelle alles wieder rückgängig machen und unterwandern Ihren eigenen Erfolg. Zum kreativen Prozeß gehört aber auch dieser Akt, Ideen nicht nur zu empfangen, zu gebären und großzuziehen, sondern auch, sie in die Welt zu entlassen.

RAUM – Stellen Sie sich ganz konkret vor, was Sie auf abstrakter Ebene schon lange wissen, fragen Sie sich, ob es irgend etwas gäbe in dieser Welt, wenn es nicht den Raum gäbe, innerhalb dessen alles existiert. Es gibt noch mehr als alles, was existiert Es gibt den Raum dazwischen. Auf ihn konzentrieren Sie sich jetzt. Sie wissen: Da gibt es all diese Dinge in Ihrem Leben, die Wichtigkeit haben. Aber indem Sie sich auf den Zwischenraum zwischen den Dingen, zwischen allem, was Ihnen wichtig ist, konzentrieren, erleben Sie plötzlich den Raum. Er ist etwas und fühlt sich an wie das Nichts. Sein und Nichts bilden eine Einheit. Die Besinnung auf das Nichts zwischen dem Sein hilft Ihnen, die Leere, die sich nach Abschluß eines kreativen, produktiven Prozesses unweigerlich einstellt, willkommen zu heißen. Die Erfahrung der Leere ist eine grundlegende Erfahrung, und es ist nicht nur normal, durch Phasen der Leere zu gehen, sondern auch gesund, denn das entspricht der inneren Ökologie. Nach der Phase der Aktivität und Produktivität, nach allem Tun und Machen schlägt der Prozeß um in ein Sein und Lassen. Aus dieser Gelassenheit heraus ist es leicht, wieder ins Träumen zu kommen und sich erneut dem Fluß der Ideen zu überlassen.

Ihr persönliches Charisma-Mandala

Mandala heißt im Sanskrit Kreis und ist ein symbolisches Diagramm. Es repräsentiert die kosmischen Kräfte, die innerhalb des Universums zur Wirkung kommen und so unsere Wirklichkeit bestimmen. Ein Mandala kann eine Fläche darstellen, die sich als Form für Rituale anbietet, und/oder zum Inhalt meditativer Betrachtungen werden. Es gelangt innerhalb des hinduistischen und buddhistischen Tantrismus zur Anwendung.

Das Mandala ist Vielfalt und Einheit zugleich. Aus der ursprünglichen Einheit der »Schoß-Welt« (*gharba-dhatu*) entwickelt sich die Vielfalt der Erscheinungen. In dieser Vielfalt, mit der wir konfrontiert werden, kann die ursprüngliche Einheit erkannt werden, wenn man sich darauf konzentriert. Dieser Weg des Erkennens (*vajra-dhatu*) steht unter dem Zeichen des Donnerkeils (*vajra*), das Erkennen erfolgt so plötzlich und gewaltig wie ein Donner.

Der Tiefenpsychologe C.G. Jung ließ seine Patienten solche kreisförmig angelegten Zeichnungen machen und erkannte im Mandala-Prinzip das Bedürfnis ebenso wie die Fähigkeit des Selbst zu Organisation und Integration. In der Mandala-Übung entwirft das bewußte Selbst eine Repräsentation seiner selbst und des Mikrokosmos, in dem es sich verwirklicht. Innerhalb eines Kreises entstehen dabei Teilgebiete, Segmente, die zunächst leer sind und sich zunehmend mit Inhalten, d.h. mit Bedeutung füllen. Die Inhalte werden vielleicht erst durch das Eintragen in den für sie vorgesehenen Ort bewußt – es geht also um eine »Erörterung« der Seelenlandschaft, der psychischen Geographie mit den grafischen Mitteln des spontanen Aufzeichnens.

Zeichnen Sie einen Kreis, und teilen Sie ihn durch ein diagonales Kreuz, dessen Knotenpunkt mit der Mitte des Kreises zusammentrifft, in vier Segmente. Sie erhalten ein oberes und ein unteres Segment, ein Segment links und eines rechts. Für diese spezifische Aufgabe soll folgende Zuordnung gelten:

- Unteres Segment – Ihre Herkunft, Ihre Kindheit, Ihre Kräfte und Begabungen, Bindungen und Emotionalität.
- Oberes Segment – Ihre Ziele, Leistungen, Ansprüche, die an Sie gestellt werden, Herausforderungen, Aufgaben, Pflichten.
- Linkes Segment – dies betrifft Sie selbst, Ihren Körper, Ihre Art, im Leben zu stehen, das Unbewußte, Ihre Träume, die Muse, Motive, Hobbys, Vorlieben, Leidenschaften. Dies ist der Bereich, in dem Sie »mit sich selbst« sind.
- Rechtes Segment – dies betrifft die Beziehung, die Sie zum Du, zum anderen aufbauen, halten, pflegen. Es ist der Be-

reich der Partnerschaften, der Familie, der Liebe, der Bereich, in dem Sie über sich und Ihre Grenzen hinausgehen, indem Sie Kontakt herstellen und sich im Verhältnis zum anderen erleben.

Finden Sie einfache Zeichen, mit denen Sie spontan notieren können, wie die einzelnen Segmente für Sie besetzt sind. Die Zeichen können sowohl realistische Abbildungen wie auch Symbole sein, Worte wirken ebenfalls wie Zeichen und Symbole. Vielleicht drückt eine Schraffierung aus, wie wichtig Ihnen ein Segment ist, leere, unbesetzte Stellen entstehen durch Freilassen. Fragezeichen markieren unbekanntes Gebiet.

Vielleicht entsteht schon während des Zeichnens in Ihnen eine intuitive Erkenntnis dessen, was dieses Mandala über Sie erzählt und worauf es Sie aufmerksam machen möchte. Vielleicht vermittelt sich ein klares Gefühl dafür, ob Sie ausgewogen und im Gleichgewicht sind oder nicht. Lassen Sie sich aber nicht davon abhalten, dieses Mandala zu Ende zu malen, wie es in diesem Augenblick Ihrem Leben entspricht.

Es gibt immer wieder neue Mandalas – Sie können sich immer neu organisieren.

Mandala und Bewegungsmeditation

Um Ihre Intuition und Kreativität im Alltag immer öfter für sich zu entdecken und Ihr persönliches Charisma zu entwickeln, können Sie folgende Übung für sich nutzen.

Finden Sie eine Bewegung, die dem Zustand und der Phase des ZULASSENS am besten entspricht. Spielen Sie mit dieser Bewegung, und verstärken Sie diejenigen Gesten und Gebärden, die Ihnen das Gefühl für den Zustand, die Phase, in der Sie jetzt sind, geben, indem Sie sie ausführen und dadurch erleben und sich immer lebendiger darin fühlen. Finden Sie eine Bewegung, die am besten die Lebendigkeit in diesem Zustand, in dieser Phase des ZULASSENS symbolisiert. Verankern Sie diese symbolische Bewegung an dem Ort, an dem Sie sich eingebunden haben.

Stellen Sie sich vor, wie Sie durch eine symbolische Bewegung die Informationen aufspüren, die Sie schon gefunden haben.

Entwickeln Sie eine Art Ritual – verknüpfen Sie eine Bewegung mit einer Bedeutung, die symbolisiert angedeutet wird.

Welche mythische Gestalt gehört zu dem Zustand und der Phase des ZULASSENS? Wenn die Gestalt sich Ihnen zu erkennen gegeben und in ihrem Ausdruck eine vorläufig vollkommene Form gefunden hat, finden Sie sich ein im Übergang, der »von selbst geht«, spüren Sie durch die Bewegung des Wechsels neue Wege für sich auf. Die innere Landkarte ist Ausdruck Ihrer zunehmenden Beweglichkeit. Sie kommen sich selbst auf die Spur, die Sie sich gelegt haben.

Finden Sie eine Bewegung, die dem Zustand und der Phase des LOSLASSENS am besten entspricht. Spielen Sie mit dieser Bewegung, und verstärken Sie diejenigen Gesten und Gebärden, die Ihnen ein Gefühl für den Zustand, die Phase, in der Sie jetzt sind, geben, indem Sie sie ausführen und dadurch erleben. Sie fühlen sich immer lebendiger darin.

Finden Sie eine Bewegung, die am besten die Lebendigkeit in diesem Zustand, in dieser Phase des LOSLASSENS symbolisiert. Verankern Sie diese symbolische Bewegung an dem Ort, an dem Sie sich eingefunden haben.

Stellen Sie sich vor, wie Sie durch eine symbolische Bewegung die Informationen aufspüren, die Sie schon gefunden haben. Entwickeln Sie eine Art Ritual – verknüpfen Sie eine Bewegung mit einer Bedeutung, die symbolisiert angedeutet wird. Welche mythische Gestalt gehört zu dem Zustand und der Phase des LOSLASSENS? Wenn die Gestalt sich Ihnen zu erkennen gegeben und in ihrem Ausdruck eine vorläufige vollkommene Form gefunden hat, gehen Sie weiter zu einem Übergang, der »von selbst geht«.

Finden Sie nun eine Bewegung, die dem Zustand und der Phase des SEINLASSENS am besten entspricht.

Spielen Sie mit dieser Bewegung, und verstärken Sie diejenigen Gesten und Gebärden, die Ihnen das Gefühl für den Zustand, die Phase, in der Sie jetzt sind, geben, indem Sie sie ausführen, dadurch erleben und sich immer lebendiger darin fühlen. Finden Sie eine Bewegung, die am besten die Lebendigkeit in diesem Zustand, in dieser Phase des SEINLASSENS symbolisiert.

Verankern Sie diese symbolische Bewegung an dem Ort, an dem Sie sich eingefunden haben.

Stellen Sie sich vor, Sie spüren durch eine symbolische Bewegung die Informationen auf, die Sie schon gefunden haben.

Entwickeln Sie eine Art Ritual – verknüpfen Sie eine Bewegung mit einer Bedeutung, die symbolisiert angedeutet wird. Welche mythische Gestalt gehört zu dem Zustand und der Phase des SEINLASSENS?

Sie finden sich nun in immer rascherem Wechsel an den Orten ein, an denen Sie im Lauf dieses Prozesses schon waren, so daß Sie immer mehr Zugang finden zu den Informationen, die dort gespeichert sind. Sie erleben am eigenen Leib, wie einfach und wie schnell es geht, Übergänge zu schaffen, von denen Sie vorher nicht einmal wußten, daß es sie gab, und die Sie nun entdecken, während Sie sich auf die eine oder andere Weise verhalten und immer wieder Ihre Haltung verändern, so daß es ganz von selbst geht. Finden Sie sich dann im Zustand des SEINLASSENS ein, um sich dort zu sammeln. Stellen Sie sich vor: Dort ist ein Ruhepunkt, ein Schwerpunkt, in dem sich all Ihre Erfahrungen als Informationen sammeln, und Sie wissen, daß dieses Wissen, das Sie am eigenen Leib erfahren haben, leicht für Sie zugänglich und immer verfügbar ist, weil Sie nun einen Punkt setzen.

Charisma-Stimmen und -Gestalten

Gehen Sie an einen Ort, an dem Sie die Essenz des SEINLASSENS erfahren haben.

Stellen Sie sich vor, daß dort alle Informationen, die diese Prozesse und Ihre Intuition in Ihnen wachgerufen haben, gespeichert sind, sowohl die Informationen, die Sie über das ZULASSEN als auch über das LOSLASSEN gespeichert haben: in Haltungen und Verhaltensweisen, in Bewegungen, Gebärden, Gesten und bedeutungsvollen Handlungen.

Lassen Sie die neuen Lernerfahrungen, all diese neuen Informationen tief sinken, übergeben Sie sie Ihrem Unbewußten, so daß Sie nicht mehr bewußt daran denken müssen, wann Sie sie das nächste Mal nutzen und umsetzen möchten.

Mit Mandalas neue Informationen integrieren

Nach all den Erfahrungen, die Sie mit den Übungen in diesem Buch gemacht haben, und den Entdeckungen, die Ihnen neue Dimensionen eröffnet haben, nach all den Entwicklungen, die als Prozesse Gestalt angenommen und ihre Eigendynamik gezeigt haben, tut es gut, ein Mandala zu zeichnen, in das sich all dieses Neue integrieren kann.

Zeichnen Sie einen Kreis und teilen Sie in durch ein diagonales Kreuz, dessen Knotenpunkt mit der Mitte des Kreises zusammentrifft in vier Segmente. Sie erhalten ein oberes und ein unteres Segment, ein Segment zur Linken und eines zur Rechten. Für diese spezifische Aufgabe soll folgende Zuordnung gelten:

- Unteres Segment – die Kraftquellen, aus denen Sie schöpfen, um Charisma zu entwickeln.
- Oberes Segment – das oberste Motto und Motiv, das Sie dazu veranlaßt, immer wieder an Ihrem Charisma arbeiten zu wollen.
- Linkes Segment – das Körpergefühl, das zu Ihrem Charisma-Zustand gehört. Das Wissen und die Weisheit Ihres Organismus, der Sie leitet.
- Rechtes Segment – Ihre Spielräume des Miteinander, die Lebenszusammenhänge und Wechselbeziehungen, in denen Sie leben und die Sie als Kraftfelder umgeben. Dies sind die Einflußbereiche Ihres Charismas.

Finden Sie nun statt einfachen Zeichen Symbole, die Sie rituell in die einzelnen Segmente einsetzen. Die rituelle Handlung des Einsetzens bewirkt eine Veränderung in Ihren Verhältnissen, wie sie in dem Mandala abgebildet sind. Die Symbole sind mit Informationen aufgeladen, die Sie mit Kraft und Zuversicht erfüllen und Ihnen als Leitlinien Orientierung geben. Nehmen Sie sich Zeit dafür, die richtigen Symbole zu finden und in die Felder einzutragen. Wenn Sie ein besseres Symbol für sich finden, können Sie das alte durch das neue ersetzen – Sie wissen ja: Es gibt immer wieder neue Mandalas – Sie können sich immer wieder neu organisieren.

Das innere Feuer pflegen – Rituale des Übergangs

Charisma ist Feuer, inneres Feuer, das ausstrahlt. Das urchristliche Charisma wurde durch den Heiligen Geist verkörpert, der in Gestalt einer Flamme erschien. Dieses geistige Feuer ergreift alle Charismatiker, wenn der Heilige Geist durch sie spricht oder handelt. In der chinesischen Tradition der fünf Elemente (die Elemente sind hier mehr Phasen und Wandlungsstufen innerhalb einer Entwicklungsdynamik und weniger Elemente in unserem Sinn) entspricht dem Element Feuer der Geist (*shen*). Ein Sprichwort sagt:»Bleib' immer im Feuer, und du bleibst ewig jung.« Es ist das Feuer des Geistes, das jung hält.

Dem Element Feuer entspricht die Jahreszeit des Frühsommers, wenn alles blüht. Charisma ist Blüte, festlicher, freudiger Selbstausdruck. Charisma ist die Ausstrahlung einer voll erblühten, fruchtbaren Persönlichkeit. In der Natur kommt die Phase der Blüte ganz von selbst. In unserem modernen Leben jedoch scheinen viele Menschen nie aufzublühen. Insbesondere Frauen, die den »natürlichen« Weg der Fruchtbarkeit und die Mutterrolle für sich ablehnen, diesen Weg als negativ erlebt haben oder ihn aufgrund biologischer Tatsachen nicht gehen konnten, erlauben sich oft nicht das, was die Natur jedem Lebewesen zugesteht, nämlich eine Phase der Blüte. Hinzu kommt das Burn-out-Syndrom in vielen psychosozialen Berufen, in denen Frauen beschäftigt sind, und in denen sie aufgehen. Diese Berufe gefährden den inneren Seelenhaushalt durch eine länger andauernde hohe Beanspruchung des Daseins für andere. Das innere Feuer, das vielleicht am Anfang den Idealismus und die Begeisterung für den Beruf schürte, erlischt. Das Ritual »Das innere Feuer pflegen« richtet sich besonders an Frauen, die sich in einer solchen Situation befinden.

Beginnen Sie mit einer Reise durch die Jahreszeiten, wobei die Jahreszeiten als Metapher für die verschiedenen Gefühle und Bewußtseinszustände stehen. Der Frühsommer bringt die Zeit der Blüte mit sich, und wenn Sie sich vergegenwärtigen, wie es zu diesem Phänomen kommt, und welche Funktion es in der Natur hat, wird Ihnen vielleicht auch bei sich selbst klar, was Sie brauchen, um erblühen zu können. Zunächst war da der Übergang vom Winter zum Frühling, und um erblühen zu können, mußte die Pflanze einen Keim

keimen lassen und einen Trieb durch die Erde treiben und Blätter entwickeln. Um aber einen Trieb entwickeln zu können, bedarf es eines Keims, der in der Erde schläft, bis der richtige Zeitpunkt zum Keimen gekommen ist. Deshalb muß sich schon im Herbst die Frucht von der Pflanze gelöst haben und auf fruchtbaren Boden gefallen sein. Dazu muß wiederum die Frucht reif geworden sein, denn nicht jede Blüte wird befruchtet und kann so zur Reife gelangen. Wenn Sie die Jahreszeiten und die Stadien, durch die die Natur geht, betrachten, verstehen Sie auf der Ebene der Sinnbilder, was dies für Sie bedeuten kann. Wo und wann sind Sie nicht erblüht, nicht befruchtet worden, nicht auf fruchtbaren Boden gefallen, haben Sie nicht als Keim überwintert, sind nicht zum Keimen gekommen? Diese Fragen helfen, innere Mangelzustände zu entdecken. Die Rituale, die Rituale des Übergangs sind, haben die Aufgabe, ebenjene Defizite auszugleichen und den Prozeß der Entwicklung wieder anzukurbeln. Defizite können dabei durch Ressourcen ausgeglichen werden. Sie können diese Ressourcen in sich finden – es sind Vorstellungsbilder und Leitgedanken. Die Übergangsrituale können in Form von Visualisation und inneren Reisen gemacht werden.
Ein solches Ritual baut sich in folgenden Schritten auf:

- Die Entdeckung und Nutzung von Ressourcen
- Die Erfahrung und Verankerung der Ressourcen mit allen Sinnen
- Die Erfahrung ressourcevoller Zustände auf vielen Ebenen
- Integration von Ressourcen und Ausgleich von Defiziten
- Ressourcen im Kontext des Lebenszusammenhangs
- Ressourcen im Kontext der eigenen Biographie
- Die fünf Elemente als Teile eines Systems
- Die fünf Elemente als Phasen eines Prozesses

Bei dem Ritual des »Ressourcen-Kreises« geht es darum, einen Kreis zu ziehen, ihn mit Ressourcen aufzufüllen und sich dann feierlich in diesen Zauberkreis hineinzubegeben. Alle Ressourcen werden nun als ressourcevolle Informationen – bewußt oder unbewußt, körperlich erlebt oder als geistige Konzepte in der Vorstellung, als eigene oder von anderen übernommene, als kontextgebunden oder auch kontextunabhängig aufgenommen und verarbeitet. Lernen geschieht durch Aufnahme von Informationen. Diese werden von dem Organismus verarbeitet und verdaut, Nützliches verwertet, Nutzloses wieder ausgeschieden So geschieht eine Speicherung, eine Verankerung der Ressourcen im System. (Das System kann meine Persönlichkeit sein, aber auch die Familie, das Team, sogar die Kultur oder die Gesellschaft, in der ich lebe). Ich bereite also einen Ort vor, indem ich die zu speichernden Informationen bereitstelle und sie zum Beispiel auf Zettel aufschreibe und in den Kreis hineinlege. Nun kommt der Prozeß der »Verankerung«: Ich gehe in Kontakt mit den Informationen, die ich in mir verankern will. In diesem Fall trete ich in den Kreis hinein und stelle mich auf die Zettel. Natürlich reicht diese Handlung allein nicht aus, um ein bedeutungsvolles Ritual zu vollziehen. Ich muß mir die Bedeutung, die das Ritual für mich haben soll, vergegenwärtigen. Dies kann mir niemand abnehmen oder für mich tun. Ich muß also innerlich bereit dafür sein und meine Einwilligung gegeben haben.

Die »Rites of passage« und Charisma – meine persönliche Erfahrung

Um herauszufinden, was in welcher Situation angemessen ist, bietet sich die Fünf-Elemente-Lehre als Phasen-Modell an. Phase reiht sich an Phase, genau so wie eine Jahreszeit die andere ablöst. Was aber in der Natur von selbst geschieht, verursacht uns Menschen jene Wachstumsschmerzen, die wir so gern vermeiden möchten. Die notwendigen Übergänge können durch Rituale gestaltet und »eingeübt« werden. So war es für mich wichtig, ein Ritual zu finden, das die ungeduldige und stürmische Vitalität des Frühlings, in dem alles zum Aufbruch drängt (Element Holz) in eine Phase der Blüte (Element Feuer) übergeht, um so fruchtbar zu werden, zu reifen (Element Erde), statt in der unbewältigten Trauer von Resignation und Enttäuschung (negativ gelebtes

Element Metall) zu versumpfen (Element Wasser). Ich wollte einen Kreis des inneren Feuers erbauen, um mich in der Mitte des Kreises mit meinem eigenen Element Feuer zu verbinden. Ich schrieb auf Zettel, was dieses "Feuer" für mich bedeuten sollte. Einige Bedeutungen kamen von selbst, andere brachte mir die chinesische Lehre. Feuer ist zunächst nur ein Wort. Es kann sehr verschiedene Assoziationen auslösen und sehr verschieden gedeutet werden. Bei mir zeigte sich zuerst ein Gefühl von Wärme, ich fühlte es im Bauch. Es tat gut, regte unter anderem die Verdauung an, mein Stoffwechsel kam wieder in Gang. Damit verband sich das Gefühl, wieder in Kontakt mit der Welt zu sein, im Austausch zu sein mit den Menschen, die mir begegneten. Sie interessierten mich plötzlich, ich hatte ein "brennendes" Interesse. Dies trug dazu bei, mein Burnout-Syndrom zu lindern oder sogar ganz aufzuheben.

Nun wußte ich, daß das Element Feuer sich im chinesischen Denken mit dem Herzen verbindet. In meiner Vorstellung sah ich ein brennendes Herz, das ich aus der christlichen Ikonographie und aus dem Sufismus kannte. Das Bild, das ich mir machte, führte zu weiteren Gefühlen. Ich erinnerte mich an erste Erfahrungen des Verliebtseins, eines brennenden Verlangens. Nun spürte ich es auch im Herzen, dessen Schlag mir mit einer Deutlichkeit bewußt wurde, als hätte es eben erst zu schlagen begonnen. Ich war in Kontakt mit meinem Herzen, das "für mich schlägt". Für was schlägt mein Herz? fragte ich mich. Was ist mir im Leben wichtig?

Diese Fragen wühlten mich auf. Hand aufs Herz – am wichtigsten im Leben waren jene Erfahrungen der Liebe, aber nicht der aufopfernden Nächstenliebe, sondern der körperlich erlebten Liebe. Also nicht der Gedanke ist es, der mich entbrennen läßt, sondern das körperliche Erleben von Sehnsucht, Begehren, Verlangen.

Es ist für mich tröstlich zu wissen, daß in vielen mystischen Schulen eben jene körperliche Erfahrung der Liebe die Grundlage bildet, auf der sich die mystische Gottesbegegnung aufbaut. Nicht das Konzept ist es, das meistens und am meisten überzeugt, sondern die sinnliche Ausstattung der repräsentierten Vorstellung.

Ich dachte das "Feuer der Liebe" und sah "funkelnde Augen", einen "lodernden Blick". Angenommen, ich wäre die Person, die da so schaut, angenommen, ich sähe jene Augen und jenen Blick in meinem Spiegelbild - und ich erlebte die Erregung, die solche Augen und solche Blicke verursachen? Die Erregung zeigte sich nicht nur in den Augen und wurde nicht nur hervorgerufen durch etwas, das ich sah. Es gibt eine bestimmte Art zu sprechen, die erotisch ist. Ich hörte erotische Stimmen, und eine von diesen Stimmen war meine eigene. Es gab auch Musikstücke, die mich erotisch berührten. Sie wühlten mich auf, führten mich in einen Zustand der Anspannung.

Alles in mir war darauf abgestimmt, selbst Feuer zu werden. Die Erregung in mir schlug um in Bewegung, Impulse drängten mich, Körpersignale meldeten mir: Die Flamme ist entzündet worden, das Feuer ergreift alles, was es verzehren kann, es schwillt an, beginnt zu brausen, greift über, breitet sich aus...

Plötzlich hatte ich ein anderes Körpergefühl. Ich dehnte mich aus, ich überschritt bisherige Grenzen, ungeahnte Räume eröffneten sich mir. Ich hatte ein anderes Verhältnis zum Raum – ich ging hinein. Ich hatte ein anderes Verhältnis zur Zeit – ich lebte sie und war mitten in ihr. Daraus ergab sich ein Geschmack im Mund, ein Geruch in der Luft. Beide waren schwer zu beschreiben, aber ich dachte an Situationen, in denen ein bestimmter Geruch oder Geschmack da war und ich "entbrannt" war.

Nachdem ich die verschiedensten "Feuer-Informationen" auf Zettel geschrieben und diese in den magischen Kreis gelegt hatte, trat ich in ihn ein. Oder ich setzte mich auf einen Stuhl, den ich den "Feuerstuhl" genannt und mit den Informationen "imprägniert" hatte.

Mein Ritual bestand nun eigentlich nur aus einem gelegentlichen Innehalten und der Erinnerung an den festlichen Ausdruck, den Höhepunkt eines Schaffens, das darin gipfelt, das Werk anderen zu zeigen und sie daran teilhaben zu lassen. Erst durch Resonanz, die das von Vitalität angespornte Tun und Machen bei den anderen hervorruft und als Feedback rückgemeldet wird, wird Reife ermöglicht. Das Werk profitiert davon, weil es mehr ausgereift wird, und auch die Persönlichkeit, die sich durch ihr Werk verwirklicht, gewinnt an Reife. Integration (Element Erde) findet nicht nur im innerpsychischen Raum des eigenen Selbst statt, sondern umfaßt das ganze Umfeld, innerhalb dessen ein Mensch lebt und wirkt.

Ich gestalte diese wichtigen »rites of passage« (wie die Rituale, die von einer Lebensphase in eine andere überleiten, genannt werden) durch ein rituelles Abschreiten des Kreises, der alle Elemente als Phasen enthält.

Wo der Übergang stockt, muß »nachgearbeitet« werden. Jede Frau kann sich ihre eigenen Übergangsrituale entwerfen und sie im Alltag für sich anwenden.

Die Autorin

Kay Hoffman, 1949 in Basel geboren, studierte zunächst Komposition und später Philosophie in München. Sie arbeitete als Designerin in Italien, unterrichtete Tanz und entwickelte ein eigenes System der Tanz- und Bewegungstherapie, bevor sie sich in Ericksonscher Hypnose und zur NLP-Trainerin ausbilden ließ. Seit mehreren Jahren leitet sie „Charisma-Trainings für Frauen". Kay Hoffman hat zahlreiche Bücher veröffentlicht. Im Heinrich Hugendubel Verlag sind von ihr bisher erschienen: „Das Arbeitsbuch zur Trance" und „Das Arbeitsbuch zum NLP" (Kailash).

*Weitere Titel aus dem
Sphinx-Programm*

Ulrike Dahm
Die Kraft des Nein
Wegweiser zur Entscheidungsfreiheit für Frauen
224 Seiten, Festeinband

Nein zu sagen und sich abzugrenzen fällt Frauen oft
schwerer als Männern: Selbst-*los* nehmen sie Dinge hin,
unter denen sie körperlich oder seelisch leiden,
weil sie glauben, nicht das Recht oder die Kraft zur
Veränderung zu haben.
Ulrike Dahm zeigt Frauen den Weg aus der "Jasage-Falle".
Anhand von Fallbeispielen und Übungen aus der
therapeutischen Praxis erläutert sie, wie aus
einer inneren Haltung der Selbstachtung ein mündiges
Nein entstehen kann.

Layne Redmond
Frauen Trommeln
Eine spirituelle Geschichte des Rhythmus
272 Seiten mit über 300 Abbildungen
Festeinband mit Musik-CD

Die Trommlerinnen von heute stehen in einer alten
weiblichen Tradition: Bereits in den frühen Göttinnen-
religionen galten die trommelnden Schamaninnen und
Priesterinnen als Wächterinnen des spirituellen Lebens.
Layne Redmond stellt die ursprüngliche Verbindung von
Rhythmus, Spiritualität und Frauenmacht wieder her.
Die Musik-CD entführt mit Drumsessions von Gabrielle
Roth, Angela Berann, Leah Wolfsong, Layne Redmond
u.v.a. direkt in die weibliche Welt des Rhythmus.